研究生完全求生手冊

方法、秘訣、潛規則

彭明輝 著

目次

推薦序

「資訊、知識、思考」三部曲

楊光磊
台積電研發中心處長

第一次知道彭教授，是經朋友轉來他的部落格文章，從當中看到他對於台灣時勢、教育、學術、社會以及產業議題，有非常深入的剖析，心中對彭教授寬廣且深入的學識充滿了尊敬與好奇。心想是什麼樣的成長學習環境，能夠培育出像彭教授這樣的人才？

幾年前一個偶然的機會，在台北參加一個名為「幸福丹麥」的研討會，第一次聽到彭教授分析台灣過去幾十年，從資源匱乏的時代背景出發，設計了一個以外銷全球市場為主的代工產業政策；經過幾十年不變的思維，造成台灣今天低物價、低薪資、高汙染、高耗能的必然結果。他特別提醒我們無法繼續仿效大國模式，未來可以學習北歐，以創新的台灣內需市場出發，以人民的福祉為依歸，共同打造台灣未來五十年新的社會、產業願景。

我從念大學電機系開始就主修半導體，出國讀研究所才從中找到興趣，畢業後也一直在半導體產業發展，一九九五年配合台灣竹科半導體的發展，毅然決定回台灣加入半導體產業的浪潮，當中從來沒有想過自己所身處的產業模式，竟然對社會經濟和人民福祉有這麼大的衝擊。聽了彭教授的一席話，像是當頭棒喝一般，讓我久久不能自已！

之後我主動約他在新竹見面，當面向他請教救國之道，希望在有生之年，能夠幫助台灣年輕一代創造一個成長而幸福的產業環境。彭教授雖然和我求學、職場的經歷有所不同，但是我們對台灣這塊土地和人民的熱愛以及實事求是的態度，有許多相似的地方，所以當他邀請寫序之時，我當場不假思索地答應下來。

彭教授這本《研究生完全求生手冊》是感於台灣研究生在當今學術叢林中所面對進退維谷的困境，希望能夠幫助研究生靠著自我學習、獨立思考的方法，為自己找出培養能力的出路。

最近這幾年，我因自己孩子的求學、職場歷程，開始關注年輕一代的教育和職涯環境，也積極參與公司社會企業責任的教育議題和公司外的教育公益團體。台灣教育體系的問題罄竹難書，從家庭、學校、社會到職場的教育，環環相扣。而高教的問題並不因為參與者學歷高，有許多改善的作為。其中最令人詬病的是教改的廣設大學，以及「教育部大學」用單一思維所訂定的論文數和其他標準，不但限制許多優秀學者與眾不同的發展，並且引導著大學教授進入齊頭平庸的泥淖。

彭教授這本書的重點不在於文憑高分、也不在於如何進入有名的公司。它是一本透過科學精神、科學方法教導如何培養自我能力與獨立思考的書。書中包涵了研究所要學的What（Chap

1,2），When（Chap 3），Who（Chap 4, 16），How（Chap 5-15），以及產業的應用（Chap 17-19），其中How方法論的部分占最大的篇幅、也最重要。彭教授豐富的教學經驗豐富、詳盡地描述研究生求學期間所需要的知識和需要培養的研發能力。

過去幾十年，台灣的科技業進步快速，相反地，廣設大學教育的通識化，造成產學的專業差距越來越大，所以進入產業的門檻慢慢地從學士提高到碩士學歷。同時，為了因應科技產業的人力需求，碩士班人數也不斷擴充，原來期待碩士班的教育能夠加強產業知識、補足產業專業人才的需求。然而事與願違，兩年的碩士教育似乎承襲了大學、產學不相關的問題，專業知識的差距、獨立思考的能力，並沒有因學歷越高而有顯著改善。甚至於有人說：「只要按照過去的讀書模式，把成績弄好，進了產業界後，公司自然會提供訓練課程、再重新學習。」因此，台灣研發產業花在新進員工「基礎」專業的大量訓練資源，是我在美國矽谷高科技公司中無法想像的。

研究所是進入職場前的最後一哩路，目的是希望能培育研發人才、具備進入職場的能力，這些能力包括彭教授所說的：「(1)主動取得並正確運用專業知識的能力，(2)自我批判與辨別是非的能力，(3)創新的能力」。我自己身處的半導體技術領域，不像資訊軟體的快速變化，除了新的材料、新的儀器，大多數的理論都可以透過學校的半導體相關課程學通。然而，我所接觸到的研究所畢業生，往往除了基礎半導體無法貫通外，更缺乏彭教授所說的三項能力。所以，這些長期被考試訓練出來的年輕人，進了製造思維的產業界，只能用「混口飯、活下去」的心態，乖乖地服從標準作業流程和標準答案，即使碰到不良的職場環境也不想突破困境，更遑論創新的能力。

本書的第17章，對網路世代的年輕人尤其重要，因為現在與可見的未來都是網路、資訊爆炸的時代，網路上Google大神的資訊在在需要經過比對、篩選、分析、彙整，才能產出有組織的知識；有了組織後的知識，進一步需要嚴謹的論證；最後再透過跨領域的視野，加強創新與突破。因此提升年輕人的閱讀能力和思考層次，養成與眾不同、差異性的批判、創新能力，有其必要性。

最後，彭教授以他切身的經驗，描述後進國如何透過學習先進國已有的公共領域知識，發展「後發的產業研發策略與優勢」，並分享他如何透過商展跨越產學鴻溝的經驗。這些即使在產業界也鮮少有的經驗和突破思維，不僅對現在的研究生有幫助，也對在產業界、學術界的研發人才和管理階層有一樣的幫助。

推薦序

學術界與產業界的交會點

柯茂全
四零四科技（Moxa Tech）公司董事

先說個故事，真實的故事。

我在負責公司的產品企劃期間，面對的最大挑戰是如何擺脫競爭，不斷地開發出新的'killer features'，而最直接的做法莫過於訪談客戶，了解客戶現下的痛點與需求，最好還能洞察出客戶的unspoken needs。但此方法需要足夠多的客戶樣本，對於做國際市場且身處台灣的中小企業，不啻是一大負擔。參考競爭者的產品規格是另一種做法，惟此方式，不論資料是取自於型錄還是網頁，總覺浮面不紮實，無法看出真門道，若仿照著做，頂多只能做到'me too'而已。

摸索多年之後，在一次德國Cebit電腦展與競爭者的交流中，我發現只是請各廠商介紹自家的產品，通常無法一窺產品的精髓；相對的，若拿其他競爭者產品的特色來就教於他們，反而更能獲得最多最好的情報。換言之，到A公司攤位問他們對B公司產品的看法，接著到B公司攤位問他們對C公司的看法，以這種方法探詢，各家公司無不發揮最大的戰鬥魂、一五一十的分析自家的優點與對手的弱點，如此一輪下來，整體產業的競爭態勢和趨勢也就一一呈現，也往往更能快速聚焦，找到自己的創新利基。

讀了彭教授的《研究生完全求生手冊》，才驚訝地發現原來在產業界摸索許久的方法，彭教授在學界早有一套類似的SOP。「從既有的學術文獻去彙整大師們的彼此批判，就可以整理出研究工作需要的批判法則和要領」，這與上述在電腦展會中，交叉就教於ABC公司的做法，如出一轍。

論文之於研究生，就好像是研究生規劃的產品，要開發新產品，當然應該先去洞悉市場上各主要競爭產品的優缺點，以及不同場合適應性的議題（除非是革命性的新產品）。有了這些比較基礎後，彭教授說：「接下來嘗試突破與創新，從既有的方法中截長補短，揉合成兼具數家之長的解決方案，以便它們在某些場合或情境下，較既有的解決方案更適切，或更優越。」而這句話又恰恰好在我公司一條相當成功的產品線得到驗證：工業乙太網路交換器（Industrial Ethernet Switch），一般商用的乙太網路交換器的優點是開放性（openness），但不適合應用在嚴苛的環境；而傳統的工業通信產品雖適於嚴苛環境，開放性卻又不夠，工業乙太網路交換器在兩種選項之外，開創出一條新路，適切地提供了融合開放又強固耐用（ruggedized）的解決方案給工業客戶，完全符合書中所論述的「最省力的創新策略」。

綜觀本書，從同學如何選指導老師、擬訂研究題目，如何訓練批判的能力（含自我批判）到如何準備論文、口試等，俱是彭教授多年的心血結晶，絕對是研究所同學的「求生」寶典。這其中，我覺得最重要的應當是批判性思考與自我批判的能力了，社會上很多人在強調獨立思考的重要，但從來沒有人真正嘗試去教批判與自我批判的能力，又如何能獨立思考呢？彭教授開了豪邁的一槍，告訴我們批判與自我批判可以教，也可以學。

本書撰寫雖從研究生角度出發，一般企業的產品或技術研發部門，若能依循本書的ＤＩＹ技巧詳實操作，相信在新產品的開發上也能獲得極大的助益。

推薦序

陪伴人生的一本書

黃貞祥
國立清華大學分子與細胞生物研究所助理教授
泛科學專欄作者

大學時有幸修習彭明輝老師的通識課，那是一輩子受益最深的課。更幸運的是，過去幾年，幾位想要用寫作改變社會的朋友，和彭老師在台北或新竹定期有一個聚會，彭老師不僅分享他寫作的心得，還深入分析各種國家社會問題的根源，最重要的是分享了他做學問的方法，尤其是跨領域學習和研究的方法。我們有幸聽到許多從未聽過的觀點，彭老師總能從縝密的思辨和分析中說服人。不僅讓我們受益非常，這個做學問的過程本身就是種享受！

我們深感這些好方法和見解不能只有我們知道，所以一得知彭老師在百忙中完成了這本書，感到非常的振奮！彭老師用系統化的方法把他畢生功力展現給有心向學的研究生和社會人士。這是他從求學時到任教幾十年退休後，仍不斷學習前進的紀錄，彌足珍貴！

研究所階段，一般是人生中最後在校園裡學習的時光了，比起大學時期只要乖乖在課堂和圖書館中用功，就能當上好學生，研究所時期在實驗室或田野裡的歷練，造就的不僅是量變，也該是質變！也就是說，並非是把大學部學到的能力加強而已，而是該學習到新的能力！

到了研究所，大多數研究生，尤其是碩士生都愈來愈聚焦在一兩個小的學術問題上，希望畢業時能夠做出讓指導教授和口試委員讚賞的新東西。這當然很重要，但是別忘了獲得學習的能力，比具體做出了什麼還更重要，因為世界局勢和科技瞬息萬變，保有終身學習的能力才能更穩紮穩打地面對未來。《研究生完全求生手冊》是一本一步步協助你學習的優異指南，讓你除了順利得到一紙文憑當作事業的敲門磚，還真正掌握探索新知的信心和力量。

在研究所裡，不管未來是要進入學術界或投身產業界，要學習的能力是多元的。如果能跟到一位好教授，就能從他身上學習到各種各樣的能力，除了延續大學時就該學的溝通力、領導力和時間管理力等等，還有尋找問題、整理和閱讀文獻、批判性思考、論文寫作和報告等等的能力。本書非常清晰地整理好了如何從準備進研究所，一直到研究所畢業進入社會工作的過程中，能夠如何好好深入學習。

身為一位新進大學教師，這本書對我的幫助也很大，也讓我有很多新的啟發。《研究生完全求生手冊》協助我能夠更有效地指導研究生，一步一步穩紮穩打地培育他們成才。我會希望學生們都能好好用心閱讀，了解到他們應該學會的能力。這些方法和能力在研究室或課堂中，如果遇到好老師也能學習到一些，但是這本書還把脈絡交待得更清楚，更有助於我們深切領會，並印證從前學習到的。

更具特色的是，彭老師在書中並非只是提出抽象的概念和一板一眼的方法，而是用很多具體的例子來說明，這些例子都是切中台灣社會和產業各種問題的核心，在深懷象牙塔的理想的同時，還關懷社會，接了地氣。例如，書中提到的幾個經濟學問題，是彭老師長期關心的，他完整地呈現研究和分析的過程，這些方法不僅對自己所學領域裡的重要問題有幫助，更能夠讓有心進行跨領域研究的朋友提高許多效率，也免去了一些摸索過程的焦慮和試誤。

我就是從彭老師提出的文獻閱讀整理的心得，以及批判與創新的思維，得到很大的啟發。雖然我自己的研究僅能談得上是在自然科學領域裡跨領域合作，還未做到像彭老師那樣跨越工程、人文、自然科學、社會科學的研究。可是隔行如隔山，生命科學裡不同的領域要對話也有難度，況且我的一些研究要和物理學家合作，未來跨出自己舒適圈的機會只會愈益增加。而且在做科普寫作的過程，仍會不時面對自己待熟悉的領域要學習，需要在快速掌握該領域的知識要點的同時，不失精準地寫給大眾認識。書中提到的方法，無論是在學術上或寫作上，都讓我受益良多。

《研究生完全求生手冊》中談批判和創新就用了三章，並且在所有章節中都提及。「批判性思考」或者「創新」，是政府、企業或網紅朗朗上口的語言，因為它們真的很重要。然而什麼是「批判性思考」或者「創新」？對於這些抽象的概念，彭老師用實際方法來說明，讀到的時候有種腦洞大開的感覺，原來這些乍看之下高大上的概念，能夠用過去意想不到的具體方法來掌握！

遙想當年剛上研究所時的迷茫，如果當時就能有這本書該有多好。這本書也可以在大四時閱讀。如果能夠和同學組讀書會一起討論，不失是個互相激勵學習的好方式。不管你是大四要升研究所，或者已經在研究所就讀，甚至出了社會，剛讀這本書，可能有一些地方不見得第一次讀就能領會，但沒關係，這本書該放在你研究室的書桌最明顯的位置，遇到問題時，就拿出來重新翻一翻，即使無法立馬解決問題，但至少能夠提供掌握解決問題的大方向和策略。我很確定會送實驗室所有研究生一人一本，並且自己在指導學生的過程中，肯定會常常拿來翻閱。

在還沒有臉書和噗浪的年代，彭老師的一些文章就在網路上廣為流傳，我大學求學最艱難的時光有幸讀到彭老師的文章，改變了對人生成敗的看法，人生是長期而持續的累積過程，一篇好文章就能改變一個人，更何況是一本好書。能夠受用一輩子的好書不多，本書就是一本從求學到退休都能一路陪伴有心向學的你的好書。

自序

用別人的智慧，解決自己的問題

本書談研究生所需要知道的研究方法，包括文獻回顧、批判性思考和創新的策略——它們的步驟、要領、秘訣與潛規則。它把研究工作分成十五個步驟，並以十六章的篇幅依序討論每一個研究步驟的方法與要領，從時程的安排、選指導教授、選題目、文獻回顧、彙整批判性思考、創新的策略，以及研究的構想與規劃等，直到論文寫作與口試。

我曾把其中一小部分內容寫成〈學術文獻回顧與分析的程序與技巧〉，這篇文章傳遍海峽兩岸，網路上未經同意的轉載不計其數；北京四大高校的博士生為它舉辦了一次跨校討論會，一個學術研討會將它印給全體與會者。交通大學圖書館連續兩年邀我演講並錄影，很多實驗室都把這錄影帶列為「新生必看」。退休至今，在我的部落格有三十萬人次點閱該文章；加上退休前實驗室網站的點閱量，累計應該已經超過一百萬次。

本書和前述文章寫的都是攸關研究成敗的要領，但卻又是國內外指導教授通常不會教的。所以，我將本書命名為「研究生完全求生手冊」——當你在學術叢林中迷失方向或進退維谷時，希望這本書可以告訴你如何自力救濟，困境求生。

本書特色：站在巨人的肩膀上，用前人的智慧解決自己的問題

學術的首要任務是創新，這本書不談難以掌握的天分和靈感，只談一般研究生都可以學會的要領：從學術界的文獻找創意，以便「用前人的智慧，解決自己的問題」。只要學會這些方法，就可以產出夠資格拿碩士的創意；至於個人的才華與靈感，則是用來追求「更上層樓」的創意。

牛頓曾說：「如果我看得比別人更遠，那是因為我站在巨人的肩膀上。」這本書的核心目標就是教讀者如何「站在巨人的肩膀上」——只要有能力站在巨人的肩膀上，你距離創新就只剩一步之遙而已。

學術研究不只需要創新，還要有專業級的批判性思考與自我批判的能力——你必須先找到既有文獻的不足或缺失，才能談改善與創新。要碩士生去找到學界大師們的缺失與弱點，豈非痴人說夢？不然！只要從既有的學術文獻去彙整大師們的彼此批判，就可以整理出研究工作需要的批判法則和要領，並且在研究過程中隨時保持自我批判，挑出所有的弱點並加以補強，而不讓口試委員找到任何重大缺失。

很多教授和學生都認為專業領域的批判性思考與創新能力很難教，只能意會而無法言傳，

因而稱它為「默會知識」或「內隱知識」（tacit knowledge）。其實，高段的研究方法雖然很難傳授，「取法前人」和其他的基本研究方法還是可以教導也是可以學習的。

本書的寫作目標很務實，它聚焦在碩、博士生所需要的基本能力，以及畢業前所需要的研究方法、訣竅與潛規則，而不奢談更高深的創意或研究方法。此外，為了讓這些方法易學、易用，它把不可捉摸的研究方法與創意精煉成一套「研究工作DIY」的分解動作，引導讀者由淺入深逐步掌握文獻回顧、批判性思考與創新的要領，可以只靠前人的智慧就產出不錯的碩士論文，但又為讀者的個人天分保留充分的發揮餘地。

本書對讀者的背景知識要求也不多：大學剛畢業的學生，認認真真地想學會文獻回顧和研究的方法、訣竅、潛規則。它像是一本「學術叢林的探險地圖和求生手冊」，或者「所羅門王寶藏導引手冊：含地圖、重要地標、沿途土著方言對照，及非洲野外求生舉隅」。只要你有心想學，這本書就可以引導你由淺入深，逐步發展出你所需要的能力。

但是別低估本書所能帶給讀者的好處。如果你學會這一套方法和技巧，不但可以輕易完成碩士論文的研究和撰寫，並能進而發展出博士論文的研究構想與創新的策略。

此外，身為後進國家，台灣技術升級所需要的核心知識，往往就在國外的學術期刊與專利文獻裡。如果你擅長文獻回顧與「用別人的智慧，解決自己的問題」，找到答案所需要的時間與成本將遠低於自己埋頭苦幹，閉門造車。

深入淺出，易讀、易學、易用——且夠用

為了讓本書深入淺出且易讀、易學、易用，我在第3章將研究工作的流程分解成十三個主要步驟，藉此呈現學位論文研究的完整流程，與各主要步驟的目標，以及完成研究工作必須經歷的所有路標和關卡。接著，我根據DIY的精神，依序把每一個步驟的工作內容、目標、方法和要領各寫成一章，讓讀者在讀完每一章之後，都可以清楚掌握到每一個步驟所要完成的工作內容，評估成效的判準與潛規則，以便讀者在每一個階段都知道自己要挖的「寶」具有什麼特徵——而不是抱著「創新」這個抽象而空洞的概念，卻茫茫然不知道自己在找的究竟是什麼，以及「為何而戰」。

如果說學位論文的研究歷程很像「摸著石頭過河」，這本書企圖標示河裡頭看得見和看不見的大石塊所在位置，以及渡河的路徑和基本要領，讓讀者減少摔跤的次數和滅頂的風險——而不是像很多指導教授那樣站在遙遠的彼岸，對著險象環生的研究生不斷大喊：「不要灰心，再試一次，我相信你最後一定做得到！」

有些學者認為研究方法是隱性知識，無法有系統地寫出來。但是如果把討論範圍侷限在碩、博士階段所需要了解的研究方法、訣竅和潛規則，可以寫清楚的部分是很可觀的。本書唯一美中不足的是，毫無經驗的研究所新生必須讀兩次：第一次讀完後可能只懂五、六成，但是會知道要如何開始，邁向何處，要經歷哪些步驟，以及每一個步驟的主要目標；接著一邊做研究，

一邊逐章溫習每個步驟所需要的要領與潛規則，確實體會其中訣竅，從而逐步完成全部的研究工作，並且懷著自信（而非惶恐）走向口試會場。

本書適合理工學院和其他計量科學的學生，絕大部分的內容也適用於重視實證精神的質性研究。

一本針對時弊的書

過去十年來，我有機會跟許多不同學科領域的年輕人互動，有些是碩、博士生，有些已經拿到碩、博士。跟他們談研究所的學習經驗時，我發現幾個研究生普遍的困擾和時弊。

首先，不管是哪個科系，絕大部分研究生都無法精準說出碩、博士論文所需要具備的要件，也不知道如何評價一篇論文的好壞。但是，假如你無法精確陳述碩、博士論文所需要具備的要件，也不知道要如何評價一篇論文，你就不知道為何而戰，如何迎戰，以及該如何寫論文和準備口試。

其次，很多人都不知道文獻回顧可以協助自己提升批判能力和創意，誤以為研究過程所需要的批判能力與創新都完全靠天分。其實，只要認真整理文獻中不同派別的彼此批判，就可以勾勒出既有方法的相對優缺點；只要再從這些既有方法截長補短，並考慮到自己的需要，就可以產出解決問題所需要的創意——所以我將這訣竅叫作「用別人的智慧，解決自己的問題」。因此，只要你擁有高段的文獻回顧能力，就可以「用最少的創意，產出最大的突破」，便自然具備產出碩、博士論文所需要的能力。

然而學術期刊論文的閱讀方式和要領，迥異於大學時代讀書的經驗，卻很少有指導教授教導學生文獻回顧的方法與要領。因此，許多碩、博士生拿到學位之後，對於「何謂研究方法」依然一頭霧水，甚至對於「為何要進行文獻回顧」也說不出所以然，至於「如何才能畢業」和「什麼是好的學位論文」更是不知道該如何回答。也就是說，整個研究所生涯都是在「不知為何而戰」中度過，也不知如何自衛與進擊，完全是「不教而趨之戰」，甚至淪為指導教授接計畫與發表論文的助手、工具、廉價勞工。

我希望本書可以引導碩、博士生走出上述的學術叢林，不再讓象牙塔變成虛度青春的苦牢或煉獄。

本書的結構與章節次序

本書第1章介紹研究所可以學到的能力，以及它們如何讓人「終生受用」；第2章區辨學術論文的良窳，讓讀者知道自己要找的是怎樣的「金礦」；第3章將研究工作分成十三個主要步驟，並且建議一個工作進度表，供讀者參考。如果把研究工作比喻為一趟探險之旅，這三章合起來等於是「行前說明」。

接下來是如何進行研究工作，第4章談如何選指導教授，第5章到第16章討論選題、總覽式文獻回顧、彙整批判性思考的要領與原則、創新的策略、十倍速文獻回顧的要領、研究規劃與風險控管、盤點研究成果與鞏固深化、論文寫作，以及口試委員的期待。這十三章就是《研究生完全求生手冊》的核心。看似遺漏的一章是關於論文研究計畫書的撰寫，它是很多博士生和少數碩士生資格考的項目之一，但是絕大多數碩士生不需要寫論文研究計畫書，因此我把它放在書末的〈附錄1：碩、博士論文計畫書〉。

本書所介紹的研究能力不僅對研究生有用，還可以轉化為對台灣產業界與制度設計非常有參考價值的能力，用以促成產業升級。緣此，第17章談研究所核心能力在職場與人生重大事件裡的轉化與活用；第18章談台灣這種後進、小國較適用的低成本、低耗時、低風險、高產出研發策略；第19章討論學界如何跨越產學鴻溝。

雖然本書的寫作動機與過程很嚴肅，但下筆時都力求流暢、易懂；並且用具體案例來深化讀者的吸收。本書強調方法論層次的觀念、要領和潛規則，目的在掌握建立讀者文獻回顧、自我批判與創新的能力，並且避免用瑣碎的技術性細節和規範來糾絆讀者的理解。

至於技術性的細節與規範，可以參考〈附錄2：網路資源與延伸閱讀〉，或者從期刊論文的閱讀過程培養出來。

研究生

完全求生手冊

方法、秘訣、潛規則

本書最佳使用指南

本書有兩種可能的用法：其一，碩士生自己培養研究能力，或博士生和研發工程師提升研究能力的工具書；其二，是研究所新生訓練或企業界研發單位新人訓練的教材。

本書是以DIY手冊的風格寫就，博士生應該可以自己讀懂，有些碩士新生或許有能力自己讀懂，但是還有很多碩士生可能需要指導教授或學長先帶著讀過一次，之後才有能力自己重複閱讀，並且把本書當作DIY手冊來使用。

但是當讀者有能力閱讀本書並充分吸收時，他的研究能力就會大幅度提升，指導教授或研發單位的主管帶領他們時會事半功倍。因此，我建議有心培養學生研究能力的指導教授和研發單位主管，以讀書會的形式帶著學生和新人閱讀此書，並且指定學長或資深員工當他們閱讀過程的諮詢對象。

有心於此的研究所指導教授和企業界研發單位的基層主管，可以針對自己的研究領域遴選較具有代表性的期刊論文三至五篇，一方面教學生閱讀本書，一方面用這三至五篇的期刊論文當案例來講解本書的內容。由於本書各章末尾都有重點回顧，可以要求學生利用這些重點去分析三至五篇的期刊論文的相關內容與要點，以確認學生的學習成效。

碩士生只需要先讀本書的前十六章，如果要求學生加入研究室後，每週閱讀四章並且集體討論，一個月內可以完成新生訓練。之後隨著研究進度的發展，要求學生重讀相關篇章，並再度通過討論，確定學生已經掌握該篇章要領，再讓學生進行該步驟的研究推展。

如果你是一個研究生，但是覺得本書讀起來有點困難，可以請求指導教授或學長組織讀書會，引導你和研究室同學一起閱讀。

研究的能力是一個人一輩子所有學習過程的最高點，就像是攀爬最難登頂的百岳，過程不可能像是在讀《深夜食堂》或任何一本暢銷書那麼輕鬆。但是一旦走過辛苦的學習過程，你會一輩子受用，並且覺得所花的心力非常值得。

畢竟，如同〈自序〉所說，本書的內容，絕大部分都屬於研究工作的核心能力，而且是其他相關書籍視為「只能意會，不能言傳」的秘訣。

1

達摩面壁，慧可立雪——研究所學什麼

絕大多數研究生都知道，念研究所就是為了要學習「做研究的方法」和「解決問題的方法」。但是，什麼是「研究的方法」？畢業後有用嗎？很多人不知該如何作答。此外，產業界、政府機構和學術界解決問題的方法有什麼不同？先進國家和台灣所需要解決的問題，以及解決問題的方法是否相同？這就更少有人能答得上來。

有些人說研究所學的以後不一定會有用；有人更乾脆地說，研究所本來就是象牙塔，裡面教的跟外面所需要的根本不相干，畢業後當然不會有用。

的確，碩、博士班所學到的知識未來往往用不著，因為你畢業後的工作內容跟論文的研究主題可能毫無關係；但是，產業界、政府機構和學術界解決問題的方法和程序大同小異，所以你學到的研究方法是可以一輩子受用的。

不管是學術界或實務界，典型的研究（research）工作有兩種，其一是為一個重要的問題尋找嚴謹而可靠的答案（answer to a problem），其次是為現存或未來的問題尋找更好的解決方案（solution to a problem）。而「研究的方法」就是找出這些答案或解決方案的方法。

你可以用這些研究方法來解決職場上所遭遇到的問題，也可以用它來回答人生中許多重大的問題。譬如研究基金或股票的漲跌，研判國際財經新聞報導的正確性與完整性，或者從網路上的各種醫療資訊為自己和家人尋找可靠的醫師和療法。

所以，研究所裡面學到的方法，是一種可以終生受用的能力。

研究的目的是尋找正確的答案

要找到似是而非的答案很容易，你在網路上問任何問題，都會有人給你答案；只不過這些答案不一定可信，你要如何分辨這些資訊的可靠性或互補性？也許這個問題已經有許多人在網路上給過不同角度的可靠答案，但是你要用什麼方法才能找到它們，並且辨識它們？如果你的搜尋策略不恰當，它們將會被掩埋在網路上數不盡的謬誤、粗劣資訊中，你要如何進行一系列的搜尋和篩選，才能過濾掉沒有用的資訊？當你找到它們之後，要如何分析、比對才能拼湊出問題的完整答案？

要找到正確的答案絕非容易的事，它需要一套嚴謹的訓練過程，才能培養出找答案的方法和能力。這就是研究所存在的第一個目的。

如果你要為重大的問題尋找正確的答案，你將需要一系列的方法和能力：(1)搜尋相關文獻，研判文獻的可靠性與品質，並迅速過濾品質較差的；(2)分析優質文獻的觀點、證據與推論過程，以確定它們各自的得失與短長；(3)比對不同文獻的見解與相互的批評，以便找出所有文獻中仍有待進一步釐清的疑點；(4)彙整既有文獻中可靠的部分，拼湊出事實的較完整面貌，並盤點其中尚待釐清的疑點；(5)對尚待釐清的部分進行第一手的調查或研究，以便獲得問題的完整答案——這就是研究的方法和完整的程序。

請注意，這五項能力的前四項都跟文獻回顧或批判性思考有關，只有最後一項跟創新有關。而且文獻回顧並不只是要消極吸收既有的知識，更要積極對既有知識進行批判、彙整與評價，甚至還要從過去的文獻尋找創新與突破的線索。所以，文獻回顧在研究工作中扮演著攸關成敗的角色，它可以提升研究人員的批判能力，甚至還可以孕育出創新的策略，使創新變得比較容易，也可以降低研究過程的風險和成本。

當你在職場或人生中面對任何重大的問題、困擾或抉擇，而必須在眾說紛紜中找到正確的答案時，你就會發現論文研究過程中所學到的方法，可以幫你找到最值得相信的答案，以及該採取保留態度的疑點。譬如，當你最關心的人不幸罹患癌症或不常見的疾病，而你又不確知地方醫院的診斷與處方是否可信，也不知道是否需要勞師動眾轉移到病床嚴重不足的台大醫院，或者該找台大醫院的哪一個醫師時，你將會發現，研究所裡所學到的方法和能力可以幫你釐清問題。

最省時省力的創新策略

無論是學術界或企業界，研究的終極目標都是為了創新：學術界在尋找具有突破性、革命性的原創（original）答案，企業界在尋找破壞性創造（creative destruction）的新穎技術或方法，以便設計和生產出殺手級產品，壟斷市場以擴大利潤。

然而，創新的過程不可以完全仰賴靈感和運氣，因為它們的不確定性和風險都太高，而且它們都是學不來的。

真正好的研究方法，是先從批判性的文獻回顧，了解前人的失敗經驗和教訓，以避免重蹈前人走過的陷阱和坎坷路，從而降低風險和縮短研究所需要的時間與資源；接著充分吸收前人的智慧，站在巨人的肩膀上，以便先立於不敗之地；最後才是分析既有答案的缺點與不足處，用自己的創意（聰明和運氣）想出改進的辦法，以便突破既有，推陳出新。

創新並非莽張飛式的蠻幹，而是先吸收既有的優點與教訓，再把創意用在刀口上——用在完成最後一哩路。學術研究更不是「與過去無關」的創新，而是一邊攀登巨人的肩膀，一邊從俯視全局的高度尋找創新的機會，規劃創新的策略與路徑。

所以，研究工作的第一步是批判性的文獻回顧，而不是關起門來閉門造車。如果想要迴避掉文獻回顧，完全靠自己的聰明來產生創意，往往會自以為在從事創新的研究，其實研究的主題、方法、證據與論證過程毫無新穎之處，而且視野還遠比既有的研究更狹隘，觀點與證據更粗糙，論證過程更薄弱而充滿謬誤推論。這種研究風格被稱為「閉門造車」（re-invent the wheel），意指人類使用並改良輪子已經有兩千年的歷史，如果你完全罔顧過去累積的經驗和智慧，而自以為是地打造出一個三角形或四方形的輪子，這種「新穎」的答案遠不如既有的圓形車輪，而是一種毫無價值的倒退——我們會在下一章看到具體的案例，用以說明「閉門造車」的後果。

也就是說，「研究＝站在巨人的肩膀上＋創意」：先進行批判性的文獻回顧，再用前人的經驗與智慧降低研究的風險和成本，縮短完成計畫的時間，並且提高研究的成果與品質。

牛頓說：「如果我看得比別人更遠，那是因為我站在巨人的肩膀上。」他之前的兩大巨人就是伽利略（Galileo Galilei, 1564-1642）和克卜勒（Johannes Kepler, 1571-1630），前者的鐘擺實驗和自由落體實驗揭露了地球上的運動定律，後者的行星軌道觀察和理論總結了天體的運動定律，而牛頓三大運動定律則是統合兩者的理論——如果沒有伽利略和克卜勒的理論當前導，牛頓恐怕終其一生都不可能完成其曠世巨作。

假如連牛頓這樣的天才都必須要「站在巨人的肩膀上」，一般人更加如此。

太空競賽的教訓——文獻回顧在應用研究中的重要性

影響研究成果與品質的關鍵因素有三：個人才智，運氣和文獻回顧的能力。愈是具有革命性、原創性的研究成果，愈需要仰賴個人的才智和運氣，但是研究失敗的機會也愈高。反之，愈是應用導向的研究，愈需要控制風險與成本，而且也愈是仰賴文獻回顧的能力。美蘇太空競賽就是很好的案例。

太空競賽的勝負攸關一個國家發射間諜衛星和長程核子導向飛彈的能力，因此美國率先在一九五五年宣布太空計畫，預定要在兩年內發射第一枚人造衛星。蘇聯馬上跟進，但是卻在兩年後先馳得點，完成衛星的軌道運行；而晚兩個月發射的美國的火箭卻在全國矚目中爆炸，使蘇聯贏得了第一回合的勝利。隨後，蘇聯太空人又在一九六一年完成軌道任務後安全返航，創下人類太空旅行的第一個紀錄，再次打敗美國。

為了抗衡蘇聯太空科技的潛在威脅，甘迺迪總統爭取到國會的支持，宣布要以比蘇聯多一倍的預算加速太空科技的發展。雖然許多美國人已經對太空總署的能力嚴重欠缺信心，阿波羅十一號卻出乎意料地在一九六九年登陸月球，終於讓美國超越蘇聯。

如果只是盲目地增加人員和經費，美國不可能後來居上。根據後來的研究和評估，居功厥偉的是科技人員文獻回顧能力的巨幅提升，而幕後英雄則是圖書館界對學術文獻的索引編撰有了突破性的發展，使得跨科系、跨領域的知識流通變得很方便。

其實，美國贏得太空競賽所需要的許多理論和技術，都早已存在於美國的學術刊物中。但是負責太空計畫的人並不知道這些理論和技術的存在，而擁有這些理論和技術的人則不知道太空計畫裡需要該理論和技術。

譬如說，美蘇兩國科學家都想要解出一個最佳化控制的關鍵定理，以便計算出最省燃料的軌道飛行策略。為了達成這個任務，蘇聯要求一群傑出的數學家去研究最佳化理論。這個小組不負眾望在一九五八年破解了這個問題，並且在一九六一年將研究結果集結成書。

但是，後來的研究卻發現美國數學家麥克．夏恩（Edward J. McShane, 1904-1989）早在一九三九年就已經解決了這個問題，並且發表在一個跟太空計畫無關的純數學領域裡，而知道該定理的數學家從來沒去想過它的實際用途——一九六〇年代以前的學術界像是一座又一座的孤島，不同領域的專家學者鮮少知道其他領域的研究與成果。此外，當時圖書館的目錄與索引（index）是以書本（或整本期刊）為單位，而沒有針對已發表的學術期刊論文編撰目錄、摘要或索引。由於這兩項缺失，學術界的許多智慧都被淹沒在黑暗的角落裡，乏人問津。

為了促進既有知識的流通與應用，美國太空科學學會從一九六一年起開始出版學術期刊索引摘要《國際太空摘要》（*International Aerospace Abstract*），它的覆蓋範圍包括全世界跟航空與太空科技有關的期刊、專業雜誌、學術會議論文、學術會議論文集（proceedings）、學術文獻的翻譯，以及學位論文，讓這些文獻以摘要的形式出現，以便於查索與流通。此外，美國太空總署（NASA）在一九六三年開始出版期刊《太空科學與技術報告》（*Scientific and Techical Aerospace*

Reports），它實際上是引文索引（citation index），將過去一個月以來被引述過的全球政府研究報告、專利，以及學位論文整理成摘要，以促進既有知識的流通。

這些學術論文的摘要和索引，將大量過去累積的科學與技術文獻攤在陽光下，突破知識流通的障礙，使得美國的太空科技突飛猛進，也使二十世紀後半葉的理工學科進步神速。

因此，太空競賽的最大挑戰並不是如何「拓展人類既有知識的邊界」，而是如何讓「既有知識」被那些需要它們的人知道其存在（exists for those who are in need）。這個故事告訴我們：提升應用研究的首要關鍵是促進知識流通，而不是強化基礎研究。

後進國家的優勢——文獻回顧與台灣的發展策略

就台灣這樣的後進國家而言，技術升級與社會發展主要是仰賴批判性的文獻回顧，以及靈活運用的能力，而不是革命性的創見或基礎研究。

台灣無論待解決的工程問題或社會問題，國外先進國家都有現成的解決辦法，而且他們的智慧也已經用學術文獻、專利、專書、報告等形式提供大家參考。只要你懂得既有學術與技術文獻的搜尋、閱讀、分析、批判、彙整與活用，就可以「用最少量的智慧與創新，在最短時間內產出最佳的解決方案」。

先進國家的技術進步靠的是革命性的創新，因而必須面對高風險、高成本、較長的研發時間，以及較高的不確定性。反之，後進國家的技術升級靠縮短跟先進國家的落差，並且在有專利封鎖的地方尋找替代性方案。因此，後進國家的技術升級遠比先進國家容易——這就是後進國家的關鍵性優勢，而發揮這個優勢的關鍵，在於嫻熟的文獻回顧能力和活用的能力。

譬如剛從劍橋大學回國任教時，我曾協助一家企業研發比例式油壓閥。我請該公司派人到大陸帶回一整套油壓技術手冊的影印本，該技術手冊彙整了許多蘇聯和德國的油壓技術文獻，以及油壓課本裡找不到的關鍵數據和經驗公式，整套書的總厚度超過一公尺。

我從中挑出需要用的章節，交給一個碩士生去讀，另一位碩士生則到這家公司建立實驗設備，以便進行各種必要的數據量測和理論模型驗證。三年後，我們彙整出設計與製造比例式油壓閥所需要的完整理論、計算式、關鍵數據，並且在這基礎上發展出一個非線性的動態模擬程式，以及一套設計的方法與流程。我們用了一點巧思，使設計流程比學術界已知的方式更方便，而我們的動態模擬程式誤差只有三%，遠低於當時學術界常見的三〇%誤差，因而這個研究成果後來被發表在國際頂尖的學術期刊上。

同樣值得一提的是，先進國家花了四十年的時間才走過的技術發展歷程，我們只用了兩個碩士生和三年的時間就完成，並有所超越。而我們所花的心力，九成是用來「爬到巨人的肩膀上」，一成的力氣是在活用，最後再加上一點點的巧思。

紅色供應鍊的威脅與台灣產業的未來

解決問題最快、最省錢且風險最小的辦法是抄襲既有，而非創新。假如現成的答案就夠好用，那就可以省去做研究的風險、投資，以及時程難以預估的不確定性了。所以，從前台灣企業界的作法都是請日本退休師傅來教導過時的技術和產品，後來的高科技產業則花錢買進口設備、技術和專利授權。

但是，不積極追求技術升級的結果，台灣擁有的技術，大陸也都慢慢學會了，台灣買得到的技術，大陸也買得到了，紅色供應鏈開始取代台灣供應鏈，造成今天台灣產業、經濟與社會發展的多重困境。

務實的改善辦法是以嫻熟的文獻回顧能力，吸收國外的既有知識和技術，再加上最小的創意去突破專利封鎖與公共領域（public domain）資訊的不足，以便在最低成本、最低風險與最短研發時間的條件下，進行技術升級與創新。

可惜的是，老一輩的經營者和管理者普遍欠缺管理創新與研發的能力，而念過碩、博士的研發主管則沒有掌握到後進國家和先進國家的差異，一味閉門造車或抄襲美國式的研發，而沒有能力發揮文獻回顧的積極效益和後發優勢。因此企業界這些年來的自主研發經驗慘痛，成本高而效益差，使得大家對研發與創新很不樂觀。

不過技術升級與創新是台灣企業未來生死存亡的關鍵。台灣的企業必須越來越重視技術升級與創新、研發，而使得過去形同陌路的學術界與產業界有越來越多的對話空間。認真在研究所學會文獻回顧和研究方法的人，將會發現這些能力越來越有實用價值。

本章重點回顧

- 研究的方法與目的就是為問題尋找正確或較可靠的答案，或者為問題找到更好的解決方案。這一套方法與程序可以用來解決產業界、政府機構和學術界的問題，也可以用來解決人生中其他的關鍵問題。
- 研究的過程始於文獻回顧，創意是用來走完最後一哩路：先從文獻回顧去了解前人的失敗經驗和教訓，避免重蹈覆轍，藉此降低風險；接著吸收前人的智慧，站在巨人的肩膀上，先立於不敗之地；最後才是分析既有答案的缺點與不足處，用自己的創意（聰明和運氣）想出改進的辦法，以便推陳出新。
- 文獻回顧能力的提升，是美國在太空競賽中反敗為勝的關鍵。
- 如果要以最低的成本和風險去促進台灣的產業升級，就必須提升企業界的文獻回顧能力，充分活用先進國家既有的學術文獻、技術報告和專利文件——先站在巨人的肩膀上，再把創新的資源集中在刀口上，這樣才能充分發揮後發優勢。

2

黃金與糞土

——學術著作的要件與良窳

很多碩、博士生都知道論文的品質攸關自己能否畢業，卻不太清楚學位論文該具有的要件，以及如何衡量一本學術論文的品質。因為不知道這兩個問題的答案，所以就搞不清楚自己為何而戰，還經常誤把糞土當黃金，將很多時間、心力浪費在「不具學術價值」的研究上。畢不了業或修業時間太長，往往都跟這個問題有密切關係。

學位論文的第一個要件是原創性（originality）或新穎性（novelty），也就是說，整本論文都是為了要報告過去學術界尚未發現的事實，或是推翻、修正過去學術界普遍相信的事實，抑或是為既有（與未來）的問題尋找更好的答案。至於個人的讀書心得，無論多麼鞭辟入裡，若不具有相對於學術界既有知識的新穎性，就根本不需要寫了。

此外，不管你在研究過程中有多少偉大的發現，只要這些發現在你交出論文草稿的前一天被公開發表了，這一切的貢獻就全部歸屬於第一個發表者，而第二個發現的人則毫無貢獻；更可怕的是，如果你的論文所寫內容都在數年前就已經逐一被發表過，口試委員可能會質疑你抄襲，或者沒有認真進行文獻回顧——不管是落實了哪一項指控，都會導致很嚴重的後果，輕則補做一些研究來達成最低要求的貢獻，再將整本論文改寫，並剔除已被發表的部分；重則整個研究從頭做起，甚至連題目都要改到跟已發表的論文有足夠的區隔，因此至少要再留校一年。

學位論文的第二個要件是嚴謹性（rigor）與客觀性（objectivity），如果前述的創見沒有可靠的證據和嚴謹論證來確保其客觀的有效性，或者無法以條理井然的方式，書寫成有系統的論述，那仍舊不是學術界所追求的創意。這個要件是學術研究跟偉大的發明之間最重要的區隔：發明只需要創意，但學術研究還需要把這創意變成客觀的、經得起批判與反覆檢證的系統化論述（知識），而不僅是天馬行空的靈感，或者一堆零星、散漫而不相連屬的創意。所以，比爾・蓋茲和愛迪生都是著名的發明家，而非學者。

英國《金融時報》（*Financial Times*）首席經濟評論馬丁・沃爾夫（Martin Wolf, 1946-）對全球經濟問題的觀察敏銳而充滿洞見，被譽為全球最具影響力的經濟評論家之一，並且榮獲好幾個大學的榮譽博士學位和諾貝爾經濟學獎得主保羅・克魯曼（Paul Krugman, 1953-）的讚譽，然而他寫的經濟評論和專書並不算是學術著作——保羅・克魯曼在《紐約時報》的專欄經濟評論也不是學術著作。

文藝創作、建築設計、科技發明，以及學術研究都追求創意，但是它們所追求的創意差異懸殊。文藝創作完全不在乎實用價值與客觀性，建築設計或發明在乎實用性而不在乎客觀性，經濟評論需要客觀與創見而不在乎論述的嚴謹性與系統性，學術研究在乎的不是實用價值而是客觀性、嚴謹性與系統性。

創意與洞見有很多種，你必須先搞清楚學術研究的核心價值，然後才會知道學術研究到底在尋找什麼，以及該如何去尋找。本章將先從觀念層次討論學術著作的核心要件，以便為讀者建立起一個概略的整體性了解。

學術著作更具體的評價判準會在本書第14章進一步討論；此外，第16章將會彙整口試委員的觀點，以條列的方式讓讀者更具體地掌握「一本合格的博士論文該具備哪些（好的）特質」。

學術著作的基本要件

為了要充分體現研究成果的原創性、客觀性和嚴謹性，實證科學領域的傑出學術著作都會兼具以下七項要件；其中最後六項都是在體現客觀性和嚴謹性的要求。

(1)原創性與貢獻：它含有原創性的洞見或創新的方法，而產出學術界以前未曾了解的知識或解決方案，足以增進學術界對某個陌生領域的認識，或者深化學術界對既有問題的了解，或者對既有問題提供更有效的解決方案，因而對學術界的進步具有不容忽視的貢獻或衝擊。此外，它也可能連帶地對社會產生值得重視的貢獻或衝擊，而改變產業界、政府或民間社會對相關問題的看法與作法。

(2)可靠的證據（rigor evidences）：論文中所提出的答案或解決方案，必須有充分的證據支持，這些證據的品質與可信度都經過嚴謹的分析與檢證，充分考慮到量測的不準度與各種誤差的來源，也考慮到分析方法的限制和適用性，其可靠性經得起該領域專家的反覆檢視。

(3)批判性的檢證（critically examination）：這些證據被可靠的理論架構整合在一起，嚴謹地分析與歸納它們所隱含各種可能的推論（implications）與矛盾，檢視各種可能的假說與詮釋後，剔除所有可被質疑的詮釋或解釋，然後保留經得起批判性檢視的洞見、知識或解決方案，並嚴謹地論證其合理性。

(4)理論性、系統性與一致性（coherence）：這些洞見、知識或解決方案並非零星的、孤立的、偶然的、時而有效時而無效的發現；它們跟檢證過程的理論架構形成一個前後一致、毫無矛盾的理論體系；它們有明確的前提、假設與適用條件，彼此之間有清楚的歸納與演繹關係，有具體的結論，可以被系統性地演繹出各種隱含的推論，而不是將一堆支離破碎的知識或發現給拼湊在一起。因此，讀者可以從不同角度，反覆查驗其證據和論證過程，據以測試其有效性與優越性。在計量科學的理想中，這些知識和證據形成一個脈絡清晰而條理井然的演繹體系，使其假設與論證過程幾乎像平面幾何裡的證明題那麼容易檢證；而其主要發現的實證條件與結果則被清楚地陳述，任何該領域的專家都可以據此重新複製其結果。

(5)客觀性與可重複性：前述理論體系所陳述之事實，在明確的給定條件下具有可重複性，經得起學術界的反覆檢證，而排除了各種偶然性與個人的主觀性。

(6)跟學術界的明確關係：上述發現在既有學術知識體系中具有明確的位置（positioning）與對話的對象，可以清楚地判斷它們跟既有學術知識的繼承關係、競爭關係和取代關係，可以用既有學術知識為基礎去檢證其有效性，也可以跟既有學術知識接軌而擴大其應用價值。

(7)文體的清晰性：整篇論文是以學術界所慣用的概念、術語和文體寫就，便於該領域專家閱讀且積極避免各種可能的誤會。其終極目標是可以不受讀者所處時空與文化背景的影響，讓具有專業能力的讀者閱讀後，獲得完全一致的理解，而不會有任何理解上的歧異。

至於在滿足前述要件的前提下，如何衡量一篇學術著作的價值與良窳，這個問題留待第14章再討論。

批判性思考與系統性論述

前述七項要件中的最後兩項是為了便於讀者進行批判性的閱讀，俾使從各種角度檢視論文的正確性與可靠度。此外，可靠的證據、批判性的檢視、理論性、系統性與一致性，以及客觀性與可重複性都是自我檢視與自我批判能力的體現。因此學術研究的核心能力可以歸納成三大範疇：創新的能力、自我批判的能力，以及文獻回顧的能力。

據此，我們可以把學術論文必備的要件扼要摘述如下：(1)學術論文必須具有原創性的發現與貢獻，並且經過嚴謹的自我批判；(2)在明確給定的條件下，這些發現的有效性具有可重複性，經得起專家從各種角度反覆的檢視與批判，並藉此排除偶然性和個人的主觀性；(3)論文是以學術界慣用的概念、術語和文體寫就，清晰陳述各種發現、證據、論證與結論，便於讀者的批判性閱讀和各種角度的檢視。

這些要求各有其用意，沒有一項是虛設的。不具備原創性的著作，只是在重複學術界的既有知識，反而暴露出作者對學術界既有知識的掌握能力嚴重不足。

如果只具有原創性而客觀性不足，這樣的發現或許富有啟發性，或者對特定的應用場合具有高度的價值，甚至於經常是正確或有效的；但是如果經不起其他人的反覆檢證，或者可重複性不明確，我們就無法確知這些發現何時有效、何時無效，有時甚至無法確定其真偽。中醫的知識就是因為沒有充分具備客觀的有效性，所以其應用與療效因人而異，在最好的情況下可以醫治西醫束手無策的病，但是在最糟的情況下，卻會傳出庸醫誤命的悲劇。

要確定一項知識的客觀有效性，最可靠的辦法是由專業人士從各種不同的角度反覆檢證。然而，要進行這樣的檢證，最有利的條件是，將這些知識表述為一個嚴謹的系統性知識，有明確的前提、假設與適用條件，有清楚的歸納與演繹關係，有具體的結論，因而可以被系統性地演繹出各種隱含的推論。

許多系統性知識都是從零碎的實用知識進一步發展出來的，最有名的例子就是幾何學。從畢達哥拉斯到歐幾里德，希臘人的幾何學知識絕大部分是從埃及人學來的。但是埃及人的幾何學知識屬於土地測量的實用知識，知其然而未曾去解釋其所以然，也不曾企圖把這些零碎、片段、龐雜的知識「系而統之」。直到希臘人將它們進一步加工之後，才變成一個具有嚴格演繹性格的系統性知識，可以經得起任何「服從理性」的人反覆檢視，而不受個人主觀因素的影響；甚至可以壓服刁頑人士的詭辯，讓他們不得不同意這些知識的普遍有效性。

將零碎而不相聯屬的知識片段發展成系統性知識，有好幾個優點。首先，系統性知識可以被演繹而發揮「以一御萬，以簡馭繁」的特性，顯著提升其應用的靈活性。其次，這些知識所隱含的推論可以被系統化地演繹出來，而較容易突顯出其內在可能的矛盾，也便於跟各種不同來源的證據比對來確認其有效性。根據過去人類知識的發展經驗來看，自然科學就是因為具有嚴格的演繹與歸納性格，可以從各種角度加以檢證，而便於修正其內在的矛盾，以及凸顯各種斷言跟外在證據的可能衝突，所以才會比中世紀神學的宇宙觀更可靠。此外，工業革命以來的科學知識，就是因為具有嚴格的演繹與歸納性格，便於被檢證、傳播與靈活運用，所以才會促成知識爆炸與技術的加速進步。

系統性與客觀性：從工程科學到人文科學

前面兩節裡對於客觀知識與系統性知識的追求，深受希臘思辨傳統與英美實證主義的影響，並且在計量科學的相關研究領域裡都普遍地被接受。即便跨出理工學院的大樓，包括經濟學和社會統計等計量科學，都或多或少在追求跟理工學院屬性相近的「客觀知識」。甚至文學院的歷史系或文學系中，仍然有些學術分支很強調「客觀性」，也在追求前述客觀知識的三大屬性——它們都期望研究的成果能具有「不因人、時、地而異的有效性」，以及「受過專業訓練的人都不得不認同」的客觀性。

不過，德國法蘭克福學派的批判理論和法國的後現代文化批判（或批判理論），都把啟蒙運動的理性思維與「客觀知識」看成是意識形態的枷鎖，而刻意要掙脫；尤其法國後現代文化批判的手段更激越，因此跟英美學術界的實證主義傳統更加格格不入。

對於深受實證主義和理性傳統影響的英美學術界而言，法國的解構主義和後現代文化批判「太像文學而不像學術」，連德國的精神分析都被批評是「太多的文學成分，太少的科學成分」（more literature than science）。

然而絕大部分精神分析和後現代文化批判的著作還是一點也不像文學作品，他們都提供豐富的證據，以及極具說服力的論述，企圖讓讀者接受他們的觀點、論旨或結論。而且，它們絕大多數都具有三大特質：(1)即便文筆活潑或辛辣，不拘泥於成規，但是其思想仍具有高度的系統性與組織性，有嚴密的論證過程，而不是格言集、隨想集或無組織的散漫、零星感想與陳述；(2)竭力提供各種證據，以具有說服力的闡述與論證，意圖跨越時間、空間與文化的限制，讓所有具備高度智性與思辨能力的專業人士，都能接受其思想、論述、主張；(3)以條理清晰而論述嚴謹的寫作風格，和精準定義過的術語，企圖盡量排除誤解與誤讀的可能性，並盡可能有效地傳遞其思想。

上面這三個特質，剛好對應著前兩節所述「客觀知識」的三大屬性。也就是說，不同學術分支對「客觀知識」的要求有起碼的基本共識；但是基於不同學科的特質和文化差異，要求的具體內容和程度有所不同。其中最大的共通點就是，所有科系都要求研究生必須具備批判能力，隨時保持批判性思考，尤其是要有能力自我批判，以擺脫主觀的偏見、意識形態和獨斷論的影響，藉此確保知識的客觀有效性。

其實，打從柏拉圖創立柏拉圖學園（The Acedemy）以來，儘管人類對「真理」和「客觀知識」的認知與認定標準一直在變，但是學術圈始終都是在追求「真理」，以及擺脫一切因為時間、空間、文化或個人特質而造成的主觀、偏見，並且一直都企圖通過演繹方法將知識條理化或系統化。

錯誤案例的示範

一般而言，碩士訓練的重點在於文獻回顧和自我批判的能力，對論文的原創性要求不太高，略有所成即可。要滿足這樣的條件，兩年的時間是夠的，但必須要有積極而紮實的學習歷程。反過來講，要產出一本品質粗略的論文，並且浪費兩年時間而沒有學到可以帶得走的能力，其實是更容易的——以下就是一個典型的反面教材。

這是一篇國內北部某知名大學的碩士論文，研究的主題是基本工資政策，研究的目的是要回答一個問題：「如果提高基本工資，會不會使低工資勞工的失業率增加？」這是經濟學界爭議數十年的老問題，其背後隱含的意義是：假如提高基本工資會使低工資勞工的失業率增加，那就違背政策的原意——低工資的勞工不但收入沒有改善，還反而失業了，這就證明了基本工資方案是「愛之適足以害之」的不當政策。

為了實證回答這個問題，作者在學校附近的商店挨家挨戶問老闆：「如果政府調漲基本工資，你會不會減少雇用的工讀生人數？」統計結果發現，在有效的回答中，六八％的老闆說會，一九％的老闆說不會，而一三％的老闆說「不一定」；交叉分析的結果則顯示：不管老闆的年齡、性別與學歷，回答說「會」的老闆都超過六三％。於是他搬出大一經濟學課本的「供給定律」來解釋這個訪談結果：因為工讀生的價格上漲，所以老闆對工讀生的需求減少了。他的結論是：提高基本工資會使低工資勞工的失業率增加，因此基本工資方案是不值得支持的政策。

這個研究有實際調查的事實，有統計的分析，又有經濟學的理論支持，看起來好像頗嚴謹，其實漏洞百出，顯示作者既沒有創新的能力，也嚴重欠缺自我批判和文獻回顧的能力。

首先，作者顯然對經濟學界數十年來的激烈爭論嚴重欠缺了解，因而實驗設計過分簡陋。其實，假如這個問題可以用簡單的訪談就獲得確切不移的結論，哪裡還會有超過二十年爭論不休的翻案文章？在沒有充分掌握學術既有的知識與爭論之前，就開始進行「閉門造車」的「研究」，既違背學術界的基本要求，又是「不具備專業能力」的充分證據。而其根本問題就是因為嚴重欠缺文獻回顧的能力，甚至沒有認真作過文獻回顧。

其次，他所出示的證據不嚴謹。⑴這份證據沒考慮到事實的可重複性：譬如，我若在住家附近或任意一間大學附近進行相同的訪談，結果會是一樣（六八％同意，一九％不同意，一三％不確定）或相近的嗎？⑵這些證據的意涵不明確，夾雜太多的主觀想像或詮釋：基本工資問題關心的是「實際上弱勢勞工的失業率會不會上升」，而不是老闆「想不想要減少員工數」，這兩個陳述之間可以有很大的差距。譬如，老闆或許很想減少員工數，但是卻發現減少人手就會忙不過來，最後只好用相同的員工數，但是略為抬高售價或降低利潤。這又再度顯示出作者對學術界的爭議嚴重地無知，不知道學術界關於證據的可靠性已經討論到非常細緻的程度，而且已經證實有很多種機制會讓老闆「想減少員工數，實際上卻很少減少員工數」。同時這也顯示作者嚴重欠缺自我批判的能力。

此外，理論的依據也有問題，且涉及循環論證：低薪工人的勞動力市場不一定是像經濟學教科書裡講的負斜率需求曲線（工資越高，聘僱的人數越少），而且工資問題的爭議恰恰是在質疑經濟學教科書裡的這一條「定理」。如果你用經濟學教科書裡的負斜率需求曲線當作論證過程的證據，等於是先假定「經濟學教科書裡的主張是對的」，再繞個圈子迂迴地推論出「經濟學教科書裡的主張是對的」——典型的循環論證與無效推論，再度顯示作者嚴重欠缺自我批判的能力。

更根本的問題是，整個研究只是想用台灣社會的統計調查去支持當時經濟學界普遍接受的既有理論，既不打算（實際上也沒有）產生出新知識（欠缺新穎性），更不會對任何學術界產生任何影響，而研究過程中更不需要克服任何的困難，因此毫無學術價值。

會出現一篇前述的論文，表示學生和指導教授都犯了許多不該犯的錯。第一，這個研究完全不具有任何原創性，就算上述缺點都不存在，也只是企圖用一些有問題的證據去肯定經濟學教科書的正確性，完全無助於增進學術界的認識，也不會對這世界產生任何的影響。其次，這個研究完全跟學術界的激烈爭論脫節，沒有從學術界的既有文獻學到任何教訓，沒有因而跳出最明顯的陷阱，甚至連統計學的基本常識都嚴重匱乏。第三，作者嚴重欠缺批判性思考，對自己的訪調方式、抽樣的設計、研究的架構都未曾自我批判，因而對於其中所存在的各種謬誤和弱點毫無覺察。第四，指導教授完全沒有負起最起碼的責任，既未要求作者進行最起碼的文獻回顧，也沒有事先指出論文的各種弱點。

要避免上述案例的錯誤，你需要一個盡責的指導教授、好的學習環境（優質而充裕的課程，以及研究室的討論與學習風氣），以及認真的學習歷程，以便培養出三種最基本的研究能力：文獻回顧的能力、批判性思考的能力，以及最基本的創新能力。

本書將會在後續的篇幅中，以分解動作的方式，按部就班地引導讀者去培養出這三種能力。

本章重點回顧

- 學位論文的兩個要件是原創性或新穎性，以及嚴謹性與客觀性。後者使它不同於具有創意的發明、經濟評論、設計與文藝作品。
- 學術著作必須兼具七項要件：⑴原創性，⑵可靠的證據支持，⑶批判性的檢視過程，⑷理論性、系統性與一致性，⑸客觀性與可重複性，⑹跟學術界的明確關係與對話，⑺清晰的文體與敘述。這些要求各有其用意，沒有一項是虛設的。
- 學術研究的核心能力有三項：創新的能力、批判性思考，以及文獻回顧的能力；其中批判性思考的能力，必須跟專業領域內的知識緊密結合。
- 品質低劣的論文通常是因為欠缺三種最基本的研究能力：文獻回顧的能力、批判性思考的能力，以及最基本的創新能力。
- 為了培養出這三種能力，你需要盡責的指導教授、好的學習環境，和認真的學習歷程。

3

山中無曆日，寒盡不知年
——研究的歷程與時間表

碩士班新生往往對研究的歷程與該有的進度一無所知，因而緊張過度而難以入眠，或者輕鬆過度而浪擲歲月。本章的目的，是簡介研究的歷程，與進度的合理安排。

有些碩士班的修業時間是三年，但是一年級專心在修課，因此用來從事論文研究的時間還是只有兩年，或更少。很多碩士班的修業時間是兩個學年，但是新生報到在九月，而口試通常在六月，所以實際上只有二十一個月左右。

在不到兩年的時間內，想要完成一本勉強可以畢業的論文，時間還算充裕；但是若想在這時間內培養出紮實的研究能力、嫻熟文獻回顧、培養專業級的批判性思考能力，以及在教授指引下品嘗一下創新的滋味，時間相當緊湊。

以前我在清華大學指導的碩士生往往是大四就進實驗室，有些則是碩士班直升名單公布後就開始接受訓練。我們基本上是一年工作三百六十天，每天工作十至十二小時。這種學習歷程的學生，有機會在一年內培養出敏銳的批判能力，上課時讓其他教授印象深刻或驚豔不已；而畢業時通常可以在國外著名期刊上發表一篇論文。

不過，這樣的學生可遇不可求。以下的時間規劃就以二十一個月（七季）為基準，不細究每週工作時數、學習成效與論文品質，單就研究的歷程，以及在這過程中必須培養的能力，將它們的進度擠壓到二十一個月的時間裡（見頁62「表1：兩年制碩士班學位論文研究進度表」）。至於每一個階段性工作的具體目標，以及達成該階段性目標所需要的方法和要領，將會在未來各章以分解動作的方式進一步介紹。

如果說碩士班兩年的研究像是一場探險之旅，本章的功能就像是一篇行前導覽解說，介紹研究工作的發展歷程，讓讀者以鳥瞰的方式，建立「見林不見樹」的整體概觀。

站上巨人的肩膀——從文獻回顧發展出創新的策略

研究工作的起跑點是選擇指導教授，以及候選的研究主題（topic）。為了兩個理由，這件事情愈早敲定愈好：(1)最熱門的教授往往在直升名單放榜時就收滿學生了，候補生報到時可能已經是在挑別人撿剩的老師或題目，因此愈晚挑老師，老師和題目都很爛的風險就愈高；(2)碩士論文的生產過程迂迴且充滿風險與不確定性，愈早開始就有愈寬裕的時間去因應風險，勝算越高。至於如何挑指導教授，那是下一章的主題。

接著是學習文獻搜尋與篩選的方法，了解Google搜尋、Google進階搜尋和Google學術搜尋有什麼不同，了解不同的關鍵詞如何影響搜尋的結果，了解圖書館諮詢服務台可以為你做什麼（通常是遠超乎你所想像的），以及學術文獻的種類和特質。本書第7章將會進一步討論這個主題與要領。

同時，針對你的候選研究主題，逐一進行初步的文獻回顧，以便了解該主題的研究背景，包括問題的起源與背景，這個問題在現實世界與學術界的意義和價值（重要性），目前學術界比較有共識的主要結論，目前學術界懸而未決的主要爭議和癥結點，以及目前學術界的主要研究趨勢和課題。希望這個探索的過程可以讓你盡快下定決心，選定一個研究主題（譬如「基本工資」）。

然後，在你選定的研究主題當中深化文獻回顧，了解該主題內曾有過的各種研究子題、研究方法與研究設計，直到你對某一個具體問題（problem）有些感覺、有些想像，甚至有些模糊的主張或「假說」，並且有興趣進一步更深入地探討它。這時候，你可以模仿讀過的相關文獻，以該領域內學術界慣用的術語和概念，給這個問題下一個標題（title）（譬如「基本工資對弱勢勞工失業率之影響」），並且用一段話陳述你的問題意識（problematic）與研究焦點，從而形成你的「問題陳述」（problem statement）——這就算是較明確地定義你的論文題目（research problem）。

接著，針對你的論文題目，根據你過去的閱讀經驗，選擇一組最恰當的關鍵詞，開始搜尋並篩選出與該問題密切相關的代表性論文，完成初步的文獻搜尋。接著，藉由文獻之助，勾勒出學術界研究這個問題時所採取過的各種角度，研究的方法與流派，有共識與有爭議的議題、各種主張和技術性細節，以及會影響到研究結論的所有可能因素，最後彙整出各流派的優缺點與得失，以及背後大致的原因和機制。

這是一段交錯著閱讀、思索、分析、歸納與彙整的複雜過程，不同派別之間的彼此批評會暴露出對方的缺點，也會揚舉自己的優點；你可以藉此過程提升自己專業的批判能力，並且用它來批判性地檢驗自己的研究構想與研究成果。這是攸關研究品質的過程，本書後續會有幾章從不同角度介紹具體的方法與要領。

當你掌握到既有研究成果的得失之後，接下來是嘗試突破與創新。而創新的最簡單途徑，就是從既有的方法或觀點中截長補短，揉合（hybrid）成兼具數家之長的解決方案或答案，以便它們在某些場合或情境下，較既有的解決方案或答案更適切，或更優越。本書將會使用數章的篇幅，針對不同的研究類型介紹一些較易學、易用的創新策略、方法與要領。

最後，你根據上述的創新策略，更仔細地研究你擬取法的既有方法，深入了解其優缺點的成因與機制，以便評估揉合它們的具體策略與可能的困難點，並據此重新調整創新的策略和研究構想，直到排除所有看得見的困難為止。然後，仔細評估這個方法相對於既有方法的優缺點，選定一個最能表現其優點且最能遮掩其缺點的應用情境（或適用條件與範圍），完成一個具有高度可行性的研究計畫。

回到前一章錯誤示範案例中的碩士論文，如果作者曾經完整做過上述的文獻回顧，掌握到研究基本工資問題所需要的各種技術細節與爭議，並且從既有的方法發展出一個具有特定優點的方法，以及能表現其優點的適用條件與範圍（特定的時間、產業或社會情境），我們在前一章所列舉的缺點就不會存在了。

不過，有一個好的研究構想和創新策略，只不過是成功的一半或三分之二，而不保證百分之百成功；此外，後續的研究工作對論文品質的影響還是非常可觀，輕忽不得。

後半段的坎坷路——發展、調整與驗證研究構想

凡德羅（Ludwig Mies van der Rohe, 1886-1969）是現代主義建築大師，以強調簡潔的風格著名，他說過兩句雋永的名言：「少即是多」（Less is more.），「神就藏在細節裡」（God is in the detail.）。對於強調品質與嚴謹性的學術研究而言，這兩句話也完全適用——學術界要的不是一大堆無法被反覆檢證其有效性的創意，而是經得起專家反覆檢證的見解。

以「調漲基本工資會不會提高弱勢勞工的失業率」這個問題為例，過去十年來發表過的論文就不下數百篇，它們給的答案都很簡單（「會」或者「不會」），決定其論文品質的關鍵在於他們回答的方式和證據有多嚴謹、可靠，而不在於他們的答案——最著名的論文不必然是最富有

創意的，但一定是最嚴謹而讓人不得不信服的。

因此，有了好的創新策略和研究構想後，接下來是要如何把這個答案（解決方案）錘鍊到毫無瑕疵，或將瑕疵降至最低。

上一章解釋過，一個問題的答案必須要先鋪陳為一套邏輯嚴密的理論和系統性知識，才能夠從最多種不同的角度去反覆檢驗它，從而強化其有效性與可靠性。因此，有了研究的構想後，必須先把假說中的答案或解決方案發展成一套理論，並且從各種角度探索可以支持它的證據，以及駁斥它的證據。如果找到任何可以駁斥它的證據，就調整假說中的答案或解決方案，或者調整這個理論的假設條件與適用範圍，直到無法駁斥它為止。此外，這個調整的過程中，必須同時盡量讓研究成果有較大的適用範圍，從而避免嚴重減損其貢獻度。同時還要持續了解學術界相關研究的最新動態，跟最新的研究成果保持適當的距離，避免在提交論文的前夕有人發表了雷同的研究成果。

上述這個過程不但需要研究者的創意，更考驗著研究者的專業能力，以及從相關文獻的爭議培養出來的警覺性和自我批判的能力。對於欠缺研究經驗的碩士生而言，指導教授的指引、評論和提醒是很重要的。此外，即便指導教授已經替你想好整個研究的架構，你還是要去充分掌握有關的學術文獻，了解其中各派的爭議與共識，培養自我批判的能力，才不致將好的研究構想執行成漏洞百出的研究結果。因此，不管你的研究構想是否是由指導教授提供，你都必須嫻熟文獻回顧的方法與要領，並且利用它培養出專業級的批判性思考能力；指導教授的指引，頂多只是讓你減少一些迂迴曲折的過程與挫折而已。

最後，你必須根據學術文獻的最新狀態，評估自己這份研究成果的優缺點，並且針對自己所提的答案或解決方案的長處，設計數個示範案例，以實驗數據、統計分析或數值模擬來突顯它們的優越處。這才算是完成整個研究。

最後的工作就是撰寫論文初稿，給指導教授過目、修改、潤稿。然後將論文草稿送交口試委員，並開始準備口試。口試結束後，必須再根據口試委員的要求，補齊資料與證據、修改論文，之後才可以將定稿印刷、裝訂、送給教務處和圖書館。

碩士生的時間表

以二十一個月的時間來執行上述工作的話，中間會碰到兩個寒假和暑假；此外，兩年制的碩士班，通常前兩個學期修課的負擔很重，能用在研究工作上的時間並不多，頂多只能用來進行文獻回顧、培養批判性思考的能力，以及醞釀零星的研究構想；至於寒假和暑假，則是用來推動進度和攻克階段性難題的最寶貴時間。

表1是改良過的甘特圖（Gantt chart），其中各項目的橫條跨距和所在位置與傳統甘特圖相同，代表該項工作的起點、終點和持續的時間跨距。而和傳統甘特圖不同的是，橫條的粗細代表該工作項目占每天工作時間的比例高低，最粗的線條代表它占據了該時期每天所有的工作時

表 1：兩年制碩士班學位論文研究進度表（建議）

工作項目	第一季	第二季	第三季	第四季	第五季	第六季	第七季	產出
上課與寒暑假								
修課								
選擇指導教授								候選研究主題
學習文獻回顧								基本參考文獻
認識研究主題								決定研究主題
主題文獻回顧								掌握各研究子題的相互關聯
尋找創新與突破的機會								決定論文題目與研究範圍
文獻回顧與各流派分析								彙整批判原則與相對優缺點
發展創新的策略與研究構想								研究構想
規劃研究架構與程序								研究計畫書
完成理論發展								系統性知識
搜尋相關證據								客觀性
調整假說								嚴謹性
評估研究成果								確定優缺點
設計示範案例								突顯優點
論文撰寫								論文草稿
口試								委員修正建議
修改論文草稿								論文完稿

間。

我們可以從表1「修課」一欄看到，修課時間幾乎占滿第一學期的所有時間，以及第二學期的絕大部分時間。因此第一個學期，幾乎只能用修課以外的時間，來學習文獻搜尋與篩選的方法，粗略了解候選研究主題的背景，以便盡快選定研究主題，並且針對研究主題進行初步的文獻回顧，了解它所包含的各種研究子題，以便在寒假來臨之前決定論文題目。這樣才有可能利用寒假期間，專心研究既有學術文獻中的共識與爭議，以及各個流派的大致特色與優缺點——這是研究過程中第一個重大的階段性目標，非常複雜耗神，必須整天專注地閱讀、思考與彙整，很難在學期之中利用零碎的課餘時間完成。

此外，為了要在寒假結束前彙整出既有流派的特性與優缺點，你最好盡快決定研究主題和論文題目，以便將文獻回顧的有限時間，盡量集中在跟論文題目有關的論文上，而非浪費時間在幾個候選主題上，漫不精心地瀏覽一堆似懂非懂的文獻。

研究過程中第二個重大的階段性目標，是提出創新的策略與研究構想，並且完成可行性的評估和完整的文獻回顧，這通常得在一年級暑假結束以前完成。此外，在進行這個工作之前，你必須針對自己的研究題目，釐清所有被爭議過的各種技術細節，並且比寒假結束時更深入了解各個流派的優缺點是如何造成的，嘗試將不同流派的優缺點截長補短，揉合出具有優點與特色的新方法。

由於擬議創新的策略與研究構想無法一步到位，你必須一邊構想，一邊評估其未來執行的可能性，並且根據未來的可行性，反覆修正創新的策略與研究構想，因此最好整個暑假都留給這個工作，而且盡可能在暑假開始之前，深入了解各流派的優缺點與其成因，同時嘗試著思索揉合不同流派的可能性。

暑假結束時，第二個學年只剩大約九個月。但是論文寫作與修改至少要一個月，論文草稿至少要提前兩週送給口試委員，最後還要再補齊資訊與數據並修改論文，前後又要大約一個月。若再扣掉設計示範案例並加以完成所需的一個月，剩下來真正可以發展研究構想、蒐集證據、反覆檢證與調整假說的時間，大概只有六、七個月。幸好，這段時間幾乎都不需要修課，因此時間還算勉強夠用。

但是，如果你上課期間完全不去碰論文有關的事，寒暑假又覺得非休息不可，最後的論文品質粗糙是可以預期的，而整個研究過程一知半解，畢業時沒有學到任何紮實的真工夫更是可想而見。

為了一張碩士文憑，有必要在兩年內累得連喘口氣的時間都沒有嗎？沒必要！文憑並不重要，重要的是一生受用的能力。

如果是為了培養嫻熟的文獻回顧能力與專業的批判能力，同時品嘗一下創新的滋味，那絕對是值得的！因為，通過這樣紮紮實實的訓練，你就不再是昔日的吳下阿蒙，而是平白增添了一甲子功力，一個有資格被稱為「大師」（master）的專業人才。

本章重點回顧

- 要盡早決定指導教授、研究主題，以及研究題目，才能將文獻回顧的有限時間聚焦在攸關研究題目的重點上。
- 研究過程中的第一個階段性目標，是整理出既有學術文獻中的共識與爭議，以及各個流派的大致特色與優缺點。這個工作最好在碩一寒假結束前完成。
- 研究過程中的第二個階段性目標是提出創新的策略與研究構想，並且完成可行性的評估和完整的文獻回顧。這項工作要盡量在一年級暑假結束以前完成。
- 研究過程中的第三個階段性目標是完成理論發展，彙整各種證據，反覆檢證與論證假說中的答案或解決方案，並且據以調整假說、假設條件與適用範圍，直到有足夠的貢獻且找不到弱點為止。假如其他工作都很積極地按照預定時程完成，這個艱難的工作只有六、七個月的可用時間。
- 最後的示範案例設計、論文撰寫與修改、準備口試，以及修改論文後提出正式論文等工作，共需約三個月左右的時間。
- 論文品質的真正差別往往不在於它們最後的答案，而是在於他們回答的方式和證據有多嚴謹、可靠——最著名的論文不必然是最富有創意的，但一定是最嚴謹而讓人不得不信服的。

• 即便指導教授構想好創新的策略和研究的架構，你還是必須要親自去充分吸收相關的學術文獻，了解各派的爭議與共識，才不致將一個傑出的研究構想執行成漏洞百出的研究成果——無論你的指導教授將你的研究構想規劃到多完善、仔細，從文獻回顧培養出專業級批判能力是一項無法省略（也不該省略）的工作。

4 恩師與廉價勞工

——指導教授與研究能力的養成

選擇指導教授是念研究所的第一個重大抉擇，而很多人的首要考慮是準時畢業和畢業後的出路。這些考慮確實也是需要的，但不該因此犧牲研究能力的養成。

研究的能力是可以帶得走並且一輩子受用的：文獻回顧的能力，讓你在畢業後可以用前人的智慧來解決職場、家庭和人生的重大問題；批判性思考讓你可以在規劃、執行與創新的過程中監督自己，事先警覺到一般人覺察不到的風險、疏失與錯誤，這是一個領導者必備的能力；而創新的能力更是職場上關鍵的致勝利器。

這些能力都很難有系統地傳授與學習，然而用心的指導教授還是可以為學生規劃出較有利的學習環境。反之，如果指導教授不用心，就很容易出現第2章那種錯誤示範的案例。尤其是對於研究工作幾乎一無所知的碩士生，如果欠缺教授和學長的引導，不但很難培養出研究能力，甚至連「研究所可以學什麼」都不知道，以至於白白辜負了研究所兩年的青春。

然而許多理工學院的教授把研究室當小型顧問公司在經營，研究生在學長帶領下執行研究計畫的一個局部，文獻回顧和研究計畫構想出自教授或學長，批判性思考也大幅度由教授或學長代勞，因而研究工作很輕鬆，但是學到的能力卻非常有限。

本章先以批判性思考為例，談研究能力的養成，再談它們跟指導教授的關係，作為讀者選擇指導教授時的參考。

批判性思考能力的培養

我們必須先了解文獻回顧、批判性思考與創新的能力是如何培養的，然後才有辦法討論指導教授的領導風格可以如何影響這些能力的養成。

談到批判性思考能力的養成，有一個令人非常困惑的對比：所有學者都會強調批判性思考的重要性，但是所有的科系卻都沒有開授批判性思考相關的課程；對比之下，很少人會特別強調數學的重要性，但是所有跟計量科學有關的系所，都會開授相關的數學課程。就研究生而言（尤其是博士生），到底是數學比較重要，還是批判性思考比較重要？假如批判性思考真的很重要，卻又不在課堂上教，那麼要去哪裡學？

美國哲學協會曾對各種不同領域的專業工作者進行訪問調查，然後歸納所有專家意見，最後把批判性思考分成六種能力：⑴分析（analysis）證據、概念、方法和問題脈絡的能力，⑵評估（evaluation）證據、方法、結果的價值和可靠性等，⑶對各種證據與事實進行嚴謹的歸納與演繹等推論（inference），以產出新的結論或命題、發現，⑷解釋（explanation）各種證據的內在關聯或可能的因果連結，以形成規律或理論，⑸詮釋與解讀（interpretation）各種證據、概念、理論與研究結果的內在意涵（implications）和可能衍生的影響、重要性與價值等，同時⑹有能力自行引導與組織（self-regulation）自己的思考活動，以便選擇研究方法，規劃研究活動，尋找證據，從證據中產出可靠的結論或判斷，並且在這過程中主動偵測出自己隱藏的假設或前提，和跳躍的推論等謬誤。

毫無疑問，這六種能力確實密切影響著研究的品質，甚至密切影響著一個人思考、判斷與決策的品質，因此其重要性不可能會被過分強調。

然而很多研究都發現，批判性思考的教與學迥然不同於數學或基本邏輯，後者有一套明確的操作程序可以依循，只要動作正確，結果就是正確。相較之下，批判性思考重視的並非徒具形式的思考活動，而是思考活動所能達成的品質或嚴謹性——如果分析得不徹底，或者評估時不夠客觀、嚴謹，就算照所有流程演練一遍也毫無意義。

因為這些攸關「思考品質」的判準，很難被明確地刻劃成可以「依樣畫葫蘆」的標準操作程序或技巧，因此批判性思考的教與學比較像美術、舞蹈和音樂，老師可以帶著你練習，可以示範給你看，但是同一班的學生學完以後，所表現出來的品質卻差距甚大，反映著每個人領悟力的差異。因此，它的學習過程必須像美術、舞蹈和音樂那樣，在你的學習過程中，由資深的人不時糾正你所犯的錯誤，並給予正確（或較佳）的示範——而不適合像數學課或邏輯課那樣採大班教學，而欠缺練習時的個別指導與示範。

此外，批判性思考的學習過程必須跟各科系的專業知識（domain specific knowedge）結合，當一個人對特定問題的背景知識知道得愈充分、深刻、細膩，他在該問題上表現出來的批判性思考就愈周延、細膩而深刻。因此，批判性思考的能力很難像數學或基本邏輯那樣，獨立於專業知識之外去傳授，也很難在嚴重欠缺專業知識的情況下表現出來。

舉例來說，醫藥療效和經濟學基本工資問題的研究，都需要統計學；但是兩種研究主題的問題脈絡南轅北轍，實驗設計與統計數據的取樣，所需要克服的技術難題不同，影響研究品質的干擾因素不同。因此一個人在研究基本工資問題時，所培養出來的批判性思考能力，無法立即被轉化為有關醫藥療效研究的批判性思考能力——不過，當你在一個領域內培養成熟的批判性思考能力後，要培養出第二個領域的批判性思考能力是會容易許多，因此批判性思考的能力並非百分之百跟專業知識綁在一起，它具有某種程度的跨領域共通性。

對於初學者而言，批判性思考必須在明確的專業知識脈絡中去進行，而無法像數學或基本邏輯那樣，獨立於專業知識之外去傳授。緣此，批判性思考能力的養成必須跟各系所的專業課程緊密結合，而高階的批判性思考能力，幾乎只能靠師徒相授的模式，或者從前輩大師的作品裡去揣摩、學習——也就是從文獻回顧裡去增進個人的批判性思考能力。

以上這些事實意味著，指導教授和研究室學長姐對你的研究能力增長有很大的影響，因此必須慎選指導教授和研究室。

從修課培養批判性思考能力

人類的知識有些可以被明確表達出來，甚至融入機械化的操作裡，因而易教、易學，算數、加減法與四則混合運算，乃至於幾何學證明、微積分、統計學等都是。美國當代哲學家邁可·博藍尼（Michael Polanyi, 1891-1976）稱這種知識為「顯性知識」（explicit knowledge）；不過他也說過，我們所能知道的知識比我們所能說出來的還要多，這些「能懂而無法明確說出來」的知識被稱為「默會知識」或「隱性知識」（implicit knowledge）——譬如美術、舞蹈和音樂的許多知識，都屬於「隱性知識」。

「顯性知識」和「隱性知識」經常被拿來做對比，以至於它們看起來像是毫無交集的不同知識；實際上它們更像是人類知識的兩個極端，介於其間還有各種不同灰階的知識——有些比較容易說清楚，有些不那麼容易說清楚。連帶地，批判性思考也有「顯性」和「隱性」的部分，以及介於其間的層次變化。

研究所的課程內容和上課的討論，是培養專業級批判性思考的第一步，因此美國制度裡將博士生的修課列為取得博士學位的必要程序和要件。

很多計量方法的課程中，已經包含了關於如何分析問題、評估證據等批判性思考的要素，以及如何進行有效推論的要領。而且，這些要領已經跟應用領域的專門知識相結合，所以醫學院、工業工程系與社會所的統計課，在數理工具上有高度的共通性，但是課程內容所涉及的概念、術語與專業分析能力卻大異其趣。如果你確定要在研究工作中採用某種計量方法，修習相關的研究所高階課程是培養批判性思考能力的第一步。

在評估創新的策略與研究的構想時，我們還需要一些數理工具以外的批判性思考，它們基本上可以被歸類為「質性」的批判性思考。這一類的批判性思考通常比較不容易在計量方法的課程裡學習到，但是仍舊可以在用案例討論（case studies）等形式的課程去培養。美術系與設計學院常見的「評圖」，就是一種有助於培養批判性思考的學習活動。

此外，管理學院有些課程是以案例討論的方式進行，所裡招收研究生時已經刻意讓學生的背景多樣化，以便上課時可以帶出多元的討論觀點；如果老師的教案設計得有系統，且上課引導得好，學生可以在每一個案例討論中，練習批判性思考的各種活動，從分析、評估到解釋與詮釋等，並且通過這些練習與老師的示範，去磨練自己的批判性思考能力。

社會科學院的研究所課程也類似，通常會透過課前的指定閱讀和上課討論，引導學生了解專業領域內典型問題所需要照顧到的各種問題面向與觀點，以及進行相關專業領域內分析、推理與判斷時所需要注意到的各種要素，並透過這些過程培養學生批判性思考的能力。

比較可惜的是，理工學院嚴重欠缺相關的課程設計，因此學生除了在研究所課程學習數理工具，及其延伸出來的批判性思維之外，對於其他偏屬「質性」的批判性思考能力，就只能從文獻回顧的過程去培養，或者靠指導教授與研究室學長姐的指點。

批判性思考與文獻回顧的能力

除了上課的討論之外，文獻回顧可以培養你更接近研究主題的批判性思考能力。你可以從這過程獲得更細密、周延而深入的專業知識，也可以透過成熟學者在文獻中所展現的批判性思考，來揣摩更加隱性，卻更細膩、深刻、嚴謹的批判性思考。

如果完全只靠自己的專業知識和思辨能力，任何系所的碩、博士生確實都很難針對期刊論文找到它們的缺點、疑點或局限之處。

然而，每一個研究領域都有不同的學派，每一種問題都會有學者提出不同的解決方法或探討的角度。沒有一篇論文會主動暴露出自己的弱點、疑點和盲點，但是學術界競爭激烈，每一篇論文都必須鮮明而扼要地指出自己的優點，和其他競爭者的弱點。因此，凱因斯派（Keynesianism）的經濟學者會告訴你芝加哥學派（Chicago School）的主要假設有哪些疑點與弱點，而芝加哥學派的經濟學者則會告訴你凱因斯派的疑點與弱點，還有些跨越這兩大學派的學者，會嘗試力求公允地評價雙方的相對優缺點。這些論文在發表之前都會經過同儕審查，作者在指陳對方弱點與缺點時，必須力求客觀、審慎而立論有據，因此都有很高的參考價值。

如果你針對同一問題廣泛閱覽各派學者的論述，就可以看見他們如何劃分派別，互相指出其他學派、方法的主要假設、隱藏性假設、疑點、限制和缺失，以及自己這個學派、方法的優點。只要你有系統地去閱讀、比對、分析、彙整這些意見、論點、證據，就可以逐漸釐清各學派的基本假設、方法與數學模型的特質，應用上的限制與優缺點，以及統計資料取樣與處理過程的影響等。如果你把它們彙整成條理井然的對照表，就可以知道在這領域內所必須照顧到的問題重點、問題面向，以及既有方法可能的弱點和優點，從而為自己的研究工作找到足以取法借鏡的觀點、方法和技巧，也從而習得這個領域內批判性思考的重點，用以主動偵測自己研究構想和研究工作中潛在的弱點、瑕疵和謬誤。

此外，即便是學術界爭論不休而無定論的問題，也至少可以整理出爭論不休的原因，從而找到值得進一步研究的題目，或者應該高度提防的疑點與陷阱。

以基本工資近年來的論戰為例，加州大學柏克萊分校勞工與就業研究所的麥可・萊奇（Michael Reich, 1945-）教授長期支持調漲基本工資的政策，而加州大學爾灣分校（U. C. Irvine）的經濟學教授紐麥克（David Neumark, 1959-）則是最著名的反對者。萊奇教授和幾位同事在二〇一〇年發表一篇著名的期刊論文，聲稱在選擇統計資料時，精心排除與工資無關的因素之後，實證研究顯示，調漲基本工資會顯著改善低工資者的收入，而且對低工資者的失業率影響輕微或可忽略。這篇論文發表後，馬上引來紐麥克教授的攻擊，質疑萊奇教授等人的研究過分限縮統計資料的取樣範圍，不恰當地排除了可以正確反映失業率的資訊，而使得分析結果有嚴重的偏差。之後雙方你來我往，持續發表新的研究結果，以資強化自己的結論，並化解對方的質疑，直到二〇一五年底仍未休戰。

一個經濟系的碩、博士生如果願意認真吸納雙方的論點，對於基本工資這個議題所牽涉到的各種批判性技巧、統計資料取樣過程必須注意的各種關鍵性細節，以及資料處理過程，雙方所使用的方法特性與局限等，就可以建立起有關這個研究主題的嚴謹批判性思考能力，從而避免第2章錯誤示範案例的各種謬誤。

如果正、反雙方的一系列論文讀起來還不過癮，甚至在「公說公有理，婆說婆有理」中拿捏不定自己該如何取捨，那麼還有其他立場較中立的大師之作可以參考。譬如，倫敦政經學院的曼寧（Alan Manning, 1945-）教授就在二〇一六年寫了一篇論文，相當客觀地指出，許多因素讓基本工資的負面效應不容易顯示出來。如果仔細比較正方、反方與中立方的各種論述，就應該可以充分掌握到基本工資這個研究主題，所需要注意到的各種批判性思考的角度與要領，乃至於各種必須注意到的技術性細節了。

因此，文獻回顧並不只是消極地去了解既有學術研究的成果，更要積極地在此過程中培養出專業級的批判性思考能力。而這樣建立起來的批判性思考能力，是維繫研究與論文品質的關鍵，也有助於在畢業後，較迅速地培養出工作上或人生關鍵時刻，所需要的批判性思考能力。

指導教授與研究能力的培養

指導教授的責任是培養你的研究能力和自己解決問題的能力，而不是替你解決問題。他的第一個責任就是協助你規劃研究進度，建議研究主題與研究題目，建議該修或值得修的課，引導你去認識學校裡與你的研究題目有關的資源（人、事、物）。

然而有些指導教授有很嚴重的瑜亮情節，不喜歡學生去修某些同事的課；有些指導教授把學生當工具，希望學生盡量把時間用來作研究，花在其他課程上的時間盡量減少。這樣的指導教授有可能會妨害你培養批判性思考等專業能力，不見得是好老師。

其次，指導教授可以組織研究室內（或者跨研究室）的論文研討活動，每週一次，由學長姐輪流報告精彩的學術期刊論文，分析其中的研究構想與創意、主要的優缺點以及成因，並由指導教授給予進一步的批評與指教，藉此提升學生的簡報能力、批判性思考，和文獻回顧的能力。

最後，指導教授有責任針對你的研究題目給予個人化的指導，約莫每個月一次。他應該利用這機會告訴你，如何進行文獻回顧與發展研究構想；協助你規劃研究方向與研究範圍，避免讓學生從事難度太高，或定義不清楚而過分迂闊的研究題目、範圍；引導你對自己發展出來的研究策略和方法進行風險評估，提出必要的預警，並且對你的研究成果扮演一個客觀的評論者——基本上就是不告訴你答案，但是告訴你如何去找答案，以及預先防範你在錯誤的方向上走太遠。

在這過程中，指導教授是最有機會教你「默會知識」的人，因為你可以從他的各種示範性動作，去揣摩無法用文字傳達的一些思想和智慧。可惜的是，並非每一個指導教授都有興趣把學生當作「傳人」培育。

至於你能不能找到這樣的教授來指導你，就看你的用心尋找與福分了。

本章重點回顧

- 批判性思考含六種能力：(1)分析，(2)評估，(3)推論，(4)解釋，(5)詮釋與解讀，(6)引導與組織自己的思考活動。
- 批判性思考重視的並非徒具形式的思考活動，而是思考活動所能達成的品質或嚴謹性。因此批判性思考的教與學迥然不同於數學或基本邏輯，後者有一套明確的操作程序可以依循，只要動作正確結果就是正確。
- 批判性思考比較像是「能懂而無法明確說出來」的「默會知識」或「隱性知識」，因此它的教與學比較像美術、舞蹈和音樂，老師可以帶著你練習，可以示範給你看，但是同一班的學生學完以後，所表現出來的品質卻差距甚大，反映著每一個人領悟力的差異，以及老師是否能以個人化的指導糾正錯誤，並及時給予正確示範。

- 此外，批判性思考的學習過程，必須跟各問題所屬領域的專業知識結合在一起。當一個人對特定問題的背景知識知道得愈充分、深刻、細膩，他在該問題上表現出來的批判性思考就愈周延、細膩而深刻。因此，批判性思考的能力很難像數學或基本邏輯那樣，獨立於專業知識之外去傳授，也很難在嚴重欠缺專業知識的情況下表現出來。
- 以討論為主的課程中，如果老師的教案設計得有系統，且上課引導得好，學生可以在每一個案例討論中，練習批判性思考的各種活動，從分析、評估到解釋與詮釋等，並且透過這些練習與老師的示範，去磨練自己的批判性思考能力。
- 文獻回顧可以培養出更深入研究主題的批判性思考能力。你可以從這過程獲得更細密、周延而深入的專業知識，也可以通過成熟學者在文獻中所展現的批判性思考，來揣摩更加隱性，卻更細膩、深刻、嚴謹的批判性思考。
- 指導教授的責任是培養你自己解決問題的能力，而不是替你解決問題。他可以通過三種方式協助你培養所需要的批判性思考能力：指引你修課，組織並指導研究室內的論文報告與討論，以及針對你的研究題目給予個人化的指導。

5

萬綠叢中一點紅
——研究主題與論文題目的關係

選完指導教授之後，接下來的重大選擇就是敲定研究主題（research topic），和想要聚焦的論文題目（research problem）。一個研究主題包含許多研究子題，每一個研究子題都可以拿來當論文題目——通常是先選一個範圍較大的研究主題，進行過概略的文獻回顧，然後從中找出一個適合的論文題目。

一個合適的論文題目，最好能同時兼具三個特質：(1)你有把握在這題目範圍內，產出足以獲得學位的創新與貢獻。(2)你具備閱讀相關文獻所需要的背景知識，不足的部分，有些可以從修課獲得，需要自行補充的部分，在可負擔的範圍內，不致拖垮研究的進度。(3)你對這個題目有一定的興趣，足以支持你熬過漫長歲月中的各種挫折與艱難挑戰。

我建議讀者盡快決定研究主題，以便有較多的時間針對這個主題進行文獻回顧，尋找合適的論文題目。這個建議是基於三個主要的考量：(1)每一種研究主題都包含非常多樣的論文題目，足以滿足各種不同的興趣和專長，可以適合每一個人的特質和興趣；因此，選哪個研究主題差異並不大。譬如，每一個研究主題都包含基礎研究與應用研究，每一個研究主題都包括質性研究與計量研究，因此重要的是，論文題目適不適合你，而不是研究主題適不適合你。(2)每位指導教授都有專攻的研究主題，當你選好指導教授時，剩下可以選的研究主題已經很有限，不一定值得在其間斤斤計較其差異了。(3)從選定研究主題到決定一個論文題目之間，需要花不少時間去進行文獻回顧，才有辦法掌握這個研究主題內各種研究子題的主要共識與爭議，以及各種研究子題之間的關聯，並且從較寬廣的視野來掌握研究的發展方向，和培養出較周延的專業批判能力。就算指導教授已經替你選好論文題目，你還是必須從較寬廣的視野進行一次研究主題的文獻回顧，才能掌握到論文題目跟其他研究子題的完整關係。

以「基本工資」這個研究主題而言，它所包含的研究子題就有許多，譬如「調漲基本工資會不會提高弱勢勞工的失業率」、「調漲基本工資會不會提高弱勢勞工的所得」、「調漲基本工資後資方會有哪些可能的因應措施」、「調漲基本工資的效應會不會因國情而異」等等。因此，任何一個研究主題，只要你找不出反對的理由，就不妨拿它當研究主題，以便盡早針對這個主題開始進行文獻回顧，同時開始尋找合適的論文題目。

為了讓讀者了解如何從研究主題去掌握各研究子題和論文題目的關係，本章將以工資問題為例，介紹一個研究主題的問題背景與意義，內部各種研究子題的相互關聯，主要的研究趨勢、發展與轉變，主要的爭議、共識與典範性論文，以及各種論文題目的多樣性。

此外，本書後續各章仍將以「基本工資」這個研究主題為主要的說明案例，引導讀者具體了解文獻回顧、批判性思考，以及創新的要領，和研究工作的步驟與流程。因此，熟知本章內容將有助於未來各章的閱讀與吸收。

至於針對研究主題進行文獻回顧所需要的具體方法、工具與要領，將會在第7章介紹。

問題的背景與意義

在選擇一個論文題目之前，最好先從較寬廣的視野去了解該研究主題的背景、過去相關研究子題的類型，以及主要的爭議和共識，以便據此了解相關研究子題的特性與要件，藉此較踏實地解放創意和想像力。如果靠自己憑空想像，可能絞盡腦汁想出來的都是不具有學術研究價值的題目。

其次，當你從較寬廣的背景去了解每一個研究子題的背景脈絡時，才能較深入地掌握各種研究子題的主要訴求、方法特色、關切重點和各種爭議的原因和必要性，而不致見樹不見林。此外，當你從較寬廣、完整的角度去看個別的研究子題時，比較有機會跳出單一議題的狹隘視野，從各種不同角度的交叉分析、思考，去構思跳脫既有研究框架的辦法與創新、突破的策略。

以工資問題為例，很多人受到經濟學教科書的影響，先入為主的認定政府不可以用法令干預勞動力市場，尤其是不可以限制交易價格和交易數量，因而反對調漲基本工資。這樣的人往往也認為，支持基本工資案的人沒有經濟學的基本常識，並且認定少數支持調漲基本工資的論文，都是偏激者不夠嚴謹的研究——對他們而言，近年來的基本工資爭議都是很無聊的。

然而，如果你從較寬廣的視野去看整個問題背景與歷史發展，以及近年來新起的研究和爭議，你將會發現這問題真的既重要又有趣，而且確實值得進一步深思與研究。

紐西蘭、澳洲和英國紛紛在十九世紀末和二十世紀初訂立基本工資法，目的是為了要對抗當時極其猖獗的血汗工廠。從這個歷史起源的角度來看，設定基本工資在現實世界裡，絕對有其必要，而且一百多年來，這樣的需要仍舊不時再度出現——即便是在號稱富裕與先進的美國。譬如二〇〇八年的金融風暴，使美國失業率衝向一〇％，青年失業率更暴衝向二〇％，許多企業趁人之危，拐騙謀職的大學畢業生去當無薪實習生，並承諾會在景氣好轉後優先聘用為正職人員。很多人就這樣當了好幾年的無薪實習生，做的卻是正職人員的工作，而企業的承諾卻一再跳票。事件被媒體披露後，美國勞工部緊急聲明無薪實習違法，許多律師事務所在網路上刊登廣告代打「無薪實習」官司。可見得市場上確實不時存在人吃人的案例，必須要有政府與司法的適當介入，而不該縱容如此嚴重的不公不義。

此外，低薪工人主要是打工學生和弱勢的人，其中很高比例是家庭收入較低而不得不打工補貼學費與生活費的學生——對他們而言，工資越低，所需打工時間越長，無形中強化教育機會的不均等以及複製貧窮。這個事實又增強了基本工資法的必要性。

問題是，基本工資要定在哪個水準？實際上可以獲得多大的好處？又可能會導致多大流弊？會不會得不償失？要想毫無瑕疵地嚴謹回答這個問題，達成所有學者都不得不同意的共識，一點都不容易。以美國為例，自從一九三八年第一次通過基本工資法案以來，贊成與反對的爭議未曾間斷過。甚至到一九七七年討論該法案的修正案時，國會紀錄還表示，正反雙方所持的意見和證據，似乎都具有同等的分量和說服力。

反對基本工資案的人主張：根據個體經濟學的「需求定律」（law of demand），價格（工資）上升會抑制資方對勞動力的需求，而勞動力需求的下降則會導致失業；此外，那些因為基本工資案而失業者，很可能會集中在最弱勢（原本工資最低）的人；因而基本工資案不但無法嘉惠那些最需要幫助的人，還反而害了他們——而且，他們確實可以舉出許多實證的研究報告來強化這個主張。

此外，有些反對基本工資的人會建議：如果想要改善低收入勞工的生活水準，不如採用「薪資所得租稅補貼」（Earned Income Tax Credit），或者其他各種保障家戶最低所得的社會福利制度；因為他們認定這個制度的效果會比基本工資案更顯著，成本更低，而且弊端更少。然而「薪資所得租稅補貼」的具體效益，在經濟學界也同樣是爭議已久，而主張資本工資方案者，往往也會舉出各種不利於「薪資所得租稅補貼」的弊端，來強化自己的主張。

所以，在較完整的視野下，基本工資的核心爭議其實是「利弊相抵之後，基本工資與所得補貼何者較優」，而不只是基本工資方案好不好，或者薪資所得租稅補貼的政策是否有效——他們都只不過是在大拼圖的局部，必須被整合起來比較，才能用以研判該何種政策方案較有利而已。

主要的爭議與典範性論文

在過去將近一百年來有關基本工資的爭議中，第一份有特殊地位的研究報告，是美國國會「基本工資研究委員會」在一九八一年發表的結案報告，它集結了六大冊美國與加拿大的相關論文，歷經四年的研究，做出三個結論：(1)如果基本工資調漲一〇%，十六歲至十九歲的勞工失業率將會增加〇%－一．五%，(2)對二十歲至二十四歲的勞工影響較前者輕微，(3)至於年齡更高的勞工，其就業率所受影響，在理論上與實證研究上都不清楚。

這份報告的委員曾經審閱的相關研究報告，涵蓋面非常寬廣，因此被反對基本工資案的一方，視為確鑿不移的結論。此後，「調漲基本工資會提升年輕（弱勢）勞工的失業率」幾乎就成為經濟學界的主流定論。因此，英國在一九九三年廢除了工資評議會（Wage Councils），並凍結基本工資制度；經濟合作暨發展組織（OECD）在一九九四年提出警告，請各國嚴防基本工資案可能產生的負面作用，並建議盡量採取直接補貼低收入戶的政策。

然而，兩位美國經濟學家大衛．卡德（David Card, 1956-）和艾倫．克魯格（Alan Krueger, 1960-）卻在一九九四年發表一篇期刊論文，開始動搖這個近乎共識的結論。他們的研究構想受到藥物實驗方法的啟發：如果把基本工資看成操縱變因，受到基本工資影響的州有如實驗組，另外一個沒有受到基本工資影響的州有如對照組，那麼研究過程必須先確保其他干擾因素（控制變因）在兩個州內都相同，才可以推論說，兩個州的就業率變化都百分之百是基本工資的變化所造成的。但是，在他們之前的研究，都沒有設法控制干擾因素（控制變因），因此其結論都是可疑的。

為了排除上述既有研究的重大缺失，他們研究了紐澤西州基本工資調漲方案對速食業的影響，並且把隔壁原本基本工資相同的賓州當作對照組。研究中比較了兩州速食業的相同年齡勞工，藉此讓控制組與對照組的控制變因（基本工資之外的影響因素）盡可能相近，從而降低了基本工資調漲之外其他因素的干擾。結果，紐澤西州速食業的勞動力，在基本工資調漲一八．八％之後，卻與預期相反的略為增加了，而沒有調漲基本工資的賓州速食業，反而發生勞動力明顯減少的現象。最後，他們的結論是：(1) 調漲基本工資確實使青少年的工資因而提高，(2) 沒有證據顯示調漲基本工資會降低青少年就業率。這份研究的實驗設計遠比以前更嚴謹而可靠，因此迅即在經濟學界引起相當巨大的震撼。

不過，上述一九九四年的論文所提供的案例太孤立，不排除是特定時空條件下的例外，而非通則。有鑑於此，加州大學柏克萊分校的萊奇教授和他的研究夥伴，在二〇一〇年的著名論文裡改進了大衛．卡德和艾倫．克魯格的研究方法，使得統計數據的時間跨距長到足以捕捉各種延遲發生的效應，而且在案例數量上涵蓋一九九〇到二〇〇六年之間，美國相鄰的六三六個郡（counties），它們被配成三一八對實驗組和對照組，以便利用地理上的相鄰性，降低基本工資之外其他干擾因素可能的影響，而突顯出基本工資的真實作用。結果他們的結論還是：(1)調漲基本工資對失業率沒有明顯影響，且(2)調漲基本工資確實使低薪工人的工資因而提高。此外，他們還以具體的證據指出來，過去絕大多數的研究，都沒有以兩個相鄰的行政區當控制組與對照組，因而其研究結果確實會受到與基本工資政策無關的其他干擾因素影響，故其結論不值得採信。

這個研究也因為研究設計嚴謹，而採取的案例數量與時間跨距足以消除「以偏概全」或「未能反映延遲發生的長期效應」等疑慮，而在經濟學界再度造成強烈的震撼，柏克萊大學更把這份研究成果摘要公布在官方網頁的首頁。

上述兩篇論文研究，設計嚴謹而證據確鑿，使得經濟合作暨發展組織、國際貨幣基金會（IMF）、世界銀行（WBK）、國際勞工組織（ILO）和二十國集團（G20）在二〇一二年的聯合研討會後發表一份共同聲明，表示適切地提高基本工資，可以避免引起降低弱勢勞工就業率的負面效應，並且對弱勢勞工的收入造成正面的影響。

兩份研究報告足以扭轉經濟學界長期以來的主流信仰，和六大冊論文歸納出來的研究調查報告，依靠的是研究證據與論證過程的嚴謹性，它們具體印證了學術界的重質與不重量。

研究的轉向與題目的多樣性

上述支持基本工資的論文，引起一部分經濟學者的質疑，其中紐麥克和瓦斯徹（William Wascher）最著名，而他們爭辯的手段主要有二：(1)重複統計過去的實證研究中，反對基本工資案的論文篇數（占總量的三分之二），(2)以他們主觀認定的方式評鑑「好」的實證研究案例和「壞」的實證案例，並且推論說柏克萊團隊從二〇一〇年起的一系列研究，是剔除了「好」的實證案例，而保留了「壞」的實證案例。對於「重質而不重量」的學者而言，第一種論述策略是無效的（雖然它確實頗具有宣傳效果），第二種論述策略則顯得太主觀，不符合學術界一向重視「客觀、可重複驗證」的要求。

另一方面，越來越多學者接受「調漲基本工資不會明顯提高失業率」的可能性，並且企圖了解導致這種現象的機制。他們也確實從各種實證的質性研究和計量研究找到許多證據，來說明這個違背傳統經濟學信念的現象何以會存在。

首先，提高基本工資可能會減少低薪工人的流動率，從而降低雇方的訓練成本和管理成本。其次，工人在高薪下工作意願與配合度較高，其生產力的提升有可能導致總工時下降，因此雇方的額外成本可能不大，只要強化管理績效就可以很快適應。此外，提高基本工資對雇方的總成本影響極小，因此雇方有可能會將一部分成本自行吸收（適度降低利潤率），一部分轉嫁到消費者身上（他們原本從血汗工廠享受到不應得的利益），而不是減少聘僱人手而衍生人力不足的各種困擾。除此之外，即便調漲基本工資會導致少數人失業，但薪水被調漲的人可能會增加支出，而刺激在地某些行業的營業額與人手需求，因而使得失業的低薪工人很快地在另一個企業就業。最後，還有一個理論說，受基本工資影響的雇方有些是惡意壓低工資，有些是經營能力太差；基本工資調整案有助於淘汰經營能力差的雇方，用良性競爭提升市場勞動力的有效運用，因而並非壞事。

然而，對於堅守傳統經濟學見解的人而言，他們也可以從這一系列的研究裡，找到反對基本工資案的新證據。首先，雇方可能會降低勞工的非薪資福利，來補償工資上漲的額外成本，而抵消調漲基本工資對勞工的好處。其次，雇方可能會降低弱勢勞工的雇用率，增聘生產力較高的勞工，結果弱勢勞工還是變成政策的受害者。此外，雇方也可能延緩高薪工人的調薪速度，彌補低薪工人的薪資上漲，使得高薪工人變成受害者。

傳統的主流經濟學模型是基於完美的完全競爭市場假設，然而上述這些新發現的機制，都和「完全競爭市場」的假設不合，因此有一批經濟學者開始提出新的理論模型，用以吸納這些新發現的機制和證據。

另一方面，即使接受「適切地提高基本工資不必然會導致失業率上升」，很多經濟學者仍舊相信「過分激烈地提高基本工資仍舊很可能會導致失業率上升」。因此，調漲基本工資的幅度要多小才算是「適切」，這仍是懸而未決的問題。

「利弊相抵之後，資本工資與所得補貼何者較優？」這個延續數十年的爭議仍在，但是爭議的焦點和研究的方向已經被徹底改變，而證據的有效性、研究的方法與批判的角度，都越來越細緻、嚴謹而周延。「適切地提高基本工資不必然會導致失業率上升」已經漸成主流共識（至少是大型國際組織的共識），但是弱勢勞工會不會被犧牲，仍舊是一個爭議中的問題，因為「速食業總工時不變」不等於「弱勢勞工總工時不變」。

上述這個例子告訴我們，對一個論文題目進行文獻回顧時，必須涵蓋較寬廣的視野，才能看到不同研究子題之間的關聯，從而彙整出較周延的批判角度，而且也能獲得較豐富的創意來源——關於最後這兩點，我們會在第9章進一步申論。

創意的多樣性

大衛・卡德和艾倫・克魯格在一九九四年的研究方法，是受到醫學界藥物試驗方法的啟發，再利用自己的創意，將醫藥學界的「控制實驗」和控制組、對照組、操縱變因與控制變因等概念，轉化為適用於經濟學研究的「自然實驗」（natural experiment）。他們的創意來自於「取法其他學科」。

柏克萊的萊奇教授等人是比較過去基本工資的各種研究，發現支持基本工資的結論都是從兩個相鄰行政區取樣，而不利於基本工資案的結論都是從全國範圍取樣，警覺到地理位置的差異，和許多重要的干擾因素有密切關係，因而進一步發展出較嚴謹的空間取樣，和時間跨距設計。他們的創意是來自於對過去文獻的回顧、分析、歸納與洞察。

為了回答「提高基本工資為何沒有導致失業率明顯上升」這個問題，經濟學界近年來又開啟了一個還沒有學術巨人的全新研究領域，各種可能的機制紛紛被提出來，各種研究方法、研究設計和研究對象，都有機會找到有學術價值的新見解和新線索。

人類的智慧有限，相較之下，這個世界太複雜，因此學術界的研究總是還有疏漏之處和改善的空間。一場爭議結束之後，往往只不過是把舞台讓出來給另一批新的主角而已。

在這場永無休止的爭議、研究、推陳出新的過程，實力較淺的研究人員，可以在學術的最前緣，從事較小規模的發現與創新；而深思熟慮的頂尖學者，則從過去無數的小創新裡，看出較大的格局與洞見，推動較大的變革，並為過去的爭議劃下休止符。只要研究過程夠嚴謹，對學術界過去的累積有充分的了解，不論實力大小與資歷深淺，每一個研究人員都可以對學術的創新有所貢獻。

不過，話說從頭，在你敲定論文題目之前，必須先進行研究主題的文獻回顧，以便從較寬闊的視野，掌握該研究主題內各種研究子題的關係。問題是，文獻回顧與閱讀期刊論文的方法，迥異於大學時代讀教科書的方法，很多碩士生即使畢了業，都還是覺得期刊論文讀起來像天書。為了協助讀者突破這個困境，下一章先介紹期刊論文的閱讀方法，第7章再介紹研究主題的文獻回顧方法。

本章重點回顧

- 每一種研究主題都包含非常多樣的論文題目，足以滿足各種不同的興趣和專長，可以適合每一個人的特質和興趣。因此，最好是盡快決定研究主題，以便有較多的時間去決定論文題目。
- 選擇一個論文題目之前，最好先從較寬廣的視野去了解該研究主題的背景，曾經有過的題目類型、特性與要件，以及主要的爭議和共識，以便較踏實地解放創意和想像力。如果只靠自己憑空想像，可能絞盡腦汁想出來的都是不具學術研究價值的題目。
- 當你從較寬廣、完整的角度去看個別的研究子題時，比較有機會跳出單一議題的狹隘視野，而從各種不同角度的交叉分析、思考去構思，從而跳脫既有研究框架的限制。
- 學術界重質不重量，基本工資研究裡的兩篇論文，就足以扭轉經濟學界長期以來的主流信仰，和六大冊論文歸納出來的研究調查報告，依靠的是證據與論證過程的嚴謹性。
- 大衛．卡德和艾倫．克魯格的研究方法是取法自醫藥學界，柏克萊的萊奇教授等人是分析與歸納經濟學界的研究結論而得到的；近年來研究雇方調適工資上漲壓力的機制時，各種研究方法、研究設計，以及研究對象的選擇不一而足，如同創意的大解放。只要研究過程夠嚴謹，對學術界過去的累積有充分的了解，每個人都可以對學術的創新有貢獻。

6

告別大學時代——期刊論文的閱讀技巧

第一次閱讀期刊論文的人，往往會發現它們長得像天書，全部都是看不懂的術語，每一段都很難懂，甚至完全不知所云。和過去閱讀大學部教科書的經驗差異太大，很多成績優異的學生甚至會懷疑：到底是作者寫作能力太差，還是自己的理解能力真的有問題。

我曾指導過一個研究生，高中是名校數理資優班，大學是清大前三名，積極又好學。我給他一篇論文，請他兩週後向我報告心得。兩週後他來了，說還沒讀完；又過了兩週，還是沒讀完，請我再給他兩週時間。就這樣子過了兩個月，我忍不住問他到底發生了什麼事。

原來，他拿到論文後就廢寢忘食地讀起來，反覆讀了七、八次，有八、九成的內容始終看不懂。他把論文後面的十幾篇參考文獻印回來讀，照樣是每篇都只懂一、兩成，而原來那一篇論文還是有八、九成讀不懂。他又把那十幾篇論文後面的參考文獻給印了一堆回來讀，每一篇都至少有七、八成讀不懂，有些甚至完全不知所云。他越讀越心慌，好像陷入流沙坑一樣，讀的論文越多越感到無助，根本不知道要如何脫困。這樣的敗績他從不曾遭遇過，甚至讓他懷疑起自己到底適不適合念研究所。

其實，他的理解能力沒有問題，有問題的是他讀論文的方式——論文跟課本截然不同，沒有人可以用大學部讀課本的方式去讀懂任何期刊論文！

大學時代的讀書方法不管用了，為什麼？

大學部的課本和期刊論文的寫作風格南轅北轍，內容的難度與組織方式差異懸殊，原本就不應該用大學時代讀教科書的方式去讀論文。

課本是針對初學者寫的，出版社為了銷售，花很多心思力求讓它易讀、易懂，因而它的特點包括：(1)作者和編輯都熟知讀者的先備知識，以前沒學過的術語都會在第一次出現時加以定義，並清楚解說。(2)書本的材料被極端有秩序地組織過，由淺入深，鋪陳過程力求清晰、流暢、易讀，而不會在推理或論述時有太大的跳躍。

如此精心組織過（well organized）的課本，內容由淺入深且由簡入繁，為的是讓讀者可以逐行逐頁地理解。此外，為達前述目的，課本裡的知識是自足的（self-contained），以前沒學過的術語、觀念和定理，都會在第一次出現時被清楚地定義與解說，讀者不需要再去找額外的補充資料來協助閱讀。

然而論文是寫給圈內專家讀的，使用許多大學生和碩、博士生沒學過的術語、觀念和定理。而且，不論是學術期刊或學術會議，理工學院和其他計量學科的論文都有頁數的限制，短篇論文（short papers）通常不超過三頁，正式論文（regular papers）通常不超過六頁。為了要將複雜的研究成果擠進這麼短的篇幅裡，作者下筆時會言簡意賅，推導公式和定理時常會大幅度跳躍，只粗略地勾勒輪廓，大量的公式推導過程留給讀者自己去推敲。

因此，如果不是早已熟知該研究題目的專家，同系的教授都還可能看不懂隔壁同事寫的論文；研究所新生如果想要讀懂這些論文，當然是更加困難了。

所以，你不能再用大學時代讀課本的方式去讀期刊論文，而必須先學會閱讀期刊論文的方法和次序：(1)拿到一篇論文之後，先粗略瀏覽一遍，研判自己所欠缺的背景知識，以及它們所屬學術分支，以便找出載有這些背景知識的各種文獻。(2)從這些文獻中挑出與該論文密切相關的章節、頁次、段落來讀，跳過不相關的部分，不需要逐行逐頁去讀不相干的部分。(3)將這些材料由淺而深安排出閱讀次序，以便用最省力、省時的方式掌握這些背景知識。(4)背景知識補齊之後，再回過頭來讀你需要讀懂的那一篇期刊論文。

也就是說，為了獲得必要的背景知識，你要閱讀不同作者所寫的論文和書籍；這些文獻有些並不屬於原本那篇論文的參考文獻，你要自己想辦法把它們找出來。其次，這些文獻原本的寫作目的歧異甚大，針對各種不同背景的讀者和應用領域，不見得所有內容都跟你要讀懂的論文有關，你必須研判哪些段落需要讀，哪些段落不需要讀。最後，你必須自己想辦法去組織這些需要讀的段落、頁次、章節，以便安排出最適合自己（最省力）的閱讀次序。

閱讀課本和閱讀期刊論文根本是兩種截然不同的能力：大學時代像是在餐廳吃套餐，別人會替你煮好，逐道菜依序端上來，你只要逐行逐句讀下去；讀論文則像是自己下廚，從食材的採購到烹飪與上桌，全都得要自己打理。

這兩種閱讀模式之間涉及閱讀能力的大跳躍，但是你若學會閱讀期刊論文的能力，從此將有能力閱讀本科系的各種文獻——不論它們是有良好組織的書本，或是還沒被組織過的論文。也就是說，從此以後你不再需要老師的引導，就可以自己讀懂專業領域內的所有文獻，問題只在於要花多少時間而已。一位著名的教育家曾說：「自修能力的養成，就是教育的終點。」而培養出閱讀期刊論文的能力，可以說是教育的終極目的。

問題是，你要如何培養出這種能力？

螺旋式閱讀法——最自然也最省力的方法

閱讀期刊論文的第一個難題是：當你連一篇期刊論文都讀不懂時，怎會知道自己缺的是哪些背景知識，以及去哪裡找？

要突破這個「雞生蛋，蛋生雞」的難題，關鍵在於：不要企圖一次就讀懂一篇論文，而是要分成好幾次去逐漸讀懂它——就像電影常用的「放大」（zoom-in）鏡頭，剛開始只從遠處看粗略的輪廓，然後鏡頭逐漸拉近，逐漸由粗而細地看清細節。

讀論文也是一樣，第一次讀的時候，只想辦法懂最粗淺、易懂的部分（憑藉既有背景知識就能懂的那部分），藉此判斷你所需要的其他背景知識，並且找來讀；接著用剛吸收的背景知識重讀第二次，自然會懂得比第一次多，也更清楚可以在哪裡找到需要吸收的其他背景知識。如此逐次提升自己的背景知識與讀懂的成數，就像水漲船高一樣，逐漸累積出讀懂該論文所需要的背景知識。

更具體地說，第一次讀論文時只需要聚焦在三個最容易回答的問題：(1)這篇論文想解決什麼問題，最適合用來描述這問題的術語是什麼？(2)它使用的方法叫什麼（學術界如何稱呼它）？(3)前述的問題和方法屬於哪一個學術領域？回答這三個問題所需要的關鍵資訊，通常會反覆出現在論文題目、摘要（abstract）和引言（introduction）裡，因此第一次讀的時候通常不需要去讀難懂的論文主體（main body）。當你掌握到上述三個問題的關鍵詞後，就可以用它們去查索英文版維基百科，用Google找出學術界較易懂的入門文章或科普文章，以便先增加自己的科普級背景知識。

接著，把論文拿出來讀第二次，仍舊是自自然然逐字讀下去，不強求讀懂幾成，不懂的文句或段落就任隨它不懂，繼續往下讀而毋須介意。結果，因為你已經有較多的背景知識，因而可以更清楚掌握這篇論文相關的學術脈絡，以及一組最適合用來描述這篇論文的關鍵詞。你就用這些關鍵詞去進行搜尋，找出比科普級更深一層的入門級專業文件（網頁、專文或較易懂的教科書）。想辦法把這些文件讀完，以便獲得入門級的專業知識。

然後，你拿出論文來讀第三次，一樣是認真而不強求讀懂幾成。這一次，你可能可以讀懂一、兩成。這時候你應該有能力利用這一、兩成知識，搜尋出幾本跟這論文的方法、問題較相近的書或碩、博士論文，從前面的目錄（contents）和書末的索引（index, glossary），找出書中與這篇論文較密切相關的章節、頁次或段落，自自在在地讀過一次，藉此增加自己較深入的專業知識。

接著，你再將那篇期刊論文拿來讀第四次。這次你很可能可以輕鬆讀懂論文的三、四成，並且模糊地知道另外兩、三成的梗概。這時候，如果你把這篇論文背後的參考文獻都找出來，大略瀏覽一遍，很可能會發現，這些文獻中有些段落應該可以協助你進一步理解原來的期刊論文。此外，你可能會發現，前面搜尋出來的書籍與碩、博士論文中，有些章節值得仔細重讀。將這些現階段你可能讀得懂的材料，排出適合你的閱讀次序，由易而難地認真讀過一次，以便盡可能補足閱讀原本那篇期刊論文所需要的專業背景知識。

最後，你再把原本的那篇論文拿來讀第五次，這次你很可能可以讀懂八成（剩下兩成似懂非懂），而且應該已經有能力相當精準地研判自己讀不懂的部分，是因為欠缺哪方面的知識。然後，你上網找出對你有用的論文、報告、課本或專書，只挑你需要的章節、頁次、段落出來讀，再加上自己的分析、理解與推理能力，以便把論文最後（最難懂）的部分給讀懂或想通。

這樣子，一篇論文可能前後讀了四、五次，每次讀完之後，都靠延伸閱讀累積出比上一次更多的背景知識，因而可以每次都多讀懂幾成。這種閱讀方式很像爬螺旋形的樓梯，表面上一再轉回原處（重複地從頭讀起），實際上每次轉回來時高度都提升了一點，所以我稱它為「螺旋式閱讀法」。

此外，整個閱讀過程絲毫不強求，順著自己的背景知識和理解能力而漸次發展，從最表層，最易懂的部分懂起，越讀越深入，直到讀懂全文（就像是在剝洋蔥，由外而內，一層一層深入論文的核心），所以我又叫它「自然式閱讀法」。

如果不懂這種循次漸進的閱讀法，拿到論文就逐行逐頁硬啃下去，將會連一些不相干的段落、頁次也盲目地一起啃，以致浪費時間而事倍功半。這種閱讀方式猶如在「攻堅」、「爬峭壁」，甚至暴虎馮河、緣木求魚，當然就不足取法了。

千萬別爬峭壁——讀懂一篇期刊論文的多種路徑

為了要增進讀者對前兩節的理解，這一節用實際的案例說明前述兩節所提要領的具體應用。雖然這個案例取自物理學界，不過不用害怕陌生的術語，下文會讓不具理工背景的人也很快掌握主要內容。

讀懂一篇期刊論文，可以有很多種方式，你要挑最省力的那種，不要以「攻堅」或爬峭壁的方式跟自己過不去。譬如說，一位研究超導體的物理系教授，給學生一篇二〇〇八年發表的期刊論文，請他讀完後再回來討論。這學生回去反覆看了好幾次，總覺得這篇期刊論文像天書，完全讀不懂。這時，他應該換一個比較省時、省力的方式來了解這篇論文。

如果這個學生用Google去搜尋論文的第一作者珍妮絲．塞克瑪（Janice W. Guikema，以下簡稱「塞克瑪」），將會發現她在二〇〇四年取得博士學位，然後將厚達一九八頁的博士論文摘要出最精彩的內容，寫成十一頁的論文，和指導教授聯名發表在頂尖期刊《物理評論B》（*Physical Review B*）。

同樣的研究成果，寫成一九八頁的博士論文，當然遠比十一頁的期刊論文容易閱讀；這不只是因為頁數較多而有較多說明的空間，更因為行文的風格差異懸殊——學位論文幾乎沒有頁數的限制，而學生又通常會認真地盡可能寫得流暢、易讀，以免口試委員閱讀時太倉促而誤解，或者因為讀起來不順暢而印象不好。

可惜的是，並非每一本國外的博士論文都可以從網路下載，也不是每一本博士論文都淺顯到可以讓碩士生讀懂。這時候，只好採用上一節所陳述的迂迴程序。

以塞克瑪的期刊論文為例，你只要讀過篇名、摘要與引言，就可以粗略知道它的研究主題跟超導體（superconductivity）有關，實驗時使用的方法叫「掃描霍爾顯微術」（scanning Hall probe microscopy），實驗的對象是一種銅氧化物YBCO（釔-鋇-銅-氧）的結晶，主要發現是這種材料的表面磁場分布特徵跟過去的理論預測不同，作者並據此提出新的理論模型，以便解釋新發現的現象。

一個對超導體現象所知甚少的人，他最急需補充的是「科普」級的知識，而不是硬著頭皮去反覆讀同一篇期刊論文。如果他到Google搜尋「超導體銅」，就可以找到許多通俗的科普文件，從而了解YBCO這種銅氧化物是熱門的高溫超導材料，也粗略了解它的磁場特性。有了這些科普級的知識，再回去重讀一次摘要與引言，他就可以進一步了解，要用哪些關鍵詞來描述這一篇期刊論文的主題，以便用來搜尋入門級的專業知識。

為了進一步了解YBCO這種超導材料的磁場特性，以及跟塞克瑪那篇期刊論文有關的入門級專業知識，用Google搜尋'YBCO superconductivity magnetic flux vortices'，就可以找到許多深淺不一的文件和書籍，介紹關於這個主題的研究歷程和最新發現。

這一次的搜尋使用很多關鍵詞，目的是篩選出具有各種專業水準的文件，過濾掉閒聊的、以訛傳訛的、太粗淺的科普文件等。這些專業文件所能提供的說明與引導，當然遠比塞克瑪那篇期刊論文的簡介（只有半頁）多太多了，甚至也比塞克瑪那篇期刊論文後面的三十八篇參考文獻，更適合碩士生的閱讀能力——期刊論文都太言簡意賅，使用許多只有特定專家能懂的術語，閱讀的門檻太高，硬啃三十八篇的成效，不會比硬啃一篇的結果好多少。

不過，當Google搜尋出來的專業文獻太多時，最大的困擾將是如何從中篩選出最相關的材料，並且由淺入深，安排成有系統的閱讀次序。

想要從大量的網路文件和書籍中萃取出你最需要讀的部分，首先必須很清楚自己需要弄懂哪些觀念、方法、原理和現象。所以，你可以先把塞克瑪的期刊論文再仔細讀一次（這一次不能只讀摘要與引言，而要讀完全文），從中找出跟這篇論文密切相關的（十來個）核心觀念、方法、原理和現象。然後，找出對它們解釋得最清楚、易讀的文獻，逐一弄懂。最後再回來讀原本那篇論文，你會發現它變得很容易懂。

討論這些觀念、方法、原理和現象的文件有很多種形式，難易度差距很大。專業雜誌（professional magazine）或專家寫給學生的入門級文章最易讀；教科書（textbook）雖然最有條理、次序，但往往篇幅太長，讀起來費時；由一位知名專家當召集人，委請許多專家各寫一章而編成的專書（edited book），往往易讀且獨立性高，比讀教科書省時；其次是碩、博士論文，或篇幅較長的研究報告，不過有些也非常易讀；最後才是期刊論文或學術會議論文集。

國內圖書館很少收藏國外的專業雜誌，當你想要確實搞清楚一個觀念、方法、原理或現象時，不妨先從教科書、專書或已出版的博士論文著手。

一般人熟知的Google搜尋引擎不適合用來找相關的書，必須改用「Google圖書」。如果你用它查索'YBCO superconductivity magnetic flux vortices'，會找到好幾本編輯得不錯的專書，其中每一章以三、五十頁的篇幅講一個主題，當然講得遠比期刊論文更仔細、清楚而易讀。運氣好的話，只需要讀其中一個專章，就可以清楚掌握住一個待理解的觀念、原理或現象；運氣差一點的話，可能要從這些專書中抽出最相近的兩、三個篇章，挑其中最相關的章節或頁次來讀，相互補足彼此所欠缺或講得較不清楚的部分。

可惜，國內圖書館的專書收藏不太齊全。這時候，你需要仰賴碩、博士論文，或者篇幅較長的研究報告。如果你Google ‘YBCO superconductivity magnetic flux vortices thesis’，就會找到好幾篇主題相近的碩、博士論文。其次，‘Google scholar’這個搜尋引擎也很適合這個任務，它會替你搜尋相關的學術期刊論文，以及篇幅較長的學術研究報告，甚至還可以包括專利。

不過，如果你研究的是社會議題或制度，政府委託的研究報告，和非營利組織的專業報告，往往也很值得讀。這時候，你可以嘗試用Google搜尋引擎查索關鍵字‘filetype:pdf’，表示你只想要ＰＤＦ檔的文件，並藉此過濾掉其他非正式的文件；你也可以再加一個限制條件，搜索關鍵字‘filetype:pdf site::gov’，表示你只想要美國政府網站上的ＰＤＦ檔文件。

期刊論文的閱讀策略與要領

閱讀期刊論文不應該「以論文為中心」，企圖逐篇、逐段、逐行讀懂；而要「以問題為中心」，根據你的閱讀能力與掌握問題的能力，由粗而細地閱讀與發問，並且從整批相關的論文中尋找問題的答案——期刊論文的閱讀應該是一次讀懂整批文件，而不是一次讀懂一篇孤立的論文。

此外，閱讀期刊論文的終極目的，是尋找創新與突破的策略，彙整一個研究題目與範圍內所涉及的分析與批判的要領，以及從既有的文獻裡彙整攸關研究品質的各種要素，作為後續研究過程的指引和準據。與上述目的關係較遠的論文，你只需要概略了解，而不需要鉅細靡遺全部讀懂。

因此，當你確定一個研究主題之後，第一件事並不是任意找一篇（或一批）期刊論文去讀懂它（們），而是要先從鳥瞰的角度，宏觀了解該研究主題內各種研究子題之間的關係、既有研究的概略現況，從中找到你認為最有機會創新與突破的焦點，以便進一步針對遴定論文題目進行更深入的文獻回顧，藉以發展出創新的策略，決定研究的焦點和研究的範圍。之後再針對其中密切相關的「關鍵文獻」去認真地讀通、讀透——只有在最後這個階段你才需要真的把每篇關鍵文獻都用本章的方法給讀透。

在你尚未決定論文題目之前，研究主題的文獻回顧只需做到掌握全局概況、各研究子題的相互關係，以便從各子題中遴選一個最適合你的論文題目——在此階段你不需要做到「見樹又見林」，而只需要「見林不見樹」地掌握全局即可，因此很多技術性的細節都還不需要去認真了解。至於這個階段所需要的文獻搜尋工具與技巧，以及鳥瞰研究主題以掌握全局的方法與要領，將會在下一章介紹。

本章重點回顧

- 大學時代的書籍是精心組織過的材料，適合從第一頁讀到最後一頁，逐行逐字讀懂。期刊論文是寫給專家讀的，你必須自己找出相關的背景資料，擷取需要閱讀的章節、段落，安排最有效的閱讀次序。
- 讀論文不能急著一次就讀懂，要像剝洋蔥般，一次讀懂一層，順其自然地由外向內，由淺而深地漸層讀懂，每一次的閱讀都只求增進下一次閱讀時的理解能力。
- 第一次讀的時候，只想辦法懂最粗淺、易懂的部分，藉此判斷你所需要的其他背景知識，並且找相關的科普級文件來閱讀，以提升背景知識。
- 第二次閱讀時，設法確定這篇論文所屬的學術領域、使用的方法，想解決的問題，以及最適合用來描述它們的學術術語，然後找出相關的入門級學術文件來閱讀，進一步提升背景知識。
- 第三次閱讀後應該可以讀懂論文的一、兩成，你可以據此去找出跟這論文主題或方法較接近而易讀的書或碩、博士論文，找出書中較密切相關的章節、頁次或段落，不吃力地讀過一次，藉此增加較深入的專業知識。
- 第四次閱讀後可能可以懂論文的三、四成，然後去粗略讀過這一篇論文後面的參考文獻，找出有助於你進一步理解原來期刊論文的段落，並讀完它們。

- 第五次閱讀後可能可以讀懂七、八成，且有能力研判自己欠缺的其他背景知識。然後，你上網找出對你有用的論文、報告、課本或專書，只挑你需要的章節、頁次、段落出來讀，再加上自己的分析、理解與推理能力，以便把論文最後（最難懂）的部分給讀懂或想通。
- 與其一次讀懂一篇期刊論文，不如一次讀懂一整批與該主題相關的論文。此外，只有在你已經確定某一批論文確實跟你要解決的問題密切相關，否則不需要急著用本章的方法去完全讀懂它們。

7

鳥瞰全局——總覽式文獻回顧與田野

徹底讀懂一整批相關的期刊論文需要耗費極可觀的力氣，因此那是在確定論文題目之後的文獻回顧方式。當你從較寬闊的視野進行研究主題的文獻回顧（以下稱之為「總覽式文獻回顧」）時，只需要去掌握一些較梗概、粗略的問題，並嘗試藉此發展一些粗略的研究構想，直到你認定自己有一個很可能會成功的研究構想與論文題目為止。

如果跳過研究主題的文獻回顧，直接設定一個視野狹隘的論文題目，並抓住一批跟該題目密切相關的論文，把它們成批讀懂，最後很可能會發現自己無法在那個題目上提出任何創新構想；或者每個研究構想不是早被發表過，就是早已被指出許多致命的弱點而不可行。結果，不得不放棄原來的創新構想和一整批鉅細靡遺閱讀過的論文，從頭另闢戰場。如果這樣莽撞地連續失敗過三兩次，很可能就會浪費掉修業期限的大部分時間，而面臨無法準時畢業的風險。

為了避免一頭熱往死胡同裡鑽，文獻回顧的第一步是鳥瞰全局，找到最有機會突破的研究焦點或研究子題，同時試著回答以下問題：⑴這個研究的焦點跟哪些研究子題相關？如何關聯？⑵在這個研究焦點和各種相關研究子題上，有過哪些主要的研究角度？哪些主要的主張或流派？⑶這些角度、主張與流派各有何優缺點？他們各自舉出過哪些有利於自己的證據？彼此舉出過哪些不利於他方的證據？⑷你對於這個研究焦點有何想法？既有證據有哪些支持你的想法？有哪些證據可能不利於你的想法？⑸假如你試著調整對這個研究焦點的看法，有沒有機會找到更多證據來支持自己的想法？還是可以反過來找到其他競爭者的弱點，來強化自己的主張？

也就是說，你一邊進行總覽式文獻回顧，一邊根據既有文獻所提供的資訊與證據來發展研究構想，直到確認有一個很值得進一步發展的研究構想和研究焦點時，才把這個研究焦點敲定為你的論文題目。

此外，即便指導教授已經為你選定論文題目和研究範圍，你還是必須從比較寬的範圍進行研究主題的總覽式文獻回顧。因為不同的研究子題間往往有密切的關係，在你設定的研究範圍外，若有某個研究子題有了新的證據或結論，往往會為相關研究子題帶來新的批判角度或研究靈感，或者推翻（強化）舊證據與舊研究的可靠性。如果你剛開始設定的文獻回顧範圍就太窄，可能會在口試時被口試委員指出其中某些證據的有效性已被推翻，從而危及你整篇論文的論證與有效性。例如，當研究顯示調漲基本工資可能不會影響弱勢勞工的失業率時，就需要去了解雇主如何調整經營模式（adaptation channel），而關於雇主如何調整的研究若有新的發現，也會導致工資與失業率預測模型的更新。

不過，學術文獻浩瀚如海，要如何在最短時間內，找出鳥瞰全局所需要的相關文獻，並且不遺漏重要的研究成果和觀點？即便是在一個選定的研究主題內，相關的學術文獻仍舊動輒數千篇，其中更不乏艱深有如天書的經典論文。要如何在最短時間內吸收它們的精髓，以便勾勒出這個研究主題內相關研究的梗概，進而找到適合自己的研究題目？

首先必須熟知各種搜尋工具的特質與用法，其次是要藉此找到切合研究主題的回顧型論文（review paper或survey paper）或專書，或者其他具有類似功能的文獻，以便在它們的引導下，迅速掌握一個研究主題內的梗概和重點。

鳥瞰全局的利器——總覽式文獻回顧與回顧型論文簡介

學術界的論文主要可以分為兩大類，第一類是針對新或舊的問題，提出原創性的新理論、新證據或新的解決方案，這類論文明確聚焦在一個範圍很小的研究子題上，以及跟這個小範圍的研究子題有關的文獻，而不會從大視野去討論整個研究主題範圍內的文獻與研究發展；第二類是回顧型論文，它旨在從鳥瞰的角度，介紹一個研究主題範圍內的各種既有研究成果與現況，而非提出原創的理論、證據或解決方案。

回顧型論文通常會選擇一個研究主題，回顧它的問題背景與學術研究的起源，過去主要的發展歷程，主要的研究子題，不同的觀點、立場與流派，重要的代表性著作與研究成果，各家各派的主要爭議與共識，以及最新的研究課題和發展趨勢。

依靠它們的引導，你可以較快掌握研究主題的全貌，而不需要每次都逐一去搜尋、閱讀、摘要、分析與彙整——回顧型論文都已經幫你做好了，而且回顧型論文的作者往往就是該研究領域內的頂尖學者或資深學者，由他們來整理遠比由你自己來整理更精準，更不容易誤解或掛一漏萬。

不過，這些論文涵蓋的主題範圍有大有小，風格差異也頗大，各自適合在文獻回顧的不同階段閱讀。有些論文不但出自名家之手，而且措詞淺白，行文深入淺出，旨在勾勒全局大要，略去較艱深的細節和次要的枝節，以利學術新人吸收；只不過其中所列參考文獻較不完備。如果把前面這一類的論文稱為「入門級」，光譜另一側的對比典型不妨稱之為「專業級」，它們也是出自名家，但旨在盡可能涵蓋所有的既有文獻和研究方向，因此措詞與行文力求精簡，充斥著初學者不懂的術語和觀念；但是所列參考文獻與研究子題、流派力求較齊全，因而在文獻回顧的中、後期可以發揮重要的參考價值。介於這兩種典型之間，還有各種或深或淺，或淺白或精要的各種風格，讀者必須根據自己累積的背景知識，和文獻回顧的進展階段，選取最適合自己閱讀的文章。

此外，回顧型論文的品質有時差異懸殊，必須審慎篩選，並且在閱讀時隨時保持批判性與警覺性。如果論文是發表在有審查制度的期刊上，甚至著名的學術期刊上，通常品質都值得信賴；可惜的是這一類論文通常偏屬於「專業級」，不適合在文獻回顧的起始階段裡閱讀。不過，如果你搜尋到的論文是還沒發表過的，不見得就是品質不好的論文——如果你是判斷能力較嫩的研究所新生，可以利用Google搜尋一下作者的專業背景和研究領域，據以研判他的專業能力，作為要不要讀下去的參考資訊之一。

其次，作者個人的主觀立場往往會影響他筆下褒貶時的可靠度，以及他選取關鍵文獻時的偏頗，這種情況在人文與社會科學領域尤其常見。以基本工資的相關研究為例，支持基本工資方案的作者，會刻意突顯與自己立場相近之論文的重要性與優點，同時刻意貶抑結論不利於基本工資案的論文；反之，反對基本工資案的作者，會刻意貶抑結論有利於基本工資案的論文，並且突顯結論不利於基本工資案的論文；此外，還會有些作者居於中立的立場。

文獻回顧的重要原則就是要涵蓋所有可能的觀點、立場與流派，因此不管作者的立場如何，也不管你未來的研究成果會對哪一個流派有利，只要是言之成理且具有代表性的觀點，都必須要設法吸收並彙整。其實，假如你最後的研究成果是對基本工資案有利，則最可能幫你找出論文弱點的人，反而是那些反對基本工資案的傑作；與其在口試時，才被委員指出論文中觀點、證據或推論過程的嚴重錯誤，不如在文獻回顧時就先涵蓋反對方所有可能的觀點，藉此預先知道各種流派可能會被批判的弱點或缺失——這是文獻回顧的積極價值之一。

從培養批判性思考的角度來看，成熟而嚴謹的批判性思考，就是有能力吸納所有可能的觀點和批評，並用以自我批判和檢視自己的主張、論述，以便經得起專家從各種可能的角度批判性地反覆檢視。為了培養出這樣的批判性思考，必須充分吸收各種不同立場、角度、觀點的分析與批評。

所以，只需要在意論文的品質和嚴謹度，不需要太擔心作者的立場——反而要積極力求自己閱讀過的回顧型論文，能涵蓋不同立場的作者，以便用不同立場的論文彼此攻錯，藉此提升自己閱讀與思考時的批判能力。

運氣好的話，你可能可以找到與研究主題有關的專書，由淺入深地引導自己去了解整個問題的全貌。這樣的書可能比回顧型論文更易讀，涵蓋面也更完整，但並非每一個研究主題都找得到合適的專書。

還有一種刻意為研究所新生撰寫的「教學型論文」（tutorial paper），最適合碩士班新生閱讀，可惜的是，這類論文不多見也不易找。此外，英文版維基百科的詞條都刻意避免艱深的術語，有時候可以部分替代入門級回顧型論文或教學型論文；不過維基百科的詞條內容大約只有八成左右的可靠性，因此要盡快藉著它的引導，去找到更可靠的學術文獻。

最後，通常每篇博士論文都會有一章是文獻回顧，其中視野寬窄不一，閱讀上的難易因人而異。但是當你找到的回顧型論文篇數太少，涵蓋的議題範圍太窄，或者寫作年代稍早，而未能涵蓋最新研究成果時，博士論文裡的文獻回顧還是很好的補充資料。

千呼萬喚始出來，猶抱琵琶半遮面——回顧型論文與專書的搜尋方法

對於一個研究所新生而言，要找到深淺不一的回顧型論文，以便符合各個研究發展階段的需要，通常需要結合好幾道搜尋程序和策略，使用多種搜尋工具，並且嘗試過許多個關鍵詞。以下我們仍舊以基本工資問題為例，說明各種可能的搜尋方法和策略。必須提醒讀者的是，這個研究主題內的相關論文幾乎都可以用'minmum wage'這個關鍵字搜尋出來，因此不需反覆嘗試不同的關鍵詞；但是其他研究主題就可能必須要運用專業知識，猜測數個學術界較常用的關鍵詞，逐一重複以下的搜尋策略和程序。

如果想要知道有多少關於基本工資問題的專書與研究報告，理論上最完整的搜尋工具是美國國會圖書館的官方網站，不過我覺得它遠不如Google的三大搜尋引擎（Google進階搜尋、Google學術搜尋，和Google圖書搜尋）好用。所以，有興趣你可以自己去試用看看，本書不再進一步介紹。

Google圖書搜尋引擎是搜尋專書的重要工具，優點是它不會像美國國會圖書館那樣，將專書、學位論文、研究報告等出版品，全部混在'books'這個範疇裡，而只會給你專書。此外，你可以設定出版時間，還可以在線上翻閱該書的目錄，以及試讀有限的頁數，了解該書的行文風格與專業程度。

至於學術論文與研究報告，最好用的搜尋工具，是專為各種專業領域設計的學術文獻電子

資料庫（台灣的大學圖書館通常簡稱之為「資料庫」或「電子資料庫」），譬如工程領域的Ei Compendex、社會科學領域的Social Sciences Abstracts，涵蓋商管財經、人文歷史、法律、生物醫護等多重領域的EBSCO，以及其他超過二十種的學術文獻資料庫。這些資料庫都需要圖書館付費購買後，學校的師生才可以在圖書館內憑帳戶、密碼使用，因此不是每一個學校都有提供完整的資料庫服務。不過，規模較大的國立大學通常會有較完整的資料庫可供查詢，圖書館的諮詢服務台通常可以教你這些資料庫的查詢方法，而校外人士通常可以憑身分證件入館後，使用這些資料庫。

至於免費搜尋與下載的工具，網路上較常用的有Google搜尋和Google學術搜尋兩種。後者只搜尋學術界的期刊論文、學術會議論文，以及學術單位的研究報告等，所以會自動過濾掉與學術無關的文件；而前者搜尋的範圍沒有限制，所以往往會找到大量品質低劣而不可靠的文件。一般而言，我會先用Google學術搜尋，如果找到的文獻足以解決我的問題，就不再去進行Google搜尋。但是，有些政府部門、國際組織和私人研究部門的研究報告，是很好的入門級回顧型論文，或者有些資訊只能從這些機構的報告裡取得，這時候我會使用Google搜尋，但是在關鍵詞的後面加上'filetype:pdf'，將搜尋的範圍限制在PDF檔的文件，以便直接濾除掉大量的垃圾文件。讀者最好自己去了解一下「Google進階搜尋」的詳情，以便靈活過濾不想要的網頁文件。

如果在Google學術搜尋內鍵入'minimum wage review'，它會用全文檢索給你論文中含有前述三個字的所有論文，其中有些確實是跟基本工資有關的回顧型論文，有些只不過是文中有‘review’而已，實際上並非回顧型論文。如果在左側搜尋時間範圍的選項中選「二〇一二以後」，會在前三十筆的搜尋結果中發現數篇具有回顧功能的論文。

不過，有些與基本工資有關的回顧型論文並未使用‘review’這個關鍵字，因此沒有出現在上述的搜尋結果裡。如果要找出這一類回顧型論文，可以在Google學術搜尋內鍵入‘minimum wage’，然後在左側選項中勾選「二〇一二以後」，它會出現數萬筆搜尋結果。理論上出現在最前面的論文，是Google計算式認為最值得推薦的論文，它可能有考慮到期刊的品質、作者的知名度，以及論文被引述的次數等眾多複雜因素。如果耐心地逐筆讀論文篇名與摘要，將會對相關研究題目的多樣性有進一步的了解，因此不算是浪費時間。如果你發現有些論文的篇名或摘要，已經很明確顯示它的研究視野非常狹隘，你就可以跳過它，去讀下一筆搜尋結果；如果你發現有些論文的篇名跟摘要都顯示它的視野寬到像是一篇回顧型論文，就點選進去看內文，以便決定要不要下載它。

當你這樣逐筆篩選過五十筆之後，大概會找到七、八篇頗有參考價值的回顧型論文。本書第5章就是根據六篇這樣的回顧型論文整理寫就的。

如果嫌這樣的搜尋過程太費事，結果又不見得理想，最好還是使用前面介紹的學術文獻電子資料庫，如Ei Compendex、Social Sciences Abstracts，和EBSCO，他們的搜尋方法通常遠比Google Scholar方便，而結果則比較精準，不但可以節省搜尋的時間，也可以獲得較完整的參考文獻。

國外的博士論文原本是很重要的參考文獻，但是以前在台灣很難找到，所以很少人會去找國外的博士論文來讀。不過，由於網路與數位資訊的發達，現在已經可以在網路上找到一些免費下載的國外博士論文——雖然質與量往往還是不盡理想。第一個選擇是PQDT Open這個網站，它提供免費下載所搜尋到的博士論文，可惜這個免費網站收集的博士論文很不齊全，必須要到圖書館去找圖書館的付費版PQDT Open，功能才會完善。其次是使用Google搜尋，以基本工資問題為例，如果在搜尋欄內鍵入'minimum wage' dissertation filetype:pdf，它會出現許多有關基本工資的碩、博士論文。此外，隨著全球各大學圖書館業務的連線，國內大學的圖書館諮詢服務台或許會有更好的解決方案，值得去當面請教。

循序漸進，切忌攻堅——回顧型論文的閱讀要領

和閱讀期刊論文的技巧一樣，當你手上有好幾篇回顧型論文的時候，不必急著馬上逐篇、逐行、逐字讀下去，而應該先輕鬆將它們瀏覽一遍，大致上知道它們各自的內容和難易程度，然後容易讀的先讀，最難讀的放到最後。此外，同樣的議題，有的論文當作重點來仔細闡述，自然較容易閱讀與理解；有的論文不當重點而精簡概述，讀起來自然較吃力而難以理解吸收。同樣一批回顧型論文，閱讀次序安排得當，可能可以省去一半以上的時間，而吸收與理解的程度

卻增加數倍，確實有「事半功倍」的效果。反之，如果閱讀次序不當，必定會「事倍而功半」。這個原則不只適用於閱讀回顧型論文，也適用於閱讀其他原創性論文。

其次，文獻回顧的目的並非只是消極地吸收文獻中的知識，並加以整理，而是為了要回答你自己所提出來的問題（疑點或假說），以及激勵進一步的思考與創意。

好的研究程序應該是由粗而細地提問、閱讀與思考，而閱讀回顧型論文的目的，只是要鳥瞰全局，扼要了解一個研究主題內的各種流派、爭議與研究子題，並不需要立即深入任何一個研究子題或關鍵性論文的細節；等到確定研究題目之後，再就這個更明確的焦點和研究範圍，進行深一層的發問、閱讀與思考；等到在這個研究題目上有具體的創新策略與研究構想時，才有必要進入更深層的問題、閱讀與思考，以及更細微的技術性枝節。

所以，決定研究題目之前，幾乎沒有必要去徹底了解任何一篇原創性論文的具體細節。以基本工資案為例，假如你先花費龐大的力氣，讀懂加州大學柏克萊分校學者在二〇一〇年發表的經典論文，最後卻決定要研究雇主如何在調漲基本工資後，調整自己的經營模式，那麼你先前所花費的龐大精力就統統浪費了——因為你需要了解的程度，僅止於回顧型論文所描述的深度和粗略度即可。

超出這些問題之外的細節，都等選定了研究題目以後再來考慮。

田野與實驗

有些指導教授會在學生選好研究主題後，請他們先針對該研究主題進行田野調查，或者開始幫學長做實驗，以便了解與該研究主題有關的現象與儀器設備。這樣的安排有助於學生在決定論文題目之前，先有些第一手的了解，豐富他們對研究主題與論文題目的了解，避免他們迷失在既有文獻的抽象概念而轉不出來，也藉此刺激他們去想像與思考既有文獻之外的其他各種可能性。

這個活動跟文獻回顧並不相悖，甚至可以是相輔相成。而其具體之執行，因研究主題與研究子題而差異頗大，因此本書不再另闢專篇去討論。以下行文將把初步的田野與實驗視為總覽式文獻回顧的一部分，而不再贅言。

本章重點回顧

- 研究工作與文獻回顧的第一步，是利用回顧型論文了解一個研究主題的梗概，包括問題背景與學術研究的起源，主要的發展歷程、研究子題的相互關聯、各種觀點、立場與流派，重要的代表性著作與研究成果，各家各派的主要爭議與共識，以及最新的研究課題和發展趨勢。

- 前述文獻回顧的目的，是為了回答三個問題：(1)這個研究主題內一共有多少種類的研究子題？(2)這些研究子題的訴求或創新又可以分為哪些類別，(3)假如我決定了一個研究子題，我可能的訴求和創新該如何設定？有利於我的證據、方法與流派有哪些？不利於我的證據、方法與流派又有哪些？而最終目的則是找出一個最有機會突破既有的論文題目，同時掌握它跟其他研究子題的關係。
- 文獻回顧要力求涵蓋所有可能的觀點、立場與流派，以便用不同立場的論文彼此攻錯，藉此提升自己閱讀與思考時的批判能力。
- 當你手上有好幾篇回顧型論文的時候，要按照它們的難易程度安排閱讀次序，先讀容易讀的，最難讀的留到最後，這樣才能事半功倍。
- 文獻回顧的目的，並非只是消極地吸收文獻中的知識並加以整理，而是為了要回答你自己所提出來的問題（疑點或假說），以及激勵進一步的思考與創意。
- 好的研究程序應該是由粗而細且由淺而深地發問、閱讀與思考，因此在決定研究題目之前，沒必要鉅細靡遺地讀懂任何難懂的原創性期刊論文。

8

眾裡尋他千百度
——論文題目與研究範圍

總覽式文獻回顧的首要目的，是尋找最有機會創新與突破的研究焦點，對其可行性進行初步的評估，並且形成粗略的研究構想，最後並據此擬定論文題目以及研究的範圍（scope of the research）。然而真正重要的不是一個論文題目與研究範圍，而是它們後面蘊含的創新機會與創新策略。因此本章的討論重點是，如何通過總覽式回顧找到突破的機會和創新的策略，並且據以決定論文題目和研究範圍。

精確地說，決定論文題目與研究範圍是一個動態的變化過程，或者一個不時變焦和逐漸聚焦的過程，而非一步到位的決定。事實是，在鳥瞰全局的總覽式文獻回顧過程中，你的研究視野必須隨著當時的需要，時而靈活地由大而小逐漸聚焦，時而由細而粗擴大視野，猶如電影鏡頭的時而拉近（zoom-in）時而拉遠（zoom-out），藉此改變閱讀和思考的範圍；而且問題的焦點也要不時移動，以便逐漸移往最有機會突破與創新的節骨眼上；有時候甚至要跳躍地移動問題焦點，尋找不同研究子題之間可能的關係與連結，藉此突破既有文獻的思考框架。這個聚焦的過程既涉及總覽式文獻回顧，也同時涉及研究構想的發展與調整，和初步批判性地評估其成功的機率與失敗的風險。或者說，對於一個成熟的研究者而言，文獻回顧、論文題目、創新的策略與研究構想，以及批判性思考，乃是四合一的，彼此無法分離。

此外，研究範圍的剪裁也會影響到創新的機會或構想——研究範圍越大，越有機會找到創新的機會，並發展出研究構想；但是不適切的研究範圍卻可能損及研究的品質：適切的研究範圍，使得證據的蒐集與嚴密的論證都成為可能，甚至容易；不適切的研究題目或研究範圍，則使得嚴謹的結論不可能出現。

至於這個過程的具體細節、方法和要領，將會在本章加以討論。

學術問題的形塑要領

在擬定論文題目與研究範圍時，必須同時考慮到創新的可能性、對學術界與實務界可能會有的衝擊，以及在有限時間內，取得足夠證據並完成嚴謹論證的可能性。

為了達成上述目的，無論是採取質性研究或計量研究的形式，論文題目的類型、焦點與研究範圍更必須明確，力求避免含糊、迂闊，以利證據的蒐集與論證——問題的類型、焦點與研究範圍越明確，越容易有嚴謹的證據和論證過程；而證據的可靠度與完整度，和論證過程的嚴謹度，則攸關研究的品質。

譬如，當你問「調漲基本工資會不會導致弱勢青年勞工的失業上升」，這是一個明確而可以被嚴謹回答的問題，因此可以通過確鑿的證據和嚴謹的推論，來給予明確的回答，並且經得起專家的反覆檢證。反之，「性傾向是遺傳決定或後天決定」（nature or nurture）這個問題，學術界一直爭論不休，就是因為「性傾向」的意涵不易清楚定義，也很難有效蒐集證據；而且「遺傳」的機制非常複雜，不只牽涉到DNA和RNA，還牽涉到「粒腺體DNA」（mitochondrial DNA，縮寫mtDNA）的影響，以及受精卵在子宮內是否受到母體異常荷爾蒙分泌的影響。

為了盡量讓問題具有高度的明確性，許多學術研究的題目都刻意使用術語和簡化的理論模式，來取代對現實世界的直接討論。美國軍方曾委託學術界研究，潛水艇快速前進時，周圍海水的壓力分布，但學術界卻把研究題目改為「有限長木棍在二維不可壓縮流體中之流場分析」。其中有很多理由，都與國防機密無關。

首先，實際的潛艇形狀太複雜，周邊的流場分布更加複雜，分析起來不只費事，更遠超過當時數學分析工具的能力，根本就找不到確切而且經得起反覆檢證的答案；但是若忽略細節，把它的形狀和周邊流場的分布略加簡化，不但分析起來省力非常多倍，而且這樣才能得出精準而明確的答案，經得起反覆檢證。其次，「有限長木棍」可以指潛水艇，也可以指任何在水下運動的長條形物體；而「不可壓縮流體」可以是海水，也可以是任何不易壓縮的流體（相對於氣體），因此，「有限長木棍在二維不可壓縮流體中之流場分析」可以被用來指涉一個相當寬泛的類（class），也可以被靈活運用到許多實際的問題，而不僅僅只是用來分析「海底潛水艇周邊之壓力分布」。

這樣的一篇論文，它的應用價值會超過單純針對潛艇而有的研究，並因而提高它的學術價值。所以，學術界探討的對象，通常是針對一個「類別」（集合）的問題，而不是單一的具體問題；它把一群核心議題相同而細節各異其趣的問題略去細節，萃取出它們共通的核心問題來討論，並且陳述為可以精確定義的抽象問題——只有那些可以精確定義的問題，才會有精確的答案，而經得起跨時間、跨空間、跨文化的檢證；而且一篇以「類」為討論對象的論文適用範圍較廣，學術貢獻也較大。

基於上述理由，學術界在開始研究一個實際問題之前，會先把它轉化為一個可以被嚴謹討論的學術問題，這個「形塑問題」（problem formualtion）的過程，基本上就是在進行簡化與抽象化，其目的是為了與學術界的知識體系接軌，把問題改寫成學術界可以解答的形式。這麼做有好幾個目的：(1)通過簡化與抽象化的過程，將複雜而難以精確回答的問題，改寫成單純、明確而有精確答案的問題，以期能經得起反覆的檢證，而成為客觀知識的一部分。(2)透過上述改寫的過程，將實際問題變成可以跟學術文獻接軌、對話的問題，以便利用學術界所累積的經驗和智慧來分析問題，而不需要閉門造車、從頭開始。此外，一旦跟學術界的知識體系接軌，其研究結果就很容易被寫成既有學術界知識體系的延伸或擴張，成為系統化「客觀知識」的一部分。(3)只有在跟學術文獻接軌、對話之後，才可以明確釐清該研究相對於既有文獻的創新部分，以便將研究的精力集中在突破既有知識的邊界，而與既有學術知識重疊的部分，就不需要再浪費力氣去重新探究。

也就是說，學術界只處理實際問題最核心且具有普遍性的部分，而解決實際問題的人，必須自己想辦法縫合抽象理論與現實問題之間的落差，解決被學術界忽略掉的細部問題——他們所仰賴的是，隨著應用場合而異的零碎經驗知識（know how）與創意，以及應用者活用學術界抽象知識的能力。

題目的類型與問題的形式

其次，許多學術研究的題目都帶有因果關係的形式，並且採用學術界慣用的嚴謹術語來陳述。以基本工資問題為例，最常問的兩個問題都屬於因果關係的探討：(1)調漲基本工資（因）會不會導致弱勢勞工的失業率上升（果），(2)調漲基本工資（因）會不會改善弱勢勞工的所得（果）。

這些因果關係具有最明確的問題形式，因而最有機會找到明確而可靠的證據、驗證方法和結論。基於這個理由，很多學術界關心的問題，實際上都是或隱或顯有關於因果關係的研究。在

「盧騷對托爾斯泰的影響」這個題目裡，就是把盧騷思想當因，托爾斯泰的思想當果，而研究這兩者之間的因果關係。當你問「工業革命為何起源於英國」時，可能的答案包括：英國有質優而價廉的煤礦和鐵礦；英國有大西洋三角貿易，消費工業革命大量生產的棉布；英國有印度殖民地可以提供棉花，並消費工業革命大量生產的棉布；圈地放領為工業革命提供大量的廉價勞動力；英國的法律與制度，對於資本主義與市場經濟的發展特別有利且完善。實際上，上述所有的「答案」都是因，它們共同的作用造成「工業革命起源於英國」這個結果。

在所有因果關係的形式中，最明確的就是因與果之間的量化公式。譬如牛頓的三大運動定律，和理工學院的各種研究現象，都可以寫成數學式。盧騷對托爾斯泰的影響好像很難量化，那是因為「影響」很難被量度，但是它依然隱含著「盧騷對托爾斯泰的影響大到不容忽視」的籠統意味。至於各種造成「工業革命起源於英國」的因素，遲早會有人想要對它進行量化的研究，以便評估每一個因素的影響大概有多大，以及哪幾個因素的影響最重大——假如能夠找到足夠的量化證據，並且對所謂的「影響」訂出一個可以被量度的指標，就會有人去進行量化研究。

然而並非所有研究的題目都非要被表述成量化的關係式不可，當一個現象的基本因果關係或質性關係仍大有爭議時，貿然進行量化的研究，可能會在研究架構上忽略許多該注意的面向，而使得研究的結果徒有量化的形式，而不具有足夠的嚴謹性與可信度。其次，當量化的證據很難搜尋或嚴重不足時，也很難產生具有品質的研究成果。此外，有些研究所關切的問題是「質感」，而「質感」的判斷有時候是不適合量化評價的。

因此，質性研究往往可以被看成是量化研究的先導性研究；而一個題目被表述成質性研究或量化研究的型態，除了跟研究者的偏好有關之外，更重要的考量，應該視既有研究的累積與未來可獲得的證據，究竟能導出哪一種型態的確切結論，以及原始問題意識所關切的對象是否適合被量化。

研究範圍的剪裁與創意

影響研究品質的另一個關鍵因素，是研究的範圍。不論是問題的答案或解決方案，或者一套理論，其有效性通常都有時間、空間和其他條件上的限制，不太可能在任何時間、空間、國情與社經環境下都適用。如果研究者在驗證一個答案或解決方案的有效性時，證據擷取的範圍太廣，而超乎該答案或解決方案的適用範圍，就可能會得出前後證據兜不攏的矛盾結果。為了避免這種不幸的結果，在構思一個論文題目與研究範圍時，就必須先審慎比對、分析既有文獻中的矛盾結論與成因，粗估最適切的研究範圍可能在哪裡；然後在研究發展過程中，再根據越來越豐富的證據，逐漸移動、調整研究範圍，直到最適切為止。

以基本工資的研究為例，柏克萊研究團隊在二〇一〇年發表的論文就指出，當樣本在空間上的分布距離太遠時，干擾因素的作用就會越來越明顯，使得研究結果的可靠度跟著下降。而他們這項研究的設計，一部分是因為受到大衛・卡德和艾倫・克魯格的啟發之外，另一部分是歸納過去研究報告的結論，發現樣本在空間上的分布距離會很明顯地影響結論，因而決定限制樣本在空間上的分布距離，以便獲得比既往更一致而具有可重複性的研究結論。

時間跨度的裁剪，也是影響研究品質的重要因素。例如，與其研究「盧騷對托爾斯泰的影響」，不如研究「盧騷對托爾斯泰青少年期的影響」，因為盧騷對托爾斯泰的影響主要是在青少年時期，將研究範圍聚焦在這個時期，可以讓研究結果比較鮮明，而結論比較一致。

此外，工業革命的起源地是另一個有趣的例子。許多文獻將第一次工業革命的時間跨距定在一七六〇到一八四〇年，並且將蒸汽機、煤、鐵和鋼視為促成工業革命技術加速發展的四項主要因素；但是這論點頗有疑義，關鍵在於時間的跨距太大，而將異質的事件混為一談。

事實上，如果將一七六四年發明珍妮紡織機當作工業革命的起點，將一八二五年英國鋪設全球第一條鐵路（三十英哩長）當作鋼鐵工業的起點，再將一八七三年的全球經濟危機當作第一次工業革命的結束，則第一次工業革命應該再分為兩大階段：一七六四至一八二五年是紡織工業革命，而一八二八至一八七三年則是鋼鐵工業革命。其中紡織革命的蓬勃發展，主要是和殖民經濟和大西洋貿易有關，而與蒸汽機、煤、鐵和鋼沒有重大關聯。因為全球第一個蒸汽動力驅動的紡織廠誕生於一七九〇年，而其普及化還需要一段頗長的時間，因此在一七六四至一八二五年期間，水利才是驅動紡織工業革命的主要動力，而與蒸汽機、煤、鐵和鋼無關——後面那四項是用來驅動鋼鐵工業革命的成長。或者說，「質優價廉的煤鐵礦」並非誕生紡織工業的必要條件，而且紡織革命和鋼鐵工業革命的主要驅動力與所需要的資源不相同，這兩個異質的階段（事件）不該被當作一個同質的時段來研究。

通過時間、空間與其他限制條件的剪裁來縮小研究範圍，可以提升研究對象的同質性，而使得研究的結論較精確、嚴謹、可靠。

不過，研究範圍愈小，參考價值與貢獻度愈低；因此也有人反向操作，在不犧牲同質性的前提下，盡量擴大研究範圍。例如，假使可以證實某一種現象存在於台灣，國際學術界對這樣的發現可能沒什麼興趣；但是如果可以證實它也存在於兩岸三地，國際學術界的興趣就會大幅提高；如果可以進一步證實它甚至存在於所有海外的華人社會，那麼它的貢獻就會大大提升。一個具體的例子是，在華人為主的亞洲國家中，包括中國大陸、新加坡、香港、台灣，學生能力國際評量計劃（PISA）的成績表現都遠高於歐美國家；甚至連深受華人文化影響的韓國和日本也如此，其背後可能有共同因素的作用。

還有一種研究模式是刻意比較數個異質性的對象，以便找出新的發現。以基本工資問題為例，英國、美國與德國的政治、社會、經濟、產業特色與工會組織等，國情差異不小，面臨調漲相同幅度的基本工資時，雇方的反應模式和調整機制不盡相同，對於弱勢勞工失業率所造成的影響自然不盡相同。對這三個國家進行比較性研究，將會使我們對基本工資問題的了解更深入而細緻。

因此，研究範圍的剪裁不但密切影響研究的品質，還往往成為創新的根源。有一類常見的研究題目與創意，是彙整、歸納既有文獻上的矛盾結論，分析其可能的成因，然後適切地剪裁研究的範圍，從而排除過去文獻上相互矛盾的結論，改善結論的可靠性，甚至因而解決長期的爭議。因此，研究範圍的剪裁可以是從時間跨距、空間範圍，或加入其他限定條件，有非常多種可能的變化，等待研究者去發掘。

研究題目的系統性關聯與創新的契機

在一個研究主題內尋找創新的機會時，最常用的方法，是借助不同研究子題之間的相關性，以便利用一個研究子題內的最新突破，作為在另一個研究子題開創新局的靈感或契機。要採用這種創新的技巧，必須先了解不同研究子題間的理論性關聯與系統性關聯。

學術研究的焦點經常會從簡單的因果關係開始，逐漸發展成一系列密切相關或前後相銜的研究子題，最終成為一個嚴密的理論體系。這是因為僅止於確認兩個事件之間的因果關係，其客觀性與嚴謹性上往往是不夠的。譬如，古希臘哲學家亞里斯多德相信肉腐敗就會長出蛆來。在日常生活經驗裡，肉的腐敗跟蛆的生長確實經常有前後相隨的關係，或者說兩者之間具有統計上的強相關（strong correlation）。然而後來的研究顯示，除非有蒼蠅下卵，否則肉腐敗之後並不會生蛆。

生物學家能夠排除亞里斯多德的迷思，就是因為他們不只觀察肉腐敗與生蛆之間的表層關係，還進一步追問從肉腐敗到生蛆的過程中，每一個變化的機制，質問其必然性；而他們的觀察、質問與解答，之間每一個變化的步驟都不放過，絕不容許任何跳躍式的推論——這和平面幾何學裡「幾何學證明題」的精神完全一致。

同理，即使大量臨床實驗的嚴謹統計顯示，某種藥物對降低血壓的效果遠高於安慰劑，醫藥學界也不會因此就認定該藥物確實有降低血壓的功效。他們會進一步通過藥物動力學與臨床藥理學等理論與觀點，仔細釐清該藥物在人體內每一個反應與機制，以便細密核對中間每一個因果的連結關係，證實臨床實驗所顯示的統計關係確實有嚴謹而完整的理論支持，才會確認該藥物確實有降低血壓的功效。

一般人在提問時只想要找到「好像對吧」的答案，而嚴謹的學術研究，乃是在尋找證據確鑿而不容質疑的答案。所以，古埃及人早就知道「正三角形三條角平分線會交於中心那個點」，歐幾里德以降的數學家卻無法滿足於這種「看起來應該對」的答案，而會通過嚴密的演繹過程，逐步證明「這是不容置疑的答案」。

秉持這種嚴謹的要求，學術研究不會止於兩個現象之間表面上的因果關係，而會進一步嘗試去分析、解釋這兩個現象之間，每一個細部的影響過程與因果關係；以及在其他干擾因素或假設條件有所變化時，因果關係的可能改變。

因此，當兩個現象之間表面上的因果關係，有重大的研究成果被發表時，就意味著有必要繼續以一系列的創新型研究去分析、解釋這兩個現象之間，每一個細部的影響過程與因果關係——這也意味著有一系列值得研究的題目和創新的契機。

以基本工資案為例，嚴謹的統計分析顯示，調漲基本工資與弱勢勞工的失業率沒有明顯關係，這仍舊不是問題的最終答案——還需要進一步探討「為什麼這種因果關係會存在」。所以會有人去研究雇主的調整機制，來給予上述答案進一步的支持。另一方面，反對基本工資案的人會去研究「當基本工資被調漲時，即便聘僱的總人數與總工時不變，會不會是因為雇主增加了優秀勞工的工時與人數，而減少弱勢勞工的工時與人數」；如果證據顯示這個問題的答案是肯定的，那麼弱勢勞工仍將是基本工資案的受害者。此外，有些研究針對不同的國情，希望找出更多影響「基本工資與失業率的關係」的線索和因素。

研究題目間的系統性連結，不只是提供研究者許多創新的契機，它同時也大幅度提升相關研究成果的嚴謹度，以及研究成果在應用上的靈活性。

再以基本工資為例，當各種不同角度的研究成果被逐一串連在一起，而形成一個理論體系時，我們對於基本工資如何影響失業率的了解，就會越來越完備而周延，而決策者在設計政策（解決方案）時也可以有較周延的考慮。所以，因果關係的體系化，不但可以進一步釐清所有相關因素之間的關係，讓我們對於事件之間的因果關係有更完整而嚴謹的了解，也會同時讓我們對相關的解決方案有更嚴謹而充分的了解。

尤其當因果關係與背後的支撐理論都被量化以後，許多原本看起來不相關的證據和事件，會被緊密連結成一大片，研究者可以從許多間接的證據和不同的角度，來檢驗一個簡單的因果關係，也因此有更多「證偽」（falsification）的機會，並大幅度提高研究成果的可靠度。許多中世紀的理論會被近代科學取代，就是因為前者是靠片面、孤立的證據或論述支持，而近代科學則是通過計量的知識體系，和直接與間接的豐富證據來支持；因此前者含有許多似是而非的論述，後者卻可以更有效排除掉各種似是而非的論述。

此外，當因果關係被體系化與計量化之後，相關的解決方案也可以有更靈活的應用模式和蓬勃的發揮——這也正是計量科學最吸引人的地方。

雁行模式的創新與擬題

嚴謹的理論鋪陳讓兩個事件之間的或然關係，變成必然的關係，也使它們之間的關聯逐漸發展成一套日趨完整的理論。其中每一個研究子題的重大發現或突破，都有可能會帶動其他研究子題的觀點改變，並開創新的研究機會——就像飛行中的雁群，領頭雁最辛苦，尾隨其後的創新將會容易許多。

例如，研究題目最基本的兩種類型是為問題尋找正確的答案（answer），和為問題尋找有效的解決方案，然而這兩種類型的問題通常是緊密相關的，彼此會帶動對方的創新。此外，其他類型的研究子題也都是為了深化、細化這兩種研究的結論而延伸發展出來的系統化論述，每個研究子題背後都隱藏著一個或數個知識體系，而同一個體系內任何一個研究子題的創新都可以帶動其他相關子題的創新。

例如，「基本工資與勞工失業率的關係」是在為一個問題找答案，但是這個答案又同時牽涉到另一個相關問題的解決方案——假如調漲基本工資會改善弱勢勞工的所得，而且不會影響弱勢勞工的失業率，那麼「調漲基本工資」就變成是「改善弱勢勞工所得」的有效解決方案；反之，假如調漲基本工資不會改善弱勢勞工的所得，還會增加弱勢勞工的失業率，那麼「調漲基本工資」就變成是「改善弱勢勞工所得」的無效解決方案，而其他的解決方案就會變得比較有競爭力與說服力。

因果關係的研究跟解決方案的研究，緊密相互關聯著，幾乎是事屬必然——如果兩個事件之間存在著明確的因果關係，就可以操縱屬於「因」的事件，去影響屬於「果」的事件。因此，我們可以說因果關係的研究偏屬基礎研究，而解決方案的研究偏向應用研究。譬如，物理系研究各種因果關係的現象，工學院就利用這些因果關係來發展各種現實問題的解決方案，而企業界就用這些解決方案設計出實用的產品。這也意味著，物理系的一個重大學術突破，通常會帶動工學院一系列後續的研究和突破。

同樣地，關於「工業革命為何起源於英國」的研究成果，就被發展中國家的決策者拿來作為制度設計的參考，希望能加速國家的工業化發展。而經濟學者研究基本工資與勞工所得的關係，以及「最低所得保障」對各種勞工所得的關係，行政院各部會則利用這些因果關係，去構思解決貧窮問題的完整配套方案，以便讓效益極大化，成本和後遺症都極小化。

有鑑於上述各種題目間彼此密切的相關性，一種典型的研究策略，就是隨時注意相關領域的重大突破，以便趁機尾隨其後，在相關的研究子題上借力突破。這種創新的模式難度低，猶如雁群逐一飛在領頭雁後面的低風阻區，所以我把它稱為「雁行模式」。

以基本工資案的研究為例，大衛．卡德和艾倫．克魯格在一九九四年取法藥物實驗，證實紐澤西州的基本工資調漲案，對速食業勞工的就業率沒有明顯影響。接著，馬上有研究者從反方向提出研究報告，質疑基本工資對失業率的影響是逐漸浮現，而非立即浮現；此外還有研究者提出研究報告，質疑基本工資是抑制就業率的增長速度，而不是直接影響失業率。面對這些質疑，加州大學柏克萊分校的研究團隊接著在二〇一〇年發表著名的論文，取法大衛．卡德和艾倫．克魯格的研究方法，但是將研究對象擴增到三一八組，並且將觀察的時間範圍拉長，而強化了研究結論的可靠性。另一方面，也有研究者在這兩篇著名論文的啟發下，取法醫學界的統合分析（meta-analysis），整合數十個較新的工資問題研究，來產出他們的結論。此外，還有學者應用這個方法，去研究基本工資對美國薪資差距的影響。

因此，較積極的研究者不會畫地自限，不會拘泥於大學科系的門牆或自己的研究領域。有些工學院的教授會緊盯著物理學界的最新研究進展，主攻應用研究的人會積極掌握基礎研究的動態發展。同樣地，一個研究生如果可以從較寬廣的視野來掌握自己的研究題目，就可以從較多來源尋找創新與突破的靈感。

本章重點回顧

- 設計研究題目時，第一個要領是「問題越明確，通常證據與論證過程也會越明確而嚴謹」。而且，當問題被表述成因關係的形式時，最有機會找到明確而可靠的驗證方法和結論。而因果關係的最終發展就是量化的公式。
- 研究範圍的適當剪裁，會使得研究結果具有較高的客觀可重複性。因此，研究範圍的剪裁也是攸關研究成敗的關鍵因素。
- 不論是問題的答案或解決方案，或者一套理論，其有效性通常都有時間、空間和其他條件上的限制，不太可能在任何時間、空間、國情與社經環境下都適用。如果研究者在驗證一個答案或解決方案的有效性時，證據擷取的範圍太廣，而超乎該答案或解決方案的適用範圍，就可能會得出前後不一致或矛盾的結果。如果審慎比對、分析過去研究成果中的矛盾，就有機會找到適切剪裁研究範圍的辦法。
- 研究題目與研究範圍的選擇，是一個漸進的聚焦過程，而且研究的焦點和範圍，會隨著越來越多的證據而移動、擴大、縮小，不是一成不變的。
- 實際的問題通常必須經過抽象化與精簡化後，才能變成學術問題。「有限長木棍在二維不可壓縮流體中之流場分析」取代口語化的「海底潛水艇周邊之壓力分布」，是在保留問題的核心，去除次要的細節，以便讓問題變成可以被精確而客觀地回答，同時也讓這個研究的適用範圍變得較寬廣。

- 將研究主題定義成與學術文獻對話、接軌的問題後，可以引用學術界既有的理論、觀點和累積的經驗去研究新問題，而事半功倍，也可以避免浪費力氣去研究跟既有學術知識重疊的部分。
- 研究題目的兩種基本類型是為問題尋找正確的答案，或有效的解決方案。這兩種題目是緊密相關的：甲問題的答案往往是乙問題的解決方案。因此，當甲問題有突破性的新答案時，往往意味著乙問題的解決方案需要緊跟著做必要的調整。其他類型的研究題目也都跟這兩種研究題目密切相關。
- 一個研究主題內，所有類型的研究子題都是直接或間接相關，這種相關性提供研究者豐富的創意來源，以及多樣性的批判性基礎。因此，必須了解一個研究主題內各種類型研究子題的關係，才能從較寬廣的視野掌握研究的方向、各種批判角度，以及研究發展過程必須考慮的因素。
- 一個研究如果只是去探討兩個事件之間的因果關係，往往是不夠的；還必須進一步去深入探討因和果之間，每一個演變步驟的機制和原理，從而發展成一套理論體系。
- 當因果關係與相關的理論都被量化以後，原本看起來不相關的證據和事件，會被緊密連結成一大片，研究者可以從許多間接的證據和不同的角度，檢驗一個簡單的因果關係，因而有更多「證偽」的機會，也因此大幅度提高研究成果的可靠度。

- 任何一個研究子題的突破，都可以帶動其他相關研究子題的突破。有些人的研究策略就是隨時注意相關領域的重大突破，以便趁機尾隨其後，在相關的研究子題上借力突破。

9

青出於藍——批判與創新的要領（上）

決定論文題目和研究範圍後，下一個工作是文獻回顧，目的是回答兩個問題：(1)在你擬定的論文題目和研究範圍內，有哪些既有的答案或解決方案？既有知識的邊界在哪裡？(2)前述的既有答案中，有哪些確實可信而毋須再重複？哪些回答證據不足、觀點偏頗，或論證過程跳躍、粗糙，需要進一步蒐集證據，或更深入、嚴謹的分析與論證？

先回答了這兩個問題，才可以釐清研究工作完整的需要，找到創新的起跑線，避免以拙劣的方法去重複前人既有的嚴謹發現，甚至在跑道外盲目瞎闖，或無意義地繞圈子。

不僅如此，文獻回顧還可以培養出研究工作所需要的批判性思考能力，避免沒必要的錯誤和研究上的弱點，並且從文獻回顧找到創新的靈感與策略。為了達成這些目標，我們還必須回答另外三個問題：(1)假如你對該問題有些腹案或預期的答案，既有文件中有哪些證據支持你的腹案或答案？有哪些證據不利於你的腹案或答案？你必須據此調整你原本對如何創新與突破的想像。(2)彙整學術界有過的共識與爭議，以及會影響到研究品質與可靠性的所有可能因素，作為你在發展研究構想與推進研究發展時的參考。(3)勾勒既有文獻中的所有研究角度與觀點，研究的方法與流派，並且彙整各流派的優缺點與得失，以及背後大致的原因和機制，作為進一步發展創新策略與研究構想的依據。

本章將先針對「為問題找答案」的研究類型，探討如何從文獻回顧，彙整批判的原則與角度，以及如何從文獻回顧發展創新的策略與研究構想。後續兩章再針對「為問題找解決方案」的研究類型，討論批判與創新的要領。

值得注意的是，這三章和前一章的內容，原本是互通且重疊的整體，不應分割；不過為了閱讀與論述的方便，和避免行文上的重複，姑且分成四章；為了完整理解與靈活運用，建議讀者將8至11章當成一個整體來閱讀與理解、應用。

彙整批判的原則與角度

「調漲基本工資會不會導致弱勢勞工失業？」這是一個「為問題找答案」的研究，讓我們用這個問題為例，進行本章的討論。

要從文獻回顧彙整出這個研究題目裡相關的批判性原則，基本上只需要一個要領：文獻回顧的範圍，必須涵蓋所有不同立場的關鍵性論文，以及所有較具影響力或含金量較高的論文。在這原則下，各種派別、立場的學者都會相互質疑彼此的概念、證據與推論過程的疑點，或者不恰當的地方。只要你把這些相互的質疑與批判都逐篇閱讀與摘要，充分了解其原理之後，再分門別類地彙整起來，就會產出跟論文題目有關的各種批判性檢視原則。

以基本工資案為例，它被稱為經濟學界「研究時間最長，研究得最徹底」的問題之一。早期有過許多頂尖經濟學者普遍認為「正確」的證據、概念、原理（法則）、隱藏性假設、研究方法設計與推論過程，後來都曾被一一批判與顛覆。

例如，經濟學界普遍接受的「供給定律」說：工資越高，勞工的供給量越大（從左往右的上升曲線）。但是實證的研究卻發現，許多低薪勞工是兼職的學生，他們賺足所需的學雜費後，只想把剩下的時間用來讀書和休閒，而不是賺更多錢。因此，當工資從極低薪開始調漲時，兼職打工的意願會上升，而使供給上升；當工資高到輕易可以湊足學雜費後，工資越高所需打工的時數越少，因此供給曲線會往下滑落（從左往右的U型曲線）。

其次，經濟學界普遍接受的「需求定律」說：工資越高，雇主對勞工總工時的需求量越小（從左往右的下降曲線）。但是實證的研究卻發現，如果基本工資的調漲幅度有限，即便老闆因此增加了工資成本，很多老闆還是會優先考慮積極尋找新的供應商來降低食材成本；或者改善營運效率，把成本轉嫁給消費者（提高售價，或者減少分量）；或者降低自己的利潤率。至於減少勞工的工時，可能會造成營運的不順暢與無效率；過分強化勞工的勞動，可能會引起勞工的不滿與消極抵抗，因此不會被輕易採用。至於引入自動化設備來降低對勞工的需求，將會擴大固定資本的投入，成本上不一定會划算，還會增加投資風險。因此，實際的勞動力市場，遠比經濟學教科書的簡單「定律」更複雜。

另一方面，反對基本工資案的人，則質疑對方的隱藏性假設，其中最重要的一項是：「調整基本工資可以讓弱勢勞工與貧困家庭受惠」。他們指出，基本工資調漲後，會吸引較多富裕家庭的青年打工族來競爭原屬弱勢勞工的工作，而使得原本生產力較差的弱勢族群（和家庭）反而成為受害者。此外，有些間接證據顯示，調漲基本工資的效果雷同於附加消費稅，然而許多富裕家庭的子女因為不同理由而打工，使得受惠均勻地分布在富裕家庭與貧困家庭，其政策效果還遠不如採用「最低所得保障」（minimum income support），直接用稅收集中補貼於真正貧困的家庭——以二〇一四年加拿大的統計數據為例，支領最低工資的人中有三六・四％未滿二十歲，有五八・四％年紀低於二十四歲，必須承擔家計的青壯年（二十五歲到四十四歲之間）僅占二一・八％。

這一系列的研究也打破了傳統上關於「弱勢勞工」這個概念所隱藏的單一、刻板印象，顯示「低薪工人」不等於「貧困勞工」，其中不乏打工的富家子弟與中產階級子弟——雖然正反雙方歷經長久論辯後，終於同意「弱勢勞工主要在餐飲業和零售服務業」這個共識。

最近，反對基本工資案的人，又把爭議的焦點轉移到「調漲基本工資後，弱勢勞工的後繼調薪速度會不會反而變得更慢」，並且出示間接證據說，後果確實如此。他們的論據是：沒有基本工資政策時，弱勢勞工的薪資會隨著市場變化而調漲；有基本工資政策時，弱勢勞工的薪資會取決於基本工資；而政府為了遷就消費者和中小企業雇主的利益，調漲基本工資的速度通常會控制在低於市場的水準。

回顧前幾章有關基本工資爭議的相關介紹與討論，再合併上述的討論，可以發現：只要願意兼容並蓄彙整論戰各方的文獻，就可以獲得關於基本工資問題的豐富批判性思考與檢視原則，從教科書定理的適用性，到隱藏性假設，基本概念與現實世界的對應與落差，統計方法的適切應用與研究設計，取樣範圍的爭議，乃至於原始統計數據的可靠度等，它們完整涵蓋了批判性思考的各種面向，包括分析、評估、推論、解釋與詮釋（解讀）等。

這些批判與檢視的原則，遠比基本邏輯課程和教科書所能提供的更豐富，且更貼近「基本工資」這個研究議題。即使你上過哲學系的邏輯課程、精熟經濟學系大學部的所有課程，都不見得能掌握住上述這些批判性的觀點和準則——邏輯、哲學思辨和經濟學的基本素養是有用的，但是還需要加上文獻回顧所彙整出來的各種批判觀點與原則，才能夠備齊一個研究工作所需要的專業級批判性思考，與自我批判的能力。

有了這些批判與檢視的原則之後，接著就是運用它們來批判性地檢視自己的研究構想，以及在研究過程中，隨時批判性地檢視自己所採用的證據與推論過程，使得你的研究過程和成果，可以符合碩、博士畢業生所該具有的專業水準——當你對該題目相關的批判原則比口試委員了解得更完整、深入時，就不需要再擔心口試，也不需要再仰賴指導教授「罩」你。

此外，假如你在碩士論文研究過程中，學會從文獻回顧建立起自我批判的能力，未來不管在怎樣的工作崗位，都可以用這方法建立起你所需要的「批判性思考」，與自我批判的能力，從而將犯錯的機率降至最低，保障你的工作品質——這才是一個人能從碩士班帶走的第一項關鍵能力；反之，沒有在碩士班學會這能力的人，猶如入寶山空手而回，或者「探驪遺珠，盡得鱗爪」。

不過，彙整批判與檢視的原則和要領，只是文獻回顧的積極功能之一；另一個積極功能是通過文獻回顧來累積、啟發創新的構想；以便最後將創意與批判原則，彙整成一個嚴謹而有價值的研究計畫。

舊瓶新酒——舊題目的新發現

研究的創新主要有兩種典型：以新的證據、觀點或較嚴謹的方法重新探究舊的題目，而有新穎的發現（舊瓶新酒）；或者以既有的方法適度修改後去探究新的研究領域、題目，而造成新的發現（新瓶舊酒）。

「舊瓶新酒」型的研究，往往是採用了較新穎或較嚴謹的方法，因而使得舊的研究題目有了較嚴謹的論證，或者推翻學術界普遍接受的原有見解。一九九四年，兩位經濟學家援引藥物實驗的方法進行基本工資問題的相關研究，並且將受到基本工資影響的州視為實驗組，鄰近未受到基本工資影響的州視為對照組，仔細設計取樣條件來排除控制變因（基本工資以外的影響因素）的干擾，這是「舊瓶新酒」的典型。不過，這個案例也可以被看成是藥物實驗方法在基本工資的新應用，成為是「新瓶舊酒」的典型案例。也就是說，「舊瓶新酒」與「新瓶舊酒」有時候是同一件事情的兩個不同面向。

其次，「舊瓶新酒」型的研究也可能始於比對既有文獻中的矛盾結論，分析其矛盾的原因，而找到化解矛盾的新穎方法（控制樣本的取樣過程、排除干擾因素、適當地裁切研究範圍以提高研究結果的一致性與可重複性等）。例如柏克萊團隊在二〇一〇年發表的基本工資研究，出發點就是比對過去有關基本工資研究的結論，而發現結論支持「調漲基本工資不會明顯影響弱勢勞工的就業率」的研究，都屬於兩個相鄰州的區域性個案研究；而反對該結論的研究，都屬於跨許多州的全國性統計研究。他們因而警覺到，統計樣本的地理區域分布，會嚴重影響結論。於是，他們重新深入研究一九九四年論文中關於「對照組」與「實驗組」的設計，以及彙整與分析過去各種相關研究的重要證據，重新設計取樣的方式與研究方法，控制跟地理分布有關的干擾因素，而獲得遠比既往更嚴謹的結論。

此外，「舊瓶新酒」型的研究靈感，也可能是發軔於田野調查或實驗室裡偶然發現的新證據，而使既有理論在原始證據或驗證方法顯出重大的瑕疵或不足——所有具有因果形式的命題或原理，都是根據可靠的原始證據與嚴謹的論證過程而建立起來的；一旦其原始證據被新的證據所替代，整個論證過程都必須被重新檢視與評估，其結果或者導致不一樣的結論，或者結論不變，但論證過程有了重大的轉變，這些都是重大的研究貢獻與創新。

再者，如同前一章的分析，與其中「雁行模式的創新與擬題」的討論，一旦既有理論的某個環節有所調整時，整個理論體系都可能會牽一髮而動全身，需要被重新檢視、驗證與調整，而帶動出一系列的研究突破與需要。

值得注意的是，以上的創新模式雖含有部分偶然的成分，然而整個研究的設計和發展都是在與既有文獻對話，且必須要有能力掌握既有文獻的精要，才能完成全部的研究工作。如果發現新證據的人對既有文獻不熟悉，或者無法深入既有理論體系的核心，很可能會無法辨識該證據的價值，而當作是自己無法理解的眾多孤立事件之一，不去繼續追究相關的研究需要，從而喪失創新的機會——行為經濟學和實驗經濟學的創立就是典型的例子。

二〇〇二年諾貝爾經濟學獎得主丹尼爾・卡納曼（Daniel Kahneman, 1934-）是行為經濟學和實驗經濟學的創始人之一，但是他卻一直都認為自己是心理學家而非經濟學家。他設計各種心理學實驗，觀察影響人類抉擇的各種因素，想要藉此了解人類的好惡、快樂與痛苦。這些研究原本和經濟學沒有關係，後來他的一位好友警覺到，這些發現可以用來解釋許多經濟學界長期困擾的詭論，並且試著將他的發現帶進經濟學複雜的數學模型裡，兩人才開始在經濟學領域裡的長期合作，並且有了許多重大的突破——如果不是這位朋友熟悉經濟學的相關文獻，且擅長經濟學的數學模型，卡納曼應該沒有機會跟諾貝爾經濟學獎結緣。

摸著石頭過河——新瓶舊酒與學術藍海

要開創一個全新的學術領域，不見得要徹底否定過去所有的相關學理。在嚴謹的演繹體系裡，只要一個關鍵性的事實、證據或命題被改變，即使其他所有假設、定理、證據全部維持不變，結果也往往會演繹出一個革命性的全新學術藍海。

丹尼爾·卡納曼觀察很多人的心理反應後，發現「失去一美元的痛苦超過獲得一美元時的快樂」，而他的朋友把這個發現用來取代過去金融學界「失去一美元的痛苦等於獲得一美元的快樂」的假設，同時維持經濟學模型裡其他假設不變，結果就解決了金融學界長期以來的困惑，而開創了一個全新的經濟學派。

「非歐幾何」號稱幾何學的革命，它的誕生只不過是把歐式幾何的五條公理略作修改，把「通過線外一點，有且僅有一條不與該直線相交的直線」改為「通過線外一點，沒有不與該直線相交的直線」，就可以演繹出一整個「非歐幾何」的知識體系。

古典物理學假定「時間與空間的量測值是絕對的，不因觀察者的運動狀態而改變」，從而導出「光線在沿著發光體的運動方向傳播時，速度高於沿著其他方向傳播」；相對論只不過是把基本假設改為「光線在沿著發光體的運動方向傳播時，速度等於其他方向」，從而推論出「時間與空間的量測值是相對的，會因觀察者的運動狀態而改變」。

創新不是對過去的否定或漠視，連革命也不是對過去的否定或漠視；創意不需要多，只需要在刀口上一個關鍵的發現或創意——辣椒如果會辣，一小根就夠了。

再以基本工資問題為例，三位日本學者在二〇一三年發表了一篇有關日本基本工資調漲的研究，他們在論文的摘要，就先清楚指出這項研究的獨特處：日本從一九九四年起，連續十年經歷中等程度的基本工資調漲，這段期間剛好是日本通貨緊縮期，因而使得實質工資的調漲幅度，超過法定基本工資（名目所得）的漲幅。由於基本工資的調漲多在通貨膨脹期，且調幅不大，因此對實質工資的影響，遠不如這個研究案例那麼鮮明。光就這個特色而論，不管研究結論如何，都是值得各國經濟學者關注與參考的。

另一方面，當全球貧富差距的持續擴大，越來越讓人憂心與關切時，兩位研究者在二〇一五年發表了一篇關於數個開發中國家的研究，把焦點從「調漲基本工資會不會使弱勢勞工所得提高」，轉移到「調漲基本工資會不會縮小所得差距」；他們的結論是：調漲基本工資可以壓縮所得的差距，對開發中國家而言，其效應遠比已開發國家更明顯。這個研究的政策意涵，確實值得開發中國家以及國際貨幣基金會等國際組織關切。

值得提醒的是，跨國的研究不必然會具有學術價值。以基本工資問題為例，如果研究結果發現，日本或開發中國家的現象與既有的大量歐美研究結論相似，就顯得有點乏味、無聊；必須要有足夠的差異，才會引發更多值得進一步深究的問題。因此，只是把一個先進國家的社會問題與研究架構，複製到開發中國家（譬如台灣），而沒有值得學術界關注的新發現，那樣的研究是缺乏創意與學術價值的——你必須先找到一個文獻探討中不曾觸及的獨特要素，並且在理論上預示著有機會跟既有文獻的發現有重大的差異，這樣的問題才值得去研究。

除了新瓶舊酒型的研究之外，有些學術研究是在開拓全新的未知世界，其中奈微米科技的研究，就是一個全新的學術藍海。由於當代科技的進步，使得奈米級現象的研究和技術發展成為可能，因而打開一個過去無法觸及的全新學術領域。在這個領域裡，許多日常生活世界裡的定律，都有機會被推翻或修正，許多新的材料與技術等待被開發，因此這個領域裡的研究人員，有如第一批到達美國西部或澳洲淘金的人，隨時都可能會不期而遇地挖到寶，而發現新的現象、原理、技術和新的發明、專利。很多人喜歡這種研究領域，因為它沒有巨人梗阻在前，不需要挑戰巨人——很多才氣不高且不熟悉既有文獻的人，也有機會有新穎的發現。

不過，在絕大部分狀況下，探索新領域的研究，並非像早期西部淘金那樣胡亂試運氣，而是像當代的礦業探勘作業一樣，有憑據、有計畫，按部就班地探測與挖掘，以便降低風險並提高成功率。因此，當人類學家發現新的部落時，他不會拋棄既有的人類學知識，無中生有的從頭開始研究；而會利用既有的人類學理論與研究方法，去觀察、分析與研判這個部落裡的各種現象，以及社會組織與知識結構。

在理工學院等嚴格演繹的學科裡，開拓新領域最有效的辦法就是「摸著石頭過河」：先找到和新領域關係最密切的舊領域，分析兩者的異同，評估舊領域的原理（原則）、方法和知識結構，有哪些可以繼續沿用；另一方面則同時審慎評估新舊領域的差異，並且針對關鍵的假設、命題、原理、方法與知識結構，進行必要而適切的修改或調整；最後，以舊領域的知識結構與驗證方法、程序為參考，在新領域中逐一發展出和舊領域對應的定理與知識體系。

以一九六〇年代開始發展的電腦化數位訊號處理（digital signal processing）為例，這個領域的學術發展與知識結構，就跟早已發展成熟的類比式訊號處理理論，表現出幾乎一一對應的關係：兩者各有兩個關於系統是否穩定的判準，且其判準有著雷同的形式；兩者都仰賴頻域分析的理論，各種濾波器的概念、理論與應用在兩個領域裡基本上是雷同或一樣的，幾乎是只要學過數位訊號處理就同時學會傳統類比式訊號處理的所有核心概念和理論；而且，數位訊號處理器的性能幾乎可以被理解為是一個類比式訊號處理器加上一個延滯效應（time-delay）。兩者的關鍵性差異主要表現在取樣定理（Nyquist sampling thoerem），其他部分的理論和知識雖然在數學的表現形式上有或大或小的差異，核心概念超過九〇％是承繼自類比式訊號處理。此外，在影像處理的教科書裡，影像經常被理解為「二維（two-dimensional）訊號」，而高通濾波與低通濾波等類比訊號處理的概念、設計技巧也還是被承繼了過去，一本影像處理的教科書裡至少有一半讀起來跟數位訊號處理的教科書若合符節。

結語

如同前幾章反覆強調的，自始至終，學術研究都是在與既有的學術文獻對話：選定一個題目時，從鳥瞰全局的角度，找到突破與創新的機會和線索；接下來的文獻回顧，是為了一邊彙整批判的角度與要領，一邊探索更多創新的線索和機會。

在嚴格的演繹知識體系裡，只要從不同派別的論戰與研究成果中，在蒐集證據、控制干擾因素，以及裁切研究範圍之中，彙整出較嚴謹的要領，就有機會提出比既有文獻更嚴謹、可靠的研究架構和驗證方法；只要掌握到有別於過去的關鍵觀點、證據、事實、假設或命題，就有機會在不改變其他命題、假設與定理的狀況下，演繹出迥異於過去的結論，甚至產出革命性的新理論、新的學術分支。

為了發現有別於過去的關鍵性證據或事實，有些指導教授會建議學生先作實驗或田野調查，累積一些自己的第一手觀察；之後再開始進行文獻回顧，並且將自己在實驗室或田野的觀察和既有文獻比對，看看會不會發現重要的新線索。然而許多研究生都會有一個「雞生蛋，蛋生雞」的疑惑：如果沒有文獻回顧的基礎，在實驗室和田野裡漫無目標地觀察，很可能沒有能力分辨哪些觀察具有進一步研究的學術價值；反之，如果沒有實驗室和田野的直接觀察經驗，就毫無準備地進行文獻回顧，將會拿捏不到文獻回顧的重點與焦點，而流於浮泛、散漫、痛苦的閱讀。對於有這種困擾的研究生，我的建議是：一邊進行文獻回顧，一邊進行實驗或田野，兩者同步進行，互補且相互啟發，應該可以收到最佳的成果。

本章重點回顧

- 文獻回顧有兩大積極功能：其一是彙整批判與檢視的原則和要領，其二是通過文獻回顧來啟發更多創新的構想，最後將創意與批判原則彙整成一個嚴謹而有價值的研究計畫。
- 文獻回顧時必須涵蓋所有不同派別、立場的關鍵性論文，以及所有較具影響力或含金量較高的論文。只要恪守這個原則，就可以從既有文獻彙整出一個研究題目所需要注意的各種批判與檢視的原則，從教科書定理的適用性，到隱藏性假設，基本概念與現實世界的對應，統計方法的適切應用與研究設計，取樣範圍的爭議，乃至於原始統計數據的可靠度等，完整涵蓋了批判性思考的各種面向。
- 研究的創新主要有兩種典型：以新的證據、觀點或較嚴謹的方法重新探究舊的題目（舊瓶新酒），而有新穎的發現；或者以既有的方法適度修改後，去探究新的研究領域、題目，而造成新的發現（新瓶舊酒）。
- 「舊瓶新酒」型研究有數種常見的型態，其一是採用較新穎或較嚴謹的方法，其二是分析、比對既有文獻中的矛盾結論，找到化解矛盾的新穎方法；或者在田野調查與實驗室裡偶然發現的新證據，突顯出既有理論的重大瑕疵；或者應用第8章「雁行模式的創新與擬題」的技巧，找到創新的線索與構想。
- 文獻回顧與實驗室或田野裡的觀察，可以互補且相互啟發，如果同步進行，應該可以收到最佳的成果。

- 只是把一個先進國的社會問題與研究架構複製到開發中國家（譬如台灣），而沒有值得學術界關注的新發現，那樣的研究是缺乏創意與學術價值的——你必先找到一個文獻探討中不曾觸及的獨特要素，並且在理論上預示著有機會跟既有文獻的發現有重大的差異，這樣的問題才值得去研究。
- 要開創一個全新的學術領域，不見得要徹底否定過去所有的相關學理。在嚴謹的演繹體系裡，只要一個關鍵性的事實、證據或命題被改變，即使其他所有假設、定理、證據全部維持不變，結果也往往會演繹出一個革命性的全新學術藍海。
- 創新不是對過去的否定或漠視，連革命也不是對過去的否定或漠視——兩者都是站在巨人的肩膀上，既承繼且創新；創意不需要多，只需要在刀口上一個關鍵的發現或創意。
- 在理工學院等嚴格演繹的學科裡，開拓新領域最有效的辦法就是「摸著石頭過河」：先找到跟新領域關係最密切的舊領域，分析兩者的異同，評估舊領域的原理（原則）、方法和知識結構，有哪些可以繼續沿用；另一方面則同時審慎評估新舊領域的差異，並且針對關鍵的假設、命題、原理、方法與知識結構，進行必要而適切的修改或調整；最後，以舊領域的知識結構與驗證方法、程序為參考，在新領域中逐一發展出跟舊領域對應的定理與知識體系。

10 青出於藍——批判與創新的要領（中）

前一章是針對「為問題找答案」的研究類型討論批判與創新的要領，本章將針對「為問題找解決方案」的研究類型，探討如何從文獻回顧彙整批判的原則與角度，以及如何從文獻回顧發展創新的策略與研究構想。

本文中所謂的「解決問題的方案」，取其廣義的意涵，它可以是解決貧窮問題或居住問題的各種單一方法或配套方案，或者語音辨識與人臉辨識的各種方法或流派，或者驗證某一種因果關係的實驗設計或統計方法。

雖然它們所面對的「問題」屬性差異甚大，卻有一個重要的共通點：都在尋找一種最有效且缺點最少的「方法」來解決問題——不管它是社會問題、工程技術問題，或者釐清學術上有待驗證與確認的問題。批判的重點都是各種方法的相對優缺點與適用性，創新的重點都在於表現出最多的優點和最少的缺點，因此它們的批判與創新策略有高度的類似性。

不過，在討論這些批判與創新的策略之前，我們必須先建立起一種了解：方法沒有絕對的好壞，只有相對的優缺點——優點再多的方法，如果用錯了地方，可能一無是處；缺點再多的方法，如果用對了地方，也會可圈可點，遠勝於其他所有的方法；所以關鍵在於你有沒有為給定的問題情境，找到最適用的方法，而不在於哪個方法的優點較多。

方法沒有絕對的好壞——批判的基本原則

不論研究的題目是什麼，解決同一類型問題的方法和派別總是有很多種。很多研究所新生最常問的問題就是：「哪一個方法最好？我可不可以只學最好的方法，並且用它解決同一類型的所有問題？」

然而，方法本身沒有絕對的好壞，只有相對的優點與缺點；你必須根據問題的特性來決定哪個方法最適用，或者如何截長補短，產出完整的配套解決方案。而非一成不變，死守著一個「最好的方法」，不管是否適用，都刻板地到處硬套。

這就像用藥，砒霜是劇毒，使用得當卻可以治療急性前骨髓性白血病；嗎啡是毒品，但是癌末病人的疼痛控制遠比成癮的問題更重要——再好的藥也可能會有副作用和不適用的病症，再毒的藥也可能會有適用的場合和劑量；問題不在藥的好壞，而在於是否適合病情與需要。

表2：方法與應用場合特性對照表

(A)應用場合特性表				(B)方法特性表			
	應用甲	應用乙	應用丙		方法一	方法二	方法三
特性A	×	◎	×	特性A	◎	◎	×
特性B	◎	×	◎	特性B	△	×	◎
特性C	×	△	◎	特性C	◎	◎	△
特性D	△	×	×	特性D	◎	×	×
特性E	◎	◎	◎	特性E	×	◎	◎
特性F	×	×	×	特性F	◎	△	×
◎很重要，△不很重要，×無所謂				◎優異，△尋常，×拙劣			

以表2所顯示的「方法與應用場合特性對照表」為例，表面上方法一在四種特性上表現優異，只在一種特性上表現拙劣，因此似乎比方法二和方法三都更優秀；反之，方法三有三種特性都表現拙劣，只在兩種特性上表現優異，因此似乎比另外兩種方法都更差。

但是，如果你用方法一來解決應用甲的問題，它的優異表現中，有三項在應用甲是無關緊要的；而在應用甲很要緊的兩個特性裡，它卻有一個表現拙劣，另一個表現尋常，因此並不適用於應用甲。反之，方法三雖然優點最少而缺點最多，但是應用甲所在乎的特性剛好都是方法三的優異處，而方法三的缺點剛好應用甲都不是重要的議題。因此，就應用甲而言，最理想的方法是方法三，而不是方法一或方法二。

同理，應用乙的最理想方法是方法二，因為這個應用場合裡所在乎的三種特性中，只有方法二好剛好都表現優異。

上述「方法與應用場合特性對照表」不僅可以作為選擇適用方法的工具，也可以用來指引創新的策略。

以應用丙為例，它需要有一種方法，在特性B、C、E

三方面都表現優異，可惜三種現成的方法都無法滿足這個要求。但是我們若深入剖析方法二和方法三的原理，然後擷取它們的優點來產出一種複合的方法，使它在特性B、C、E都表現優異，就可以用這個新的方法來完美解決應用丙的問題。

因此，只要能針對自己的研究題目進行文獻回顧，從文獻中將相關流派的方法特性彙整成表，並且在文獻的引導下，針對自己的題目分析出它的問題特性，就可以從而找到既有方法的不足，以及突破與創新的策略，並整理出所需要的批判與創新的要領。

方法與問題特性的彙整——批判與彙整的要領

想要從既有文獻中彙整出表2的「方法與應用場合特性對照表」，其實相當容易——只要你讀論文的時候夠仔細，並且文獻回顧時，能夠涵蓋所有主要流派的關鍵論文。

一個方法的特性（或優缺點）可以分成四大範疇：(1)基礎假設與適用範圍，(2)應用上的難易程度與成本，(3)常態工作條件（亦即吻合基礎假設時）的性能表現，(4)會影響性能表現的各種干擾因素和作用，以及對於干擾因素的耐受性。以下逐一申論。

所有方法的有效性都建基在某些根本的假設上，譬如理工學院的很多方法都建基於「線性系統」的假設，很多統計方法則建立在「常態分布」的基本假設上；而主流經濟學的理論則經常假設市場的行為吻合「理性預期」、「資訊完全透明且取得的成本為零」和「完全競爭」。如果應用場合的特性高度吻合這些假設，該方法才能被適切地應用，並有預期的表現；一旦應用場合的特性嚴重偏離這些假設，該方法就不適用，且其實際表現將難以預料。

例如，各國中央銀行的貨幣政策一向假定：金融市場的交易吻合「理性預期」與「資訊完全透明」的假設；但是二〇〇八年的金融風暴顯示這兩項假設都有時候不成立，並且會因而導致金融危機。因此，舊的方法顯然不適合金融市場，使得各國中央銀行急於尋找新的預測、模擬方法，作為未來擬定貨幣政策的新依據。此外，國際貨幣基金會等國際機構紛紛在二〇一二年以後，逆轉他們過去所堅持的財經政策，包括基本工資與貧富差距等，原因就是認定他們過去所信奉的主流經濟學，在基本假設上跟現實世界脫節得太厲害。

欲彙整出一個方法的完整基礎假設，有時候並不容易，通常需要相當的耐心與細心。首先，這些基礎假設可能隱藏在不易充分理解、掌握的術語裡。譬如主流經濟學經常假設「完全競爭市場」（perfectly competitive market），但是這個術語裡，就已經包含五個跟現實世界經常有所出入的假設。其次，這些假設可能隱藏著一些容易被人忽略的邏輯意涵（logical implications），例如「完全競爭市場」的假設，經常意味著充分就業，這顯然嚴重違背科技性失業日益嚴重，且有效需求嚴重不足的今日世界，但這個隱藏的假設卻經常被經濟學者所忽略。此外，一個方法的各種假設，可能零星散布於好幾篇論文的不同章節、段落之中，必須很細心逐行細讀才能一一找出來。例如，被稱為「主流經濟學」的新古典總體經濟學派到底一共有多少種假設？這個問題很少有人能完整清列出來。因此，主流經濟學的假設跟現實世界的距離到底有多遠？這也一直是經濟學界爭論不休的話題。

不過，如果細心清查所有隱藏性假設和術語的確實意涵，並且逐行清點所有關鍵論文的假設，就應該可以逐一找出這些基礎性假設，並彙整到「方法與應用場合特性對照表」當中——而且，往往在你還沒讀懂所有論文的細節之前，就已經完成這個工作了。

第二大類的方法特性，是有關於應用上的難易程度與成本，而所謂的成本包含時間成本與金錢的成本。例如，同樣是X光三次元的立體掃描技術（X-ray laminography），醫學界使用的方法解析度較高，可靠度也較高，但是掃描過程需要數分鐘的時間，影像合成過程更需要數十分鐘至數小時；然而印刷電路板上的焊點檢測卻必須在二十秒內完成，因此不適合採用前述醫學界廣泛使用的方法。其次，有些社會統計的方法表現很優異，但是所需要饋入的統計資料必須有特殊管道才能取得，對於一個碩士生而言，難度太高，以致不具可行性。

第三大類的方法特性是常態工作條件下（吻合基礎假設時）的性能表現，通常包括結果的精確度與可靠度，以及當應用場合的特性與基礎假設有差異時，性能表現的穩定度（性能變化的大小）等。我們通常會希望一個方法的性能表現越出色越好，但是性能越出色的方法，時間與金錢的成本往往越高，而且需要饋入的資訊也愈多，故難以取得。因此我們必須在這兩者之間取捨、折衷，或者根據特定應用場合，對各種方法特性的優先序考量，去發展出最佳的複合方法。

最後一類型的方法特性，是影響各種方法的性能表現的干擾因素，以及各種方法對這些干擾因素的耐受性。譬如，所有的抽樣方法都會有抽樣誤差，而有些統計的迴歸分析對這些抽象誤差的忍受能力較強；有些迴歸分析的方法，則很容易受到這些誤差的影響。其次，許多通訊領域的科技都需要考慮雜訊的影響，一個方法是否能在雜訊干擾下維持穩定的性能，往往是評估該方法的關鍵因素之一。

彙整上述這三類型的方法特性，通常遠比第一種類型的特性更容易：一般期刊論文都會在摘要、序言和結論中，反覆強調自己的方法優點，而且也會在序言中，扼要摘述其他方法的缺點，而且措詞通常易懂，較少艱深難懂的術語。因此只要細心、耐心地略讀過所有關鍵性論文與回顧型論文，就可以完成這項工作——即便每一篇關鍵論文都只讀懂五、六成，往往就已經可以完成「方法與應用場合特性對照表」，並且彙整出你所需要的批判與創新的要領。

最省力的創新策略

只要能夠耐心且細心地從關鍵文獻裡彙整出「方法與應用場合特性對照表」，就可以利用它來發展出創新與突破的策略。這樣的創新模式，往往遠比徒賴個人的聰明與創意，去挑戰學術界的巨人還更容易，因此我把它稱為「最省力的創新」。

這種創新模式可以應用在理工學院的技術創新，也可以應用來突破國內的制度瓶頸。不同的應用案例中的巧妙略有不同，而背後的原理與要領則是互通的。為了避免流於過度抽象的討論，本節將以一個實際的技術開發過程為例，講述「方法與應用場合特性對照表」的具體應用與要領。關於制度創新的要領，將會在下一章討論。

數年前國內一個中小企業請我協助研發一台機器（俗稱「X光三次元檢測機」），針對印刷電路板內的銲點，用多張X光照片合成銲點的立體形狀，然後找出銲點的瑕疵。

當時全世界只有美國公司安捷倫（Agilent）可以在檢測的正確率上，達到工業界的要求，因而該公司獨占市場三十年，連日本的第一品牌歐姆龍（Omron）都無法切入這個市場。不過，半導體產業新發布的技術需求，卻希望將檢測速度提升為原來的十倍，這個挑戰連安捷倫也不確知是否能達成。因此英特爾公司（Intel）向全世界的許多設備供應商發出徵求通告，一方面是降低找不到供應商的風險，一方面是藉機突破安捷倫的壟斷，而國內的這家企業也在被徵求的名單之列。

但是安捷倫公司的員工人數是國內這家企業的四十倍，資本額是一百二十倍；而日本的歐姆龍員工數是國內這家企業的四十倍，資本額則是十倍。這是一場小蝦米對抗大鯨魚的戰爭，我們卻在兩年後拿到全球第一張訂單，三年後逼安捷倫關掉這條生產線。我們的致勝關鍵就是文獻回顧，以及「最省力的創新策略」。

創新的第一步：在最短時間內掌握既有文獻

當我承接下這份挑戰時，第一個問題是問自己：「這世界上是否有類似的技術已經被開發過？如果有，是哪一個專業領域？」這個答案一點都不難：醫院裡的「X光三次元斷層掃描」是很多人耳聞過的名詞。

我在台大醫院的網站裡搜尋「X光三次元斷層掃描」的PDF檔文件，很快找到這個關鍵詞的英文。利用這個英文的關鍵字去搜尋幾間大學的圖書館，意外發現清華大學圖書館竟然有好幾本討論這技術的教科書，其風格跟研究所階段的教科書一樣：由單一的作者進行前後一致的系統性寫作，各章內容由淺而深從基本理論講起，然後逐章介紹常用的方法，次序井然而易讀。我大致上瀏覽過這幾本書後，挑出其中幾種有可能較適用的方法，請參與這計畫的研究生各挑一個方法去閱讀，然後報告給大家聽。

從這些書當中建立起核心理論和觀念後，接著我指導研究生有系統地進行學術期刊論文的蒐集，並且很快發現醫學界的相關文獻非常豐富，且方法精深，考慮的細節與干擾因素幾乎是鉅細靡遺。另一方面，由於有廠商配合，我們透過國內外的商展參訪、印刷電路板生產現場的觀察，以及對廠商的訪問，很快掌握到工業界所需要的「X光三次元檢測技術」，跟醫學界所關心的很不一樣。於是，我們回顧了相關的專利，發現教科書的方法可以被進一步簡化，以節省檢測所需的時間。

最後，我們從頂尖學術期刊與教科書裡，各自找出不只一種方法，經過反覆淘選後，才各留下一個最具參考價值的方法，並且將以上心得彙整出類似表3的「X光三次元檢測的方法與問題特性對照表」。

表3：X光三次元檢測的方法與問題特性對照表

（A）問題特性表		
	醫學檢測	工業檢測
影像品質	佳	中等
反差強度	差	極強
影像張數	數百張	數張
檢測時間	數小時	數秒
容許誤差	小	極大
儀器成本	高	中等

（B）方法特性表		
	頂尖期刊論文	教科書的方法
影像品質	佳	沒規範
反差強度	極差	強
影像張數	數百至數千	少
檢測時間	極費時	數十分鐘
檢測誤差	極小	大
預期成本	極高	不確定

創新的第二步：從「方法與問題特性對照表」研判創新的策略與方向

如同表3「X光三次元檢測的方法與問題特性對照表」所顯示的，醫學檢測的目的是要針對癌症早期發現微小腫瘤，所以誤判率必須要極低；然而人體器官的X光影像對比微弱，不利於後續的分析。因此，這是極高難度的任務。為了達成這個目標，只好要求影像品質必須很好，使用的影像張數必須很多，附帶地檢測時間必然很長。然而工業檢測可以容許的誤判率較大，而且影像對比很強，有利於後續的分析，因此它會強調時間要快，以便配合生產線的量產速度；緣此，可以拍攝X光影像的時間短、張數少，而且分析的速度要很快（二十秒內就要完成）。工業檢測的問題特性剛好跟醫學檢測的問題特性相反，因而需要很不一樣的檢測方法。

教科書裡的方法遠比醫學期刊論文的方法簡單，但是連最簡單的版本都還含著傅利葉積分轉換，這將會需要大量不同角度的影像（和大量的取像時間），以及巨量的電腦計算時間。為了進一步降低取像時間與計算時間，我們採取前述專利的技巧；而它所付出的代價是，使用的影像越少，合成的立體影像會越模糊，而最後的檢測誤差也就越大，而且通常會大到遠超乎半導體產業所能接受的水準。

另一方面，我們分析頂尖學術期刊的論文，發現它們絕大部分是針對醫學檢測的需要而研發——問題的難度高，容許的時間與經費成本也超高，吻合學術界「不惜代價追求高精度、高可靠度」的愛好。這些論文都假定影像品質很差，強調如何改善檢測的可靠度，但代價是計算的時間遠遠超過半導體業界所能忍受的。

理論上看來有兩種典型的研發策略，實際評估後僅第二種比較有希望：(1)將醫學界的方法簡化，犧牲檢測的可靠率來降低檢測時間；但是要將這些方法的檢測時間從數小時降到數十秒，幾乎不可能。(2)以課本的方法為原型，用前述專利的技巧，大幅度減少取像時間與計算時間，然後在可能引起誤判的局部影像引入影像強化技術，以降低誤判率。

於是，我們針對影像模糊所引起的誤判問題進行文獻回顧，找到一種省時而成效不錯的影像強化（image enhancement）技術，可以大幅改善檢測的正確率。此外，我們也從醫學界的頂尖期刊論文裡，找到最佳的取像位置和角度，可以讓有限張影像發揮最大的效益。

我們最後的研發策略大致如下：(1)以課本原理為本，先利用影像的高反差特性大幅簡化影像處理所需要的時間；接著引入專利上所載的技巧，進一步縮短檢測所需要的時間；預期不但可以達成客戶對檢測時間的要求，而且還會留下一些時間的裕度，可以用來執行影像強化。(2)根據醫學界期刊論文的理論，將取像位置和角度最佳化，以便盡量減少合成影像的模糊度。(3)只針對影像較模糊或比較容易誤判的特定局部，進行影像強化，以便用僅有的時間裕度來盡量降低誤判率。(4)以滿足業界所要求的檢測正確率為前提，如果我們最終的方法仍需要太長的檢測時間，就用多顆CPU來強化電腦的硬體計算能力，以便縮短計算時間，從而在被要求的檢測時間內，達成被要求的檢測可靠度。

最後，我們沿著上述的創新方向積極發展，終於在第二年底完成技術突破，達成客戶要求的所有規格，而接到全世界第一張訂單。

在這個研發過程中，我們的時間與人力成本效益極其顯著：我們用大約半年的時間彙整國外的學術文獻與專利資訊，至少在背景理論上，一口氣追趕國外三十年的累積；此外，在技術的創新與突破上，我們用了不到安捷倫公司十分之一的人力，就在技術突破上超越他們。

我們的成功，九成靠文獻回顧、批判式的閱讀與彙整，以及「最省力的創新策略」，只有一成是靠聰明和運氣——如果不是從頂尖的醫學期刊裡找到最佳的取像位置與角度，以及強化影像的關鍵技術，我們恐怕很難超越安捷倫而達成業界的要求。

結語

當中國與印度的大量廉價勞工跟跨國資本結合之後，這兩個國家逐一變成世界工廠，而開始侵蝕先進國家和台灣製造業的訂單，「紅色供應鏈」變成台灣企業和年輕人的夢魘。後進國家以廉價勞動力取代先進國家的製造業，這幾乎是不變的法則，林毅夫甚至稱它為後進國家的「後發優勢」——因此日本怕韓國的崛起，猶如當年美國企業被日本的崛起進逼得人人自危；至於台灣怕紅色供應鏈的取代，而中國則怕印度「彎道超車」，這都不稀奇。

稀奇的是，似乎沒有任何國家怕台灣的追趕！這是為什麼？因為我們沒有掌握到「後發優勢」的訣竅，以至於數十年來技術進步的速度太慢。

「後發優勢」的秘訣在於「取法先進國家」，藉以減少嘗試錯誤的次數和時間，巨幅縮短學習曲線，從而在最短的時間和成本內追上先進國家的技術。而最有效的辦法就是文獻回顧，以及本書所論述的「最省力的創新策略」。

可惜的是，國內的學者和研究生，普遍將文獻回顧當作是不得已的負擔和義務，而沒有掌握到它的精妙處。此外，企業界一向仰賴進口技術，而欠缺自主研發的經驗。結果，少數試圖建立自主研發能力的企業，都沒有借助文獻回顧與「最省力的創新策略」，反而全憑員工赤手空拳從事「閉門造車」式的研發，因此風險高、研發時間長，而研發成本居高不下，甚至還高於付錢買國外的專利授權。

除非國內的企業能盡快學會文獻回顧與「最省力的創新策略」，從而降低研發成本、時間與風險，而建立起國內的「後發優勢」，否則恐怕將會持續深陷於產業升級的困境，與紅色供應鏈的威脅。

本書將會在第17、18、19章繼續申論這個議題。

本章重點回顧

- 方法沒有絕對的好壞，只有相對的優缺點——優點再多的方法，如果用錯了地方，就可能會一無是處；缺點再多的方法，如果用對了地方，也會可圈可點，遠勝於其他所有的方法；所以關鍵在於你有沒有為給定的問題情境找到最適用的方法，而不在於哪個方法的優點較多。
- 「方法與應用場合特性對照表」不僅可以用來作為選擇適用方法的工具，也可以用來指引創新的策略。
- 一個方法的特性（或優缺點）可以分成四大範疇：⑴基礎假設與適用範圍，⑵應用上的難易程度與成本，⑶常態工作條件（亦即吻合基礎假設時）的性能表現，⑷會影響性能表現的各種干擾因素和作用，以及對於干擾因素的耐受性。
- 所有方法的有效性都建基在某些根本的假設上。如果應用場合的特性高度吻合這些基礎性的假設，該方法才能被適切地應用並有預期的表現；一旦應用場合的特性嚴重偏離這些假設，該方法就不適用，且其實際表現將難以預料。
- 要彙整出一個方法的完整基礎假設，有時候並不容易，通常需要相當的耐心與細心。首先，這些基礎假設可能隱藏在不易充分理解、掌握的術語裡。其次，這些假設可能隱藏著一些容易被人忽略的邏輯意涵或隱藏性的假設裡，因而經常被專業學者所忽略。此外，一個方法的各種假設可能零星散布於好幾篇論文的不同章節、段落之中，必須很細心地逐行細讀才能一一找出來。

- 其他三種類型的方法特性通常遠比第一種類型的特性更容易彙整：一般期刊論文都會在摘要、序言和結論中反覆強調自己的方法優點，也會在序言中扼要摘述其他方法的缺點，而且措詞通常易懂，較少艱深難懂的術語。只要細心、耐心地略讀過所有關鍵性論文與回顧型論文，就可以完成這些工作。
- 「方法與應用場合特性對照表」可以被用來發展出創新與突破的策略。這樣的創新模式，往往遠比徒賴個人的聰明與創意，去挑戰學術界的巨人還更容易，因此是「最省力的創新」。
- 後進國家以廉價勞動力取代先進國家的製造業，這幾乎是不變的法則，林毅夫甚至稱它為後進國家的「後發優勢」。它的關鍵在於「以最省力的方式取法先進國家」，藉以減少嘗試錯誤的次數和時間，巨幅縮短學習曲線，從而在最短的時間和成本內追趕先進國家的技術。文獻回顧、「方法與應用場合特性對照表」與本書介紹的其他「最省力的創新策略」都是有效的辦法。

11 青出於藍——批判與創新的要領（下）

各種制度的跨國比較是學術文獻中的大宗，也是質性研究的典型之一，但是不同的作者往往有著不太一樣的目的或訴求。

制度設計是為了達成某些社會效益，或者解決某些社會弊端，抑或是提升企業的經營效率；它假設我們可以通過制度或政策工具來產出某些社會效益，或者緩抑某些不良的社會現象。因此，制度研究往往會牽涉到一些因果關係的研究。譬如，調漲基本工資會不會產生某些社會效益（提高低所得勞工的收入，緩和貧富差距），或者某些不良的副作用（害弱勢勞工減少工作機會）。另一方面，這一系列因果關係的研究，可以被用來設計現實社會裡的制度，以便在各種政策工具的最佳配套下，產出最大的社會效益，同時盡可能緩抑各種不良副作用。

如果把前述因果關係的研究看成「基礎研究」（fundamental research），制度設計就是這些因果關係的應用研究，或者「為社會問題尋找解決方案」的研究。以基本工資的研究及其應用為例，如果研究證實，調漲基本工資可以明顯改善低勞工的所得，且因而減少工作機會的弱勢勞工人數有限，我們就可以適度調漲基本工資，普遍改善低收入勞工的所得，再以政府稅收保障弱勢勞工的最低所得。如此配套的結果，因為調漲基本工資而受害的弱勢勞工會在最低所得保障方案裡獲得補償，而在這配套下，政府用以改善貧富差距所需要的支出，遠小於完全仰賴最低所得保障方案。

在這背景之下，有些跨國的比較性研究是為了要測試跟某一種制度有關的因果關係，意圖了解不同的社會情境下，該因果關係是否會有所改變，或者藉著不同的社會情境，探索該因果關係的干擾因素。在這種類型的研究裡，適用的批判與創新要領，跟本書第9章的論述大同小異，不再贅言。

此外，有些跨國的制度比較是為了從各國的制度取法，用以相互攻錯，並促進制度的改良與創新。因為這一類研究的性質屬於「為問題尋找解決方案」，所以其批判與創新的要領，多半跟前一章所論述的大同小異。譬如，它們的第一步都是通過文獻回顧，爬到巨人的肩膀上，接著是通過比較研究，找出各種問題（國情）與方法（制度）的相對優缺點（特色），以便在最完整的視野下，針對案例的需要，發展出最完整的配套解決方案。

然而，不論是綜合數種計量方法的優點，來截長補短產生更適用的方法，或是綜合數種制度的優點，來產出一個較完整的配套解決方案，都必須要深入去探究想取法的制度或方法，了解它的優點是立足於什麼樣的機制或原理，缺點又是通過什麼樣的環境和機制而產生，這樣才不會落入「畫虎不成反類犬」或「橘越淮為枳」的鬧劇。

本章將討論一正一反的兩個案例，闡述這個截長補短的技巧，並藉此示範如何將前兩章的要領轉化，用以研究制度設計的批判與創新。

居住正義：從批判到創新的三個步驟

前一章用「方法與應用場合特性對照表」來彙整各種方法的優缺點，以及提示創新的策略。在這一節裡，我們將以居住問題為例，示範這個方法在制度研究上的可能應用。

面對台灣房價居高不下的問題，很多人倡議用新加坡的組屋制度來解決台灣的居住問題，但是卻沒有去分析兩國國情的差異。

新加坡的組屋（或稱公共住宅）是蓋在公有地上，只賣使用權而不賣所有權，所以才能壓低房價，且抑制土地炒作（土地漲價歸屬國庫）；而新加坡土地八五%屬於國有，才有辦法大量蓋「只賣使用權而不賣所有權」的組屋。其次，新加坡絕大多數的人都有加入公積金制度，才可以用它來按月繳房貸。因此組屋制度的成功，需要兩個先決要件：(1)八五%的土地（或絕大部分土地）屬於國有，才能壓低房價；(2)要有普及的公積金制度（社會福利加上強迫性儲蓄），才能讓每一個人都有錢可以繳房貸。

表4：台灣居住問題與國外制度對照表

（A）台灣問題特性	
國有地百分比	25%
公積金制度	無
社會住宅	0%
借配住宿舍	4.3%
住屋合作社	0%
租屋市場	8.4%
房屋自有率	87.4%
空屋率	10%
租屋市場特性	不夠多元

（B）國外制度特性表		
	德國	新加坡
國有地百分比	少	85%
公積金制度	無	普及
社會住宅	5%	0%
借配住宿舍	無資料	無資料
住屋合作社	5%	0%
租屋市場	47%	9.3%
房屋自有率	40%	90%
空屋率	4%	無資料
租屋市場特性	多元化	無資料

然而台灣的土地僅二五%屬國有，且大部分在偏遠地區，不適合蓋公共住宅（不管是只租不賣，或者只賣使用權）；此外，台灣也沒有全民普及的公積金制度。因此，新加坡的解決方案跟台灣的問題屬性根本不合，任何引入的企圖都會以失敗收場。

其次，有人鑑於德國房價四十年不漲，因此建議在台灣蓋社會住宅，用以解決居住問題。然而，這些人卻沒有想清楚，只憑五%的社會住宅就足以解決台灣的房價問題嗎？

接下來，我們扼要勾勒出一套「制度研究與創新」的步驟，以台灣的居住問題為例，說明文獻回顧、批判（制度比較）和創新的過程。

第一步：根據「方法與應用場合特性對照表」遴選合適的取法對象，確定創新與取法的關鍵

表4列出台灣住屋市場的問題特性，以及德國和新加坡解決方案的特性。其中前兩項問題與方法的特性

（國有地占全國土地的百分比，以及公積金制度）乃是一個方法（制度）能否適用的基本前提。比較台灣和新加坡在這兩個項目上面的懸殊差異，就知道台灣根本不具備推動新加坡組屋制度的先決條件。

接著看取法德國制度時的前提（先決條件）：城鎮地區的土地絕大部分私有化，沒有普及的強迫儲蓄制度（公積金），社會住宅只占所有住宅單元的五%，這看起來比較像是台灣的現實條件中有機會實現的目標。此外，台灣有四．三%的家戶住在聘僱機構的宿舍裡，這或許可以抵得上德國社會住宅部分的功能，因此更有機會滿足取法德國制度的先決條件。

其次，德國住宅有五%屬於住屋合作社，建立這個制度應該不會產生太大的財政負擔。最值得注意的是，德國的空屋率只有四%，台灣卻高達一〇%，如果可以將空屋充分活化利用，使空屋率降低到四%左右，將會釋出六%的住宅進入租屋市場。再加上近年為了爭取容積率而搶建的豪宅落成後，租屋市場將會有嚴重的超額供給，而導致租金下降。因為租屋市場與購屋市場彼此具有取代性，因此租屋市場的租金下降壓力，將會轉為售屋市場價格下降的壓力，而使房價凍漲或下跌——除非新蓋成的房屋又全部變成空屋，使得空屋率從一〇%往上攀升。

所以，台灣的住屋問題顯然不是供給不足，而是空屋率太高，使用率偏低。只要解決這個問題，台灣立即可以進入「人人住得起」的境界。

還有一件值得注意的事：德國人的租屋率高於自有率。快速作個文獻回顧，立即可以知道關鍵因素並非文化，而是制度：德國人愛買房子，但是他們都買國外快速增值的房子（西班牙與希臘房市泡沫化時，最大受害者就是德國投資客和德國銀行），而不買德國的房子（四十年來實質價格時漲時跌，平均漲幅為零，是世界上獨一無二的房市奇蹟）。因此，如果你問德國人為何租屋者比購屋者多，絕大多數人的回答都是：租屋無風險，而購屋會有價格下跌的風險——一九九五至二〇一〇年之間的十五年裡，德國房地產價格確實每年下跌約一％，再加上房屋折舊率與銀行貸款利息等，實際成本接近或超過房租的負擔。此外，德國租屋市場發達，各種價位、坪數、區位、裝潢的豪華程度都有，使得租屋不代表貧窮，也不代表鄰居窮、犯罪率高、學區教育品質低落。

假如我們可以有效引入德國「房價四十年不漲」的機制，以及「租屋跟購屋一樣好，甚至更好」，就可以徹底解決台灣的居住問題。

所以，我們需要徹底掌握的關鍵有兩個：德國租屋市場為何如此發達，且空屋率如此之低；而台灣卻空屋率如此之高，且租屋市場如此不發達。

第二步：深入了解制度與方法的運作原理、機制

空屋率超高是台灣的房市奇蹟，到處都有「只售不租」的空屋，甚至還有一大堆「不售也不租」的空屋。囤積居奇就是典型的市場失能，背後必然有制度性因素，而不會單純只是因為「有土斯有財」的傳統觀念——事實上，中國人的傳統觀念在台灣已經所剩無幾；與其說台灣人的腦袋裡裝的是中國人的傳統思想，還不如說是好萊塢版的金權、情色思想。

說穿了，台灣會有那麼多「不售也不租」的空屋，就是因為房價漲幅遠高於租金收入，以致租金不但對屋主沒有吸引力，還妨礙他在最適當時機脫手，更別說是惹上不繳租金也不肯搬的惡房客了。而早該泡沫化的房價還可以持續一直漲，就因為大家都預期藍綠政府會同心協力拉抬房價。大陸那麼大，只有三個院轄市；台灣那麼小，卻有六個院轄市，其中新北、台北和桃園還連在一起；台灣高鐵全長三四五公里，卻總共停靠了十三個站，其中南港、台北、板橋三站的平均站距僅八公里，且三站之間還有捷運連通；如此浪費資源，又是為啥？

一言以蔽之，不就是為了「官商合股」炒作房地產！這是一個惡性循環的機制：大家預期房價上漲，怕越晚買越貴，就拚命擠壓自己的口袋，像奉敬父母（或地頭蛇）般奉敬建商；大家越認真買房，房價越有漲幅空間，官商勾結的報酬率越高，選舉獻金就越高，官商勾結就越嚴重，房價就漲得越兇，台灣人就越難擺脫「屋奴」的命運。

德國人沒有房價飆漲之苦，並非因為他們天生就比台灣人更不受官商勾結的潛在利益誘惑——他們照樣不時會有逃漏稅，或者像福斯汽車那樣在廢氣的數據上造假等弊案。德國房屋市場的表現，主要是跟它的制度設計有密切關係：德國政府在戰後建立起一套最接近「完全競爭」的多元化住屋市場（見表5），以便讓各種住屋市場彼此競爭，從而降低價格，抑制炒作。

首先，他們鼓勵有錢人投資出租的住宅，使得租屋市場極端多元化，從豪宅到國宅都有人在出租，從大坪數到小坪數，從鬧區到郊區，品項一應俱全；且法律充分保護房東與房客的權益，使得房東敢出租，房客可以安心住。因此，售屋市場的價格若不合理，大家就湧向租屋市

表5：2007年德國房屋市場型態分布

自有房屋	出租房租（共占60%）				
	小房東	專業公司	合作社	政府公屋	其他
40%	37%	10%	5%	5%	3%

場，而不需要被「官商勾結」的機制綁架，當世世代代的屋奴。此外，因為連豪宅都可以租得到，所以「租屋」不再是「買不起」的代名詞和社會階級的標籤，因而更進一步消除租屋市場的發展障礙。

其次，他們鼓勵中產階級當小房東，跟專業的租屋公司競爭，以免租屋市場被壟斷。結果，私人出租住宅中將近八成屬於小房東。然後他們再鼓勵住屋合作社去跟私人租屋市場及政府的社會住宅競爭，使得所有租屋市場的競爭者都感受到「隨時可以被取代」的壓力。

為了發展私人租屋市場，德國鼓勵有錢人長期持有多餘的房屋並出租。因此，只要你的房屋持有時間超過十年，不管是否自住，也不管是你的第幾棟，售出時都免繳房地產所得稅。反之，為了抑制房地產炒作，一棟房子的持有時間如果不到十年，出售時就要繳一五%–四二%的房地產所得稅。如果是「房地產專業買賣者」（五年內至少賣出三棟房子，不管房屋持有時間多久），則會被課以四%–二〇%的營業稅。

很多人批評台灣的房屋稅率太低（台灣約〇．一%，美國是一%–三%），其實房屋持有成本太高的話，並不利於租屋市場的發展，因此德國的房屋稅率也只有〇．二五%–〇．三五%。

在這樣充分競爭的制度下，不會出現「只售不租」或「不售也不租」的空屋。空屋的損失包括每年二%－三%的折舊率、銀行的利息、房屋稅與土地稅等持有成本，有時候還要包括大樓管理費與維修費；反之，如果租出房屋，就有機會用租金彌補這些損失，甚至還有盈餘，何樂而不為？況且，德國稅制還規定，如果房屋出租，可以將房屋折舊率列為支出，以減免累進稅裡的所得稅負，這又是額外的吸引力。

第三步：有機地移植，建立完整的底棲生態，以配套緩抑副作用

想要引入德國制度，必須把支持這一套制度運作所需要的機制在台灣完整重建，或者局部改造，以便和台灣的政經、文化與社會現實接軌。用生態系作比喻，想要移植一種食物鏈上層的動物，就要把所有的底棲生物一起移植過來，以便建構起一個讓它能活下去的完整生態系統。

仔細比較台灣與德國房屋市場的基本統計數據和制度差異，就可以了解：解決台灣居住問題所需要的硬體建設，其實早已齊備（住屋供應過剩），缺的只是完整的法令和制度配套（打通人為的市場障礙），以及實踐的決心和能力。

台灣現在的房價早就超過各種泡沫指標，只要政府戒除拉抬屋價的惡習，房價自然會凍漲或逐漸下跌到基本面，根本不需要打房。

只要房價長期凍漲，屋主就不可能再靠房價增值來彌補折舊率與銀行利息等損失，因此連豪宅都必須努力出租以求損益平衡，各種物業管理與租屋仲介將會興起，而政府只要立法保障各方權益並排除市場障礙即可。此外，在房屋早已超額供應的現實情況下，租金自然會因市場機

制導引而下降，使得租屋遠比買天價的房屋更划算。

一旦租屋市場品項多元化，從社會住宅到豪宅都一應俱全，而且房東和房客的權益都受到周全的保障時，房客與房東將不再是社會地位的象徵，而只是一種個人的偏好和選擇——在德國，年輕人為了配合自己和情侶（配偶）工作地點與上學地點的變遷，偏好租屋以保持遷居的彈性；老人則因工作、配偶與居住地點穩定，因而偏好購屋。

在這樣的社會制度與氛圍下，台灣人就有機會擺脫屋奴的命運，將資金投資在新興產業上，創造更多的工作機會。

因此，如果想要用德國藥來解決台灣的居住問題，首要之事是由政府公布很高的房屋交易所得稅（但對長期持有者予以減免），一來是用以節制拉抬房價以牟暴利的行為，二來也是以具體行動宣誓政府斷絕拉抬房價的惡習；其次是制定完善的法令與制度，公平而周全地保護房東與房客；促進物業管理業的發展，以便刺激租屋市場的發展；最後是積極促進住屋合作社的發展，以及五％左右的社會住宅，以便強化租屋市場的多元化競爭。

這些只不過是法令制度等軟體的基礎建設，對政府財務負擔輕微。然而，要促成這樣一個政策，最大的障礙是如何剷除盤根錯節，且早已深入所有選舉與政府部門的政商勾結體系。

畫虎不成反類犬的負面案例

不僅是台灣會取法、引進國外的制度和法令，連英國這樣的先進國家也會去取法、引進國外的制度和法令；不僅是台灣會一知半解地局部引進國外制度，英國也會犯類似的毛病，而畫虎不成反類犬——接下來這個案例就是典型的負面教訓。

二〇〇八年金融風暴之後，全球青年失業率高漲，西班牙和義大利高居五六%和三八%，歐美各國超過二〇%的更比比皆是，然而德國和奧地利的青年失業率卻都低於八%。全球震驚的同時，希臘、義大利、西班牙、葡萄牙、拉脫維亞和斯洛伐克，紛紛與德國簽訂備忘錄，請德國協助建立德國式的學徒制技職教育。

德國學徒制的學生每週有三至四天的時間在企業內接受專業技術教育，約一天半的時間在學校裡學習理論課程，他們有六成的人畢業後直接留在原企業內變成專職員工，其他人轉到其他企業上班或進修。因此，德國人自豪地說，他們的技職教育體系跟職場的需要是「無縫接軌」。

然而德國學徒制有一整套「相反而相成」的嚴謹配套，同時兼顧興利與防弊；如果只是局部抄襲，很容易流弊橫生。例如為了防範企業主利用學徒制壓榨學徒勞力，招聘十八歲以下學徒的企業，必須先經官方審查，確認有足夠的專屬設備和合格的專職人員，去給予學徒必要的專業技能培訓，因此德國大概只有五六%的企業被認證為合格企業（通常是規模較大的企業）。其次，學徒在企業內接受培訓期間，所有相關經費完全由企業自籌，且必須付給學徒實習津貼，政府只負責學校課程訓練過程的所有人事與經費。因為企業要出很多錢來培養學徒，且養成過程必須遵守各種規範，去認真培養學徒的專業能力，無法把學徒當廉價勞工使用，因此企業選徒與提供名額都很審慎，通常是企業自己有需要才會招聘。

其次，為了兼顧「畢業即就業」以及「所學足以因應終生職場變遷之需要」這兩個矛盾的目標，德國有一間聯邦職業研究院，專門研究產業與職業未來變遷趨勢，並且據以將學徒制的學習目標，精細地區分成製造、銷售業務和市場行銷策略等大約三百五十種證照，以及學徒訓練的標準規範草案；草案完成後，再邀集各州雇主協會、工商協會、工會、聯邦政府、州政府和職訓專家共同商議與修改後，交給政府部會發布執行。

最後，這些規範與標準被交給全國共約八十個自主的地方法定工商協會，由他們的專案委員會負責指導、監督、考核在地的學徒制訓練與認證；而這些委員會則是由工會代表、雇主代表和教師代表組成，以兼顧各種不同立場的需要並平衡利益的衝突。

為了降低青年失業率，英國也在二〇一〇年大規模擴大模仿德國的學徒制，以政府補貼鼓勵中小企業聘僱學徒。可惜因為沒有完整掌握到德國制的精神（政府補貼就違背了德國雙軌制「市場需求導向」的出發點），也沒有完整的制度配套，以致弊端叢生。

捷豹（Jaguar）和路虎（Land Rover）這種大廠確實有在教學徒專業技術，但很多英國企業卻讓這些學徒去做毫無技術內涵的工作。譬如，莫里森（Morrisons）連鎖超市就用政府補貼聘雇了五萬兩千名員工，讓他們花了六個月的時間在「實習」收銀機等毫無技術內涵的工作。結果，在二〇一一年到二〇一三年之間，企業主花在員工訓練的支出減少了二十四億英鎊，而不需專長的工作職缺卻增加了六〇％。此外，因為沒有像德國聯邦職業研究院這樣的專責機構研究，也沒有工商協會等研究、協商與監管的機構，以致學徒制的種類浮濫到超過一萬八千種，而掛羊頭賣狗肉來騙取政府補貼的案例比比皆是。

再者，英國傳統上就不重視學徒制，因此參與學徒制的人會被當作是沒辦法從學校畢業的，很難獲得雇主的信任。這些因素使得英國想要推動這個制度更加困難。再加上英國的雇主可以輕易解僱勞工，這種文化更不利於需要長期浸淫於特定專業技術的學徒制。

結語

台灣人在取法國外制度時，經常知其然而不知其所以然地從表面抄襲，而不考慮國情的差異和可能的流弊，最後經常是未得其利而深受其害。另一種極端則是關起門來，不願取法前人，只想憑個人的「創意」來解決問題。這兩種模式看起來南轅北轍，其後果卻經常殊途同歸：即便原來立意良善，最後也經常是禍害無窮。

以居住正義為例，許多媒體與民間團體一再倡議仿效新加坡制度，卻不曾覺察到台灣沒有取法新加坡制度所需要的現實基礎。此外，也有人倡議模仿德國，單向強化對租屋者的法令保護，卻沒意識到：如果法令過分偏袒房客，將會使房東的應有權益受損，而降低出租意願，結果還是會造成租屋市場的萎縮。反之，如果健全法令，同時周全地保護房東與房客，並且由兩大政黨共同宣示不再以政策拉抬房市，既有居住正義將會迎刃而解。

再以食品安全為例，因為不願意積極、認真地取法國外，國內不但各種偽劣的食品充斥市場，而且嚴重的食安問題一再重複發生，無法改善，充分暴露出台灣社會「嚴重欠缺自我學習能力」的事實。

科技的進步遠比人文與社會科學領域更鮮明、迅速，就是因為理工學院的知識和智慧容易傳承與累積。因此，面對各種經濟與社會發展問題，必須「站在巨人的肩膀上」，先繼承前人的智慧和失敗的教訓，然後再把創意用在刀口上——這樣歷代的智慧和經驗教訓才會累積，社會才能一代比一代更進步。反之，假如我們持續既往、只想閉門造車，或完全憑仗個人智慧去解決社會或企業發展上的問題，則不管我們有多聰明，我們所能累積的智慧都極為有限，而每一代所能想出來的解決方案都不會明顯優於上一代。

假若如此因循蹉跎下去，再過一百年，我們的後代恐怕還是只能哀怨地問：「丹麥能，台灣為何不能？」

本章重點回顧

- 「方法與應用場合特性對照表」可以用來彙整各種方法的優缺點，以及提示創新的策略。它也可以被用在制度設計上，而其適用原則是跟前一章通同的。
- 想要取法某一種國外的制度時，必須先考慮該制度在國外所以能發揮其優點的先決條件；如果該條件在本國並不具備，就必須調整制度的設計，以便在保留原制度優點時，不會因為社會條件的差異而使制度變質，衍生出意料之外的副作用。
- 同理，想要把一種表現優異的技術或方法應用到新的領域時，必須考慮原有應用場合和新的應用場合，是否有先決條件（隱藏性假設）的差異，以及如何對原有的技術與方法進行必要的調整，來克服新的領域所具有的先決條件差異。
- 每一個國家的經濟、社會、政治與文化背景往往都有很大的差異，因此制度的取法不像拆裝汽車引擎或排氣管那樣，可以機械化地「移植」，而比較像是複雜的器官移植手術，必須考慮到各種排斥作用與併發症，並設計各種必要的調適機制。
- 其次，為了確保調適過的制度仍能在不同的環境下，產出類似的優點而無後遺症，必須深入了解原有制度與方法的運作原理、機制，並且仔細探究該運作原理、機制，在新的制度和環境下可能會如何運作。

- 同理，想要把一種表現優異的技術或方法應用到新的領域，或者想要結合兩種技術或方法以便截長補短時，必須深入研究原有方法的運作原理與機制，以及新方法的運作原理與機制，以便確認新的方法在新的應用場合下，能保有期待中的優點，且沒有可預見的缺點或後遺症。
- 如果在取法的過程中沒有完整的配套與制度設計上的調適，機械化地抄襲局部制度，並硬塞入不同的國家內，通常的結果都是畫虎不成反類犬。
- 同理，未經深思地結合兩種技術或方法，或者不明究理地將表現優異的技術或方法應用到新的領域，後果往往是疊床架屋，一無是處，甚至弊端叢生而不足為訓。

12

上窮碧落下黃泉——十倍速文獻回顧要訣

前面三章已經討論過，如何針對論文題目與研究範圍進行文獻回顧，藉以彙整批判的要領、發展創新和突破的策略。但是，我們還需要想辦法盡量縮短文獻回顧所花的時間，以便留下足夠的時間完成後續的研究工作。尤其在分秒必爭的企業界，如果要發揮後進國家的優勢，更必須要將文獻回顧所花的時間縮到最短，以便發揮最大的時間效益。

要求一個人在陌生的領域內完成一份文獻回顧，包含彙整批判與創新的原則，所需要花的時間可能差距高達十倍以上——沒經驗的碩士生可能花了兩年還沒能完成，精通其要領的學者可能兩個月就完成。更重要的是，如果一個人投入文獻回顧的時間太多，獲得的效益卻遠不如自己閉門造車，則文獻回顧不但效益不彰甚至還不符成本。

圖1

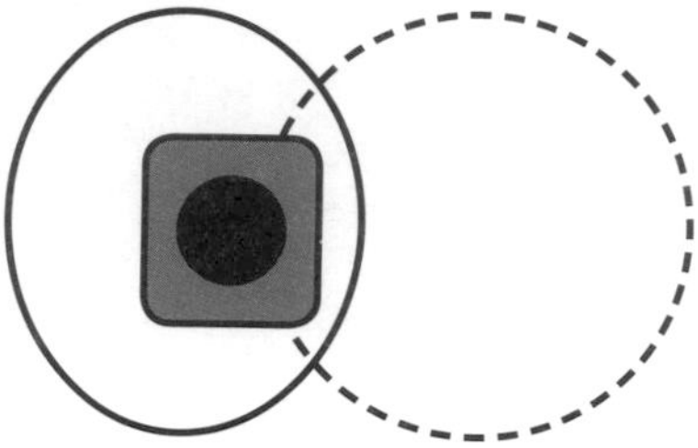

要縮短文獻回顧的時間，關鍵在於「以最少的閱讀量獲得最豐富的啟發與創意，並且不遺漏任何流派的關鍵文獻」，如同圖1所企圖扼要顯示的。如果圖中深色的小圓圈代表和一個研究主題有關的全部文獻，文獻回顧的能力至少可以粗略分成三個等級：

(1)外行級：許多人拿到論文就從頭到尾試著整篇讀完，而且等讀完後才知道它和研究主題無關；結果讀完許多論文，只找到一小部分跟研究主題有關的文獻，而漏掉了許多更重要的文獻，就像圖1的虛線圓圈所示。這樣的文獻回顧不僅浪費許多時間在不需要讀的論文上，而且所得到的啟發可能還不如閉門造車，以致得不償失。

(2)入門級：這個階段的人，只是含糊籠統地知道文獻搜尋與篩選的皮毛，而沒有充分掌握到其中精要。因此他們讀過許多論文，勉強看完了跟研究題目有關的所有文獻，但也讀了一大堆跟研究主題無關的，就像圖中的實線橢圓圈所示，因此時間效益還是很差。

(3)精熟級：這個階段的人精通文獻搜尋與篩選的要領，以及論文的種類和結構，只要粗略讀過論文的篇名和摘要，就可以大致上判斷該論文是否與研究主題有關；而且能夠很快找出與研究題目有關的所有文獻，在最短時間內讀完它們，鮮少浪費時間去閱讀沒有參考價值的部分，如圖中方塊區域所示，因此時間效益最高。

本章的目的就是要提出一套文獻回顧的流程與方法，藉以達成「以最少的閱讀量獲得最豐富的啟發與創意，並且不遺漏任何流派的關鍵文獻」。

關鍵詞與文獻搜尋的技巧

想要搜尋到所有重要的文獻，而且又不會被淹溺在一大堆沒有參考價值或不相關的文獻堆裡，有三個關鍵：(1)找到一組適當的關鍵詞，(2)有效的搜尋方法與程序，(3)使用效能較高的搜尋工具或電子資料庫。本節將先討論前面兩個關鍵。

文獻的搜尋與篩選是文獻回顧的第一個步驟，它的目標是找出跟論文題目最密切相關的五十至一百篇論文，但是在搜尋與篩選的過程中，並不需要讀懂它們的內容，只需要讀到足以判斷該文獻跟論文題目的相關性即可。至於讀懂期刊論文、彙整批判原則、產出創新策略的方法，都已經在前幾章裡敘述和討論過了。

所謂「最密切相關的論文」，必須兼顧三個面向：(1)這些論文都必須跟你的論文主題密切相關，(2)它們必須涵蓋所有不同的觀點與流派，而沒有遺漏或偏廢任何重要的觀點、流派，(3)它們必須盡可能涵蓋每一個流派或觀點的最重要文獻。

上述目標不可能靠一個步驟就達成，而必須要反覆嘗試錯誤（trial and error），逐漸調整搜尋過程中所使用的關鍵字，並且以滾雪球的方式擴大搜尋的範圍與成果，如圖1所示。在這個過程中，第一步是先找到十數篇跟你的主題相關（或密切相關）的期刊論文與學術會議論文，以便用它們當種子或起點，繼而逐步更新關鍵詞，並找出其他所有的相關論文。

有三個方法可以協助你找出第一批跟主題相關的論文。首先是用你想得到的關鍵字去搜尋英文版的維基百科（Wikipedia），看有沒有相關的詞條。運氣好的話，你會找到一整篇易讀且觀點相當完整的文章（或詞條），包括問題的起源，主要的研究結論與爭議，還附上數篇相關的學術期刊論文或書籍。

其次，你可以在Google學術搜尋網上，嘗試各種你想得到的關鍵字，或者利用專業化的電子資料庫（如Ei Compendex或EBSCO等），找出一些相關的論文。

或者去圖書館找「諮詢服務台」的人，告訴他們你的主題，請教他們相關書籍美國國會圖書館可能的編號（通常會有數個），以及這些書籍的書架位置。圖書館的英文書都是按照美國國會圖書館編號排列，主題相關的書都排在一起，你根據「諮詢服務台」給的美國國會圖書館編號，找到正確的書架，翻閱該編號附近的書，藉此找出與研究主題密切相關的書。這些書中有一部分會在每一章的後面附上參考文獻，你設法從中找出與你的主題最相關的論文。

接著，你把上述三個來源的論文彙整成第一批文獻，閱讀每一篇文獻的摘要，據以判斷它們跟你的研究主題有多相關。你只採用跟你的研究主題密切相關的論文，彙整它們所使用的關鍵詞，變成第二組關鍵字，然後再重新利用Google學術網與電子資料庫，去搜尋出更多相關的論

圖2

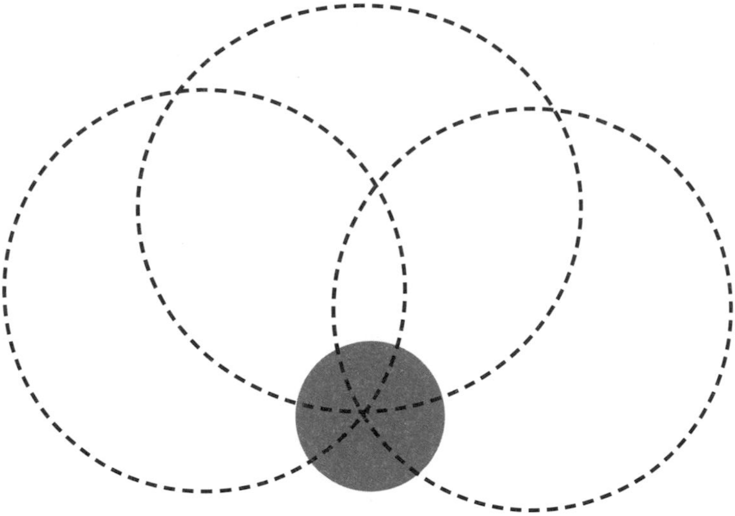

文，形成第二批相關文獻。你查一下這些論文後面附的參考文獻，注意看有哪些論文或期刊經常被引述——經常被引述的論文，就是這個論文題目的關鍵參考文獻或「經典」論文；經常被引述的期刊，就是該領域的頂尖期刊或重要期刊。

然後，你再從第二批相關文獻彙整出第三組關鍵字，並且用這些關鍵詞去找出和這主題相關的回顧型論文。

合併第二批文獻和回顧型論文後面的參考文獻，就會變成數量可觀（或龐大）的相關文獻；你可以從中挑出最密切相關的文獻，形成第三批文獻。

理論上來說，只要彙整三、五篇回顧型論文後面的參考文獻，就有機會找出一個研究主題所有的重要流派與代表性論文。然而，運氣這麼好的機會很罕見。其一，每篇回顧型論文都有它設定的議題範圍，即使你找到數篇與論文題目相

圖3：文獻搜尋的流程

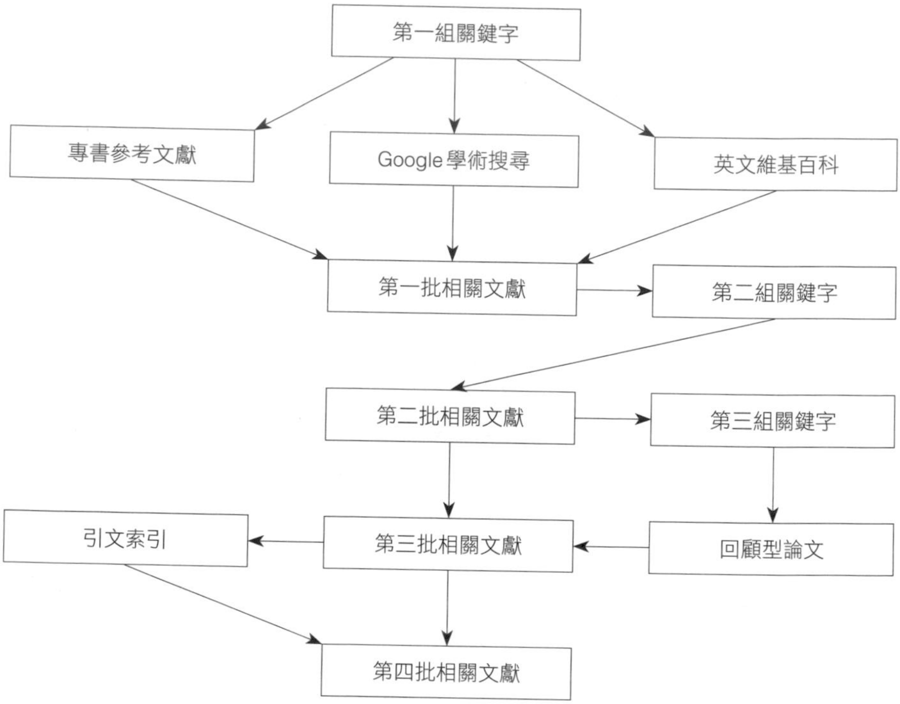

關的回顧型論文，它們所涵蓋的範圍合起來可能還是沒有覆蓋到論文題目的全部範圍。如圖2所示，其中深灰色區域代表論文題目與研究範圍的全部，其他虛線的圓圈代表每一篇回顧型論文所覆蓋的範圍。其次，有些回顧型論文可能過時已久，需要找出更新的文獻。

當相關的回顧型論文數量太少或年代太久遠時，就必須用相關的博士論文，或附有參考文獻的專書，彌補回顧型論文的不足，用以找出更多的相關文獻，一併匯入第三批論文。

此外，為了找到最新的論文，你可以用「經典」論文當關鍵字，去查索出後來引註它當參考文獻

圖4：出版資訊與引用次數

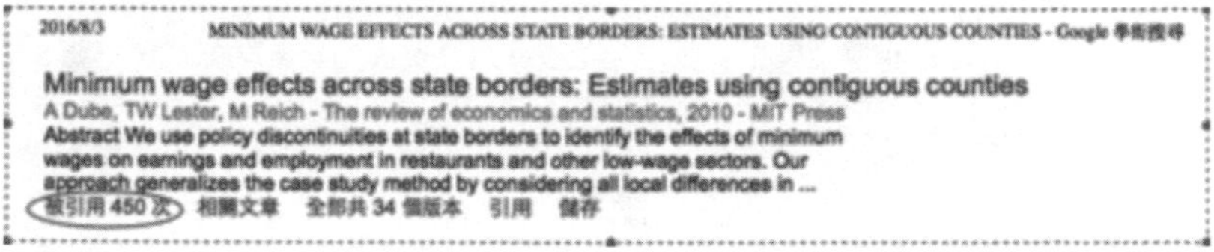
2016/8/3 MINIMUM WAGE EFFECTS ACROSS STATE BORDERS: ESTIMATES USING CONTIGUOUS COUNTIES - Google 學術搜尋

Minimum wage effects across state borders: Estimates using contiguous counties
A Dube, TW Lester, M Reich - The review of economics and statistics, 2010 - MIT Press
Abstract We use policy discontinuities at state borders to identify the effects of minimum wages on earnings and employment in restaurants and other low-wage sectors. Our approach generalizes the case study method by considering all local differences in ...
被引用 450 次 相關文章 全部共 34 個版本 引用 儲存

的所有論文。這種「用經典論文找出比它更晚出版的論文」的方法叫做「引文索引」，它可以幫你找到跟這個主題有關的所有最新論文，以及各種不同流派、觀點的文獻。圖書館有一些具備「引文索引」的電子資料庫，此外Google學術搜尋網也具有「引文索引」的功能。

例如，當你在Google學術搜尋網裡輸入一篇基本工資的「經典」論文完整名稱時，它就幫你找到這一篇論文（見圖4第一行），顯示它的作者和出版資訊（見圖4第二行）和摘要。最後一行是這一篇論文被引述的相關資訊，它的最左邊一項是這一篇文章「被引用450次」（圖4中橢圓形圓圈位置）。如果點擊「被引用450次」這幾個字，它會先確認你不是機器人，之後就會列出引註過這篇論文的所有論文。

如果用所有的「經典」論文去找出後來引述它們的所有論文，將會獲得數量龐大的論文數量，你可以從中只挑出期刊論文而忽略學術會議論文，因為後者的重要性通常較低。如果剩下的論文還是太多，你可以只挑頂尖期刊的論文當關鍵性論文。

經歷過以上的搜尋程序之後，你找到的第四批相關文獻應該已經涵蓋各種不同的觀點與流派，也涵蓋各流派的主要文獻。接下來是如何去閱讀、吸收這批數量龐大的論文，並且從中培養出批判的能力，找到創

圖5：文獻回顧第一階段的流程圖

(1) 用關鍵字搜尋回顧型論文，找出最相關的數十篇論文，略讀摘要及引言，判斷這些文獻的相關性與派別劃分，並根據論文後面的參考文獻補齊重要論文。

↓

(2) 細讀各派論文之摘要及引言，標定該派特點與關鍵論文。

↓

(3) 初步彙整問題特性表與方法流派，更新關鍵字，擴大搜尋範圍。（→ 回到 (1)）

↓

(4) 鎖定最相關的一派，略讀各論文的論文主體，標定各論文最省力的閱讀次序。

新的策略。而且，你必須以最短的時間、最少的閱讀量來完成這個工作，所以需要非常有效的閱讀方法和流程。

後續的三個階段將介紹這種文獻回顧的方法和完整流程。

第一階段：宏觀地掌握問題的主要面向、觀點與派別

文獻回顧的第一階段參考圖5的步驟(1)到步驟(3)，它是從鳥瞰的角度，粗略勾勒出這個研究課題所牽涉到的所有問題面向（必須力求達成的目標，必須避免的後患，以及先天的限制條件等），探討與切入這個問題的各種角度與觀點，以及解決這些問題的相關方法與流派，但還不需要去了解任何一個方法的具體細節。

它的目的就是要從全觀的視野（holistic view）去掌握問題的各種主要特性，以及解決這問題的各種既有方法和特色，以便粗略地建立起「方法與應用場合特性對照表」的梗概。

上一節描述的文獻搜尋程序，可以讓你找到與研究主題密切相關的近百篇關鍵論文，接下來是要在回顧型論文、專書或教科書，以及博士論文的引導下，略讀這些論文，以便初步了解與這個論文題目相關的流派、他們各自的特性以及關鍵論文，如圖5的步驟(1)所示。對一個碩士班新生而言，這是一項吃力的工作，他會遭遇到很多陌生的術語，經常讀得似懂非懂。這時候要秉持本書第6章所揭示的「自然式閱讀法」的精神與技巧，一方面查索網路上的科普級資訊，來增進自己的了解，一方面不強求成果、逐行逐句地讀懂，另一方面則毋須忌諱在閱讀過程中有所誤會或遺漏。因為，本書所設計的這一整套文獻回顧流程就是要培養讀者由粗而細，由淺而深逐漸增進了解，逐步調整方向，逐步自我修正。

執行過步驟(1)的工作後，應該會對各相關流派有粗淺的認知，接著以這個新的背景知識為憑，進入步驟(2)，將上述數十篇關鍵論文按流派分類，每次一個流派，仔細閱讀該派論文之摘要及引言，以便進一步確認該派特點與關鍵論文，必要時補上之前被遺漏的關鍵論文。

最後，彙整回顧型論文、博士論文的文獻回顧，以及上述數十篇關鍵論文的閱讀心得，初步歸納出問題特性表與方法流派。此外，上述閱讀過程，很可能會讓你發現一些原本沒想到的關鍵字，你應該要用這些關鍵字擴大搜尋範圍後，依循步驟(1)至步驟(3)，找出關鍵論文，閱讀後補齊、更新關於問題特性表與方法流派的資訊。

在第一階段進行的過程中，有些原本誤以為可能跟研究主題有關的論文、方法、流派，可能會在過程中逐一被過濾掉或捨棄，還有些原本不知道其存在的方法、流派則可能會被加進來。通過這樣的程序，篩選出真正值得進一步深入理解的論文、方法和流派，以減少將心力耗費在吸收不需要的知識上。

但是，在第一階段結束的時候，具參考價值的方法與流派要盡可能都納進參考文獻裡，不要在下一階段的進行過程中，才發現有些重要的方法或流派，在第一階段完全被漏掉了。

第二階段：深入問題的所有面向與各流派的方法特性，建立「方法與應用場合特性對照表」

這個階段的流程是圖6中的步驟⑷到步驟⑼，目的是深入掌握論文題目所有的面向，以便從統觀全局的視野，去仔細分析每個流派的方法特性，以及它們在各種應用場合裡可能呈現出來的優缺點。

此階段是在為最後一個階段作準備，為的是據此判斷本研究主題適合採行的方法，以及創新的策略和風險評估等。因此，雖然乍看之下，它的目標和上一個階段的很像，實際上兩個階段所需要達到的精準度、細膩度大相逕庭。

由於這兩個階段的目的不同，因此在上個階段只讀論文最易懂的摘要及引言，這個階段卻要

圖6：文獻回顧第二階段的流程圖

(4) 鎖定最相關的一派，略讀各論文的論文主體，標定各論文最省力的閱讀次序。

↓

(5) 略讀論文主體，標定各派主要假設、優缺點、應用公式與流程。

↓

(6) 該派讀完後，綜合整理該派特點、優點、侷限與可能缺點，標定最具價值之創意與論文。

↓

(7) 鎖定次相關之流派，在該派內重複前述工作。（→ 回到 (4)）

↓

(8) 綜合前述資料，完成「方法與問題特性表」，調整關鍵字搜尋以補齊文獻。（→ 回到 (4)）

↓

(9) 綜合整理各派優缺點、主要創意與關鍵論文。根據「方法與應用場合特性表」，分析問題關鍵與突破的可能性，鎖定最關鍵論文，進行後續工作。

讀每一篇論文最難懂的論文主體（mian body）——雖然還只需要略讀，而不需要強求逐行逐字地讀懂。

關於一個流派的特性與優缺點，回顧型論文和其他流派的論文會扼要提及，若要獲得較深入而確切的了解，最可靠的辦法仍舊是從各派的論文主體去爬梳。也就是說，第一階段彙整出來的資訊，只是做為第二階段的指引和提示，以便進入第二階段後根據論文主體較完整、詳實而嚴謹的論述過程，併同讀者個人的理解、聯

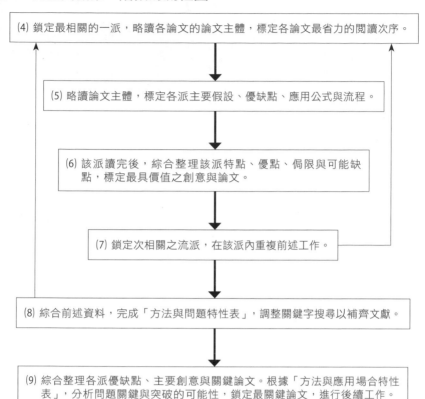

想與推論能力，確切找出每一個流派的假設與大致上的原理，應用上的限制條件，主要優點與訴求，潛在的缺點與造成這些缺點的可能原因。

要獲得以上資訊，並不需要把每個流派的關鍵性論文逐行逐句讀懂，而只需要懂其理論的梗概及關鍵性的資訊。這個層次的理解，要比上一個階段更深，因此若能從圖書館或主或網路上找到概論性的理論介紹，值得放進閱讀清單以增進理解，但是仍舊不到需要將全文讀懂的程度。

此外，根據學術界的慣例，早期論文已講清楚的概念，近期論文通常不再仔細交代，因此必須依照年代先後，逐一閱讀整個流派的關鍵性論文，以減少閱讀時的困難。其次，同一個流派中，甲作者不重視而沒講清楚的要點，或許乙作者較重視而講得較清楚，所以應該以一個流派為閱讀與思索的單位，從所有關鍵性論文所提供的整體閱讀經驗，去掌握該派的特性與優缺點，而不是從單篇論文逐一鉅細靡遺地閱讀。

理論上，在逐一略讀過各派的論文主體時，有可能會發現該派別下某些關鍵論文在第一階段時被漏掉了，這無所謂，補進閱讀清單裡即可。如果在第二階段才發現某些重要的問題面向、方法或流派在第一階段時被漏掉了，就表示第一階段使用的關鍵字或搜尋策略太粗糙，有必要回到步驟(1)去加強第一階段的工作，並補做某些第二階段的工作。

理想上，這個階段結束時應該會淘選出十數篇至三、四十篇最具參考價值的關鍵論文，以便在第三階段逐篇深入研究，據以確立研究的方向，擬定要依循（借鏡）的主要方法、流派、創新的方向和策略，以及整體研究構想。

圖7：參考文獻篩選過程

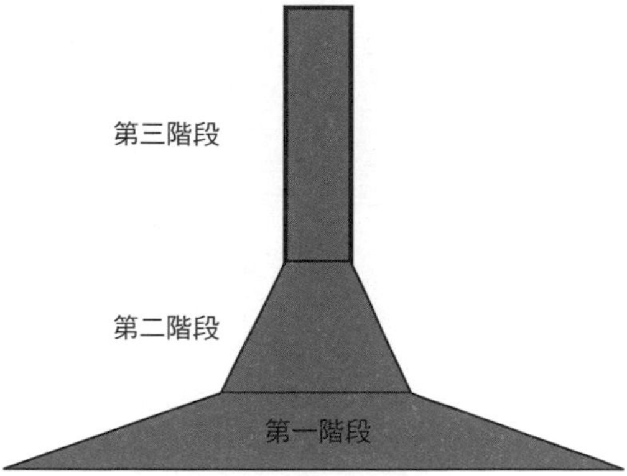

前兩個階段都可以看成是在為第三階段作準備，目的是要從最寬廣的搜尋範圍開始，盡速篩選出真正值得整篇讀完的核心參考文獻。如同圖7所示，其中橫軸方向代表每一個階段閱讀的論文篇數，縱軸方向代表閱讀的深度與細膩度。

第一階段的閱讀範圍最寬，但閱讀的深度最淺，一方面藉此篩選出值得在第二階段深讀的論文，另一方面是藉此培養出較深厚的背景知識，以便支持第二階段的閱讀。第二階段的閱讀範圍較窄，但閱讀的深度超過第一階段，一方面是藉此篩選出值得在第三階段完整讀完且徹底弄懂的論文，一方面是藉此培養出第三階段的閱讀能力。第三個階段是最後一個階段，閱讀範圍最窄，所需要的閱讀深度最徹底。

圖8　文獻回顧完整流程圖

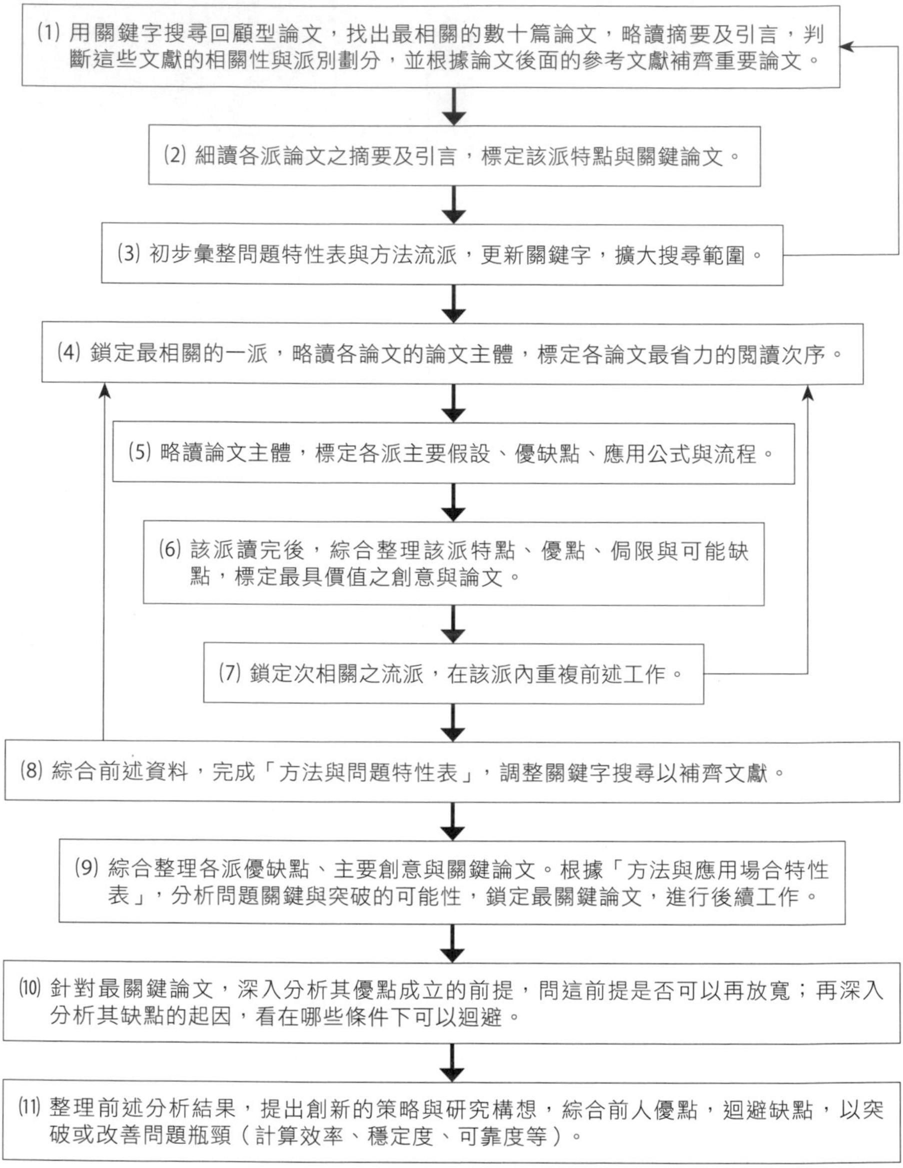
(1) 用關鍵字搜尋回顧型論文，找出最相關的數十篇論文，略讀摘要及引言，判斷這些文獻的相關性與派別劃分，並根據論文後面的參考文獻補齊重要論文。
(2) 細讀各派論文之摘要及引言，標定該派特點與關鍵論文。
(3) 初步彙整問題特性表與方法流派，更新關鍵字，擴大搜尋範圍。
(4) 鎖定最相關的一派，略讀各論文的論文主體，標定各論文最省力的閱讀次序。
(5) 略讀論文主體，標定各派主要假設、優缺點、應用公式與流程。
(6) 該派讀完後，綜合整理該派特點、優點、侷限與可能缺點，標定最具價值之創意與論文。
(7) 鎖定次相關之流派，在該派內重複前述工作。
(8) 綜合前述資料，完成「方法與問題特性表」，調整關鍵字搜尋以補齊文獻。
(9) 綜合整理各派優缺點、主要創意與關鍵論文。根據「方法與應用場合特性表」，分析問題關鍵與突破的可能性，鎖定最關鍵論文，進行後續工作。
(10) 針對最關鍵論文，深入分析其優點成立的前提，問這前提是否可以再放寬；再深入分析其缺點的起因，看在哪些條件下可以迴避。
(11) 整理前述分析結果，提出創新的策略與研究構想，綜合前人優點，迴避缺點，以突破或改善問題瓶頸（計算效率、穩定度、可靠度等）。

第三階段：彙整既有文獻，評估既有文獻的不足，以及創新與突破的機會和策略

這是文獻回顧的最後一個階段，目的是將前一階段篩選出來，最具參考價值的方法、流派與關鍵論文研究透徹，並參考前兩階段彙整出來的所有問題面向，找出最適用於本研究主題的方法、流派，及創新和突破的策略。而它的流程含圖8所示的步驟⑽和⑾。

在這個階段，不但每一篇關鍵論文都要通篇讀懂，而且還要深入分析每一個擬依循（借鏡）的方法、流派，仔細找出它們所有的假設、限制條件、優缺點，以及造成這些優缺點的關鍵因素和機制，藉以探討放寬基本假設與限制的可能性，以及將數種方法結合以截長補短的可能性。

對於計量科學和制度設計的相關研究而言，只要靈活運用前四章所提示的技巧，想找到一些既有方法的缺點和不足，並且在既有文獻的協助下構思出一些創新方向和策略，通常不會太困難。對於一個碩士生而言，嫻熟這些技巧並靈活運用，已經足夠花掉他們兩年的時間，也足夠產出高品質的碩士論文。對於博士生而言，熟練並靈活運用這些技巧將是一個很有利的起點；至於進一步的發揮與挑戰，則要看個人的才華、用心與機緣，那就不是本書所能盡舉的了。

本章重點回顧

- 給定一個研究主題，文獻搜尋與篩選的目標是達成三個要求：(1)只保留跟主題密切相關的文獻，過濾掉不相關或品質較差的文獻；(2)涵蓋所有具代表性的觀點與流派，無所遺漏或偏廢；(3)涵蓋每一個流派或觀點的所有關鍵性論文。
- 文獻搜尋的流程示於圖3，第一步是找到一組學術界常用且完整的關鍵字。先想出盡可能接近研究主題的第一組關鍵字，經由英文版維基百科、美國國會圖書館主題編號圖書和Google學術搜尋，找出第一批論文，並從中篩選出與主題最密切相關的論文。然後將它們所使用的關鍵字，彙整出第二組關鍵字，進行第二次的關鍵字搜尋，再從所獲得的文獻，篩選出和研究主題密切相關的第二批論文，並比對它們所使用的關鍵字，就可以獲得更精準、完整的第三組關鍵字。
- 有了第三組關鍵字之後，可以用來搜尋回顧型論文、博士論文或密切相關的專書，並從最後的參考文獻找出涵蓋所有研究角度、觀點與流派的第三批論文，以及各流派的經典論文。
- 用各流派的經典論文進行「引文索引」搜尋，就可以找到涵蓋面較完整的各流派最新文獻。經篩選出其中最密切相關的論文後，獲得第四批論文。
- 閱讀文獻的流程參考圖8的示意圖，第一階段的目標，是宏觀而粗略地鳥瞰研究主題所需要注意到的所有問題面向、觀點與派別，其細部工作參見圖5。

- 進行第一階段的閱讀時，先從回顧型論文和相關博士論文的文獻回顧，建立起整體的了解，同時輔以科普級和專業入門級的參考資料，以增加吸收與理解；其次是逐篇閱讀各關鍵論文的摘要和引言，以彌補回顧型論文和相關博士論文的遺漏。
- 第二階段的目標是每次以一個流派為單元，深入了解各流派的方法特性，以及各流派所關注的問題面向與理由，最後並據此建立完整的「方法與應用場合特性對照表」。
- 在第二階段時，需要逐派略讀主要文獻的內文，以便粗略掌握各派的主要假設與大概的原理、應用上的限制條件、主要優點與訴求、潛在的缺點與造成這些缺點的可能原因，以便研判各流派的優、缺點，作為選擇研究方法或構思創新策略時的依據。
- 第三階段的目標是整理前述分析結果以及「方法與應用場合特性對照表」，據以提出創新的策略和研究構想；最後這個階段才需要把未來將要取法的關鍵文獻給徹底讀懂。

13

運籌帷幄——研究工作的策劃、進展與風險

一個研究生如果認真落實前面八章所論述的文獻回顧要領與流程，應該會獲得以下成果：(1)通過回顧型論文鳥瞰較大的視野，並掌握到各種研究子題之間的相關性；(2)在自己遴定的論文題目裡，完整掌握既有知識的邊界，清楚畫出創新的起點；(3)彙整出研究工作所需要的批判性觀點、角度與要領，扼要掌握既有知識的不足和疑點；(4)擁有一些創意和創新的策略，其中有些是和文獻無關的個人靈感或創意，有些來自於文獻的啟發，有些則是從文獻截長補短而發展出來的。

不過，這些創意與創新的策略，不見得是一個完整而不可分割的板塊，反而經常是像進行中的圍棋棋局：有些區塊已經確保無虞，有些區塊應該可以迅速攻占，有些區塊勝負難料，有些區塊則是早已淪陷於前人之手，而被發表成期刊論文或學位論文等。

那些還有機會攻占的區塊裡，有些貢獻太小，不值得繼續為它們花時間；有些學術價值很高，但風險也太高，很難攻克；有些區塊很難找到足夠的證據或嚴謹的論證，來證實其客觀的有效性，有些太零碎，很難和其他區塊連接成完整的系統性知識。

因此我們需要嚴格清點、盤查這些創意與創新的策略和構想，利用已經彙整好的批判性原則，逐一檢視上述的區塊，評估每一個區塊可能的學術價值，將它們連結成系統性知識的可能性，以及成功攻下這些區塊的機率和潛在的困難、風險，以便根據時間效益最大化的原則來決定取捨。接著，我們還需要將篩選下來的創意與創新的策略，加以組織成有機的整體，並據以完成未來整個研究工作的構想、細部規劃、研究發展步驟與具體的工作內容和流程，以及降低風險所需要的備胎方案。本章將會討論進行這些工作所需要的要領。

對於那些需要提交研究計畫書（research proposal）的碩、博士生，只要掌握住本章的要領，就可以產出一份嚴謹而富有創意的研究計畫；對於那些要用研究計畫書競爭獎學金或研究補助費的人而言，本章的要領可以引導他們產出具有創意和高度吸引力的研究計畫；對於那些想要申請頂尖名校博士班的人而言，本章的要領將可以引導他們產出具有高度說服力的研究計畫。

關於碩、博士論文計畫書的具體寫作要領，請參考書末的〈附錄1：碩、博士論文計畫書〉。至於其他用途的研究計畫書，則可以本章和〈附錄1：碩、博士論文計畫書〉的論述去撰寫，不再另文贅言。

評價創意，整併區塊，設定研究方向與核心目標

如果你認真落實前面各章所介紹的要領，那麼當你完成文獻回顧時，應該有不少創新的靈感或構想。你必須對它們進行篩選、取捨與整併，以便產出一個最具有潛在學術價值的研究構想，並且利用剩下的時間將它們發展成經得起其他學者反覆驗證的系統性客觀知識——就像前面幾章反覆提醒的，新穎性只不過是學術研究的基本要求或起點，而非終點；如果最後這些新穎的構想，無法被發展成可被反覆檢證的客觀知識，它們還是不具有學術價值的；假如它們最後變成是零星而無法連結的知識區塊，其嚴謹度與學術價值還是偏低。

至於研究成果的學術價值該如何評量，將會在下一章進一步討論。

一個沒有經驗的研究者，往往會不經審慎的評估、篩選與整併，有任何靈感就馬上一頭熱地探鑽下去，直到碰到瓶頸而放棄，或者在有新的靈感時，又未經深思遷移到新的焦點去挖掘；等研究的時限屆滿時，具體的產出只不過是一大堆無法達成嚴謹結論的殘局（猶如圍棋中沒有圍到子也沒圍到成地的「廢牆」）。可惜的是，學術界所承認的研究「成果」僅限於那些經得起他人反覆檢證的結論（conclusive results），而不包含證據不齊全或論證過程不夠周延的「半成品」（premature results）。因此，一個只有一堆「半成品」而沒有任何嚴謹結論的研究，和沒有任何產出的研究同樣欠缺學術價值——過去的努力幾乎等於是白忙一場。

為了避免最終是白忙一場，在完成文獻回顧之後，必須先從前述的靈感或創新的構想中篩選

出有機會在時限內產出嚴謹結論的部分，並且以其中潛在學術價值最高的部分為核心，去整併周邊有機會被嚴謹地論證的相關靈感或創新的構想，希望它們最後可以產出一整個區塊的嚴謹結論和系統性知識，並且達成最大的學術價值。

這個篩選與整併的過程具有不確定性和風險，因此整個研究的發展過程需經過審慎的評估、規劃以及風險控管，以便在最壞的情況下產出可以接受、而且在最好的情況下它的產出是最有學術價值的。

就一篇碩士論文而言，一般審查委員都把它當作一種學術訓練的過程，重在學習而不在成果，因此不會對創新有太高的要求，幾乎是任何創新都可以接受；至於論證過程與舉證的嚴謹性，只要疏失之處不要太過誇張，也通常會適度諒解，只要求在交出正稿之前一一更正。因此，只要落實本書前面的要領，彙整批判的原則和要領，並且從文獻回顧產出任何創意，通常都可以在最壞情況下，產出可以被口試委員接受的成果。

不過，如果是在全球頂尖名校念博士，就會被期待產出具有專業水準的成果，並且有在全球頂尖期刊上發表論文的實力。為了達成這樣的要求，博士論文的研究時間長（往往三至五年），研究成果在深度或廣度上必須達到一定的水準，因此要在完成文獻回顧之後，就準確評價各種靈感和創意的未來發展潛力與風險，有相當的難度。而指導教授的關鍵責任之一，就是協助博士生評估其創意的潛在價值與風險，提醒他注意、並且鼓勵他往風險低而報酬率較高的方向發展。

最保險的作法，就是找到一個近乎零風險的戰略高地，先立於不敗之地，再順著周邊的相關議題去攻城略池，擴大研究成果——這時候從回顧型論文鳥瞰大視野的心得就會派上用場，可以據以評估各種靈感和創意的關連性，以及整併成區塊狀成果的機會、難易和策略。

以柏克萊大學那篇有關基本工資的論文為例，它就有極佳的戰略高地：作者從醫藥療效實驗所借用來的統計方法設計，在經濟學界具有新穎性，而且該方法還被適度轉化與創新，以便將原本只適用於醫院的試驗方法加以轉化，以便降低社會統計中大規模統計資料與複雜干擾因素所可能會引入的誤差。此外，從方法論的觀點看，這個統計方法的設計，比經濟學界舊的方法更能精準控制干擾因素，因而其結論必然較可靠。主要的不確定性是結論到底會不會推翻數十年來經濟學界普遍接受的結論——如果結果推翻既有共識，這將是一篇革命性的論文；如果結果沒有推翻既有共識，它還是用遠比過去的文獻更嚴謹的方式，再度確認調漲基本工資的效應，因而有其不可忽略的學術價值。

因此，不論研究的結論如何，這個研究的結果都註定是值得經濟學界重視的——從研究方法或研究角度上占據優勢，以致不管最後的答案如何，其貢獻都不可被忽略，這就是最理想的戰略高地之一。

再以第6章所討論過的超導體研究為例，博士生塞克瑪的論文研究對象，是特殊超導體材料銅氧化物YBCO（釔-鋇-銅-氧）的結晶，研究的焦點是這種材料的表面磁場分布。這是高溫超導體領域極為熱門的議題，但是過去數十年來，學術界對許多理論上的預測無法取得共識，主要原因是欠缺高品質的磁場分布影像。為了解決這個爭議，塞克瑪在指導教授的國際人脈下，取得加拿大英屬哥倫比亞大學提供的高純度單晶體，使試片的磁場同質性高，因而磁場分布特徵遠比過去所使用的多晶體試片單純、清晰而鮮明。此外，為了精確擷取這個試片的磁場分布影像，她又在以色列魏茨曼科學研究院（Weizmann Institute of Science）的協助下，製作出高解析度、低噪訊的第三代霍爾效應感測器（Hall probe）。因為有好的試片和好的感測器，所以她才能發現新的磁場分布特徵，而證實某一個原本很熱門的理論預測是錯誤的。在這個案例裡，高精度的感測器和高純度的實驗樣本，就是使他們超越其他研究者的制高點；有了這兩樣「寶物」，他們就可以立於不敗之地。

如果能找到優勢的戰略要衝而立於不敗之地，當然很好，但還是必須進一步發展研究構想，以便將研究成果極大化。反之，假如沒有找到可以立於不敗之地的戰略要點，那就更加需要審慎發展研究構想，以便將研究成果極大化，同時將風險極小化。

盤點既有證據與疑點，規劃研究方法與步驟

一個具有優勢戰略高地的創意，如果沒有搭配周延的研究規畫、嚴謹的證據，以及多重視角下的豐富論證，其結果可能會大大失色，甚至可能會糟蹋了難得的創意。

例如，假定柏克萊大學的團隊將那篇有關基本工資問題的研究方法，告訴第2章中反面案例

裡的那一對糊塗師生，他們可能會在統計資料的擷取與研究設計上疏漏百出，而使得研究結果充滿可被質疑的弱點，並因而糟蹋了一個優異的研究構想。

幸運的是，只要你曾在文獻回顧的過程中，認真彙整完整的批判角度、觀點與原則，就可以用這些原則來批判自己的研究設計，並藉此使自己的研究設計與證據來源，都嚴謹到連專家都很難找出疑點——柏克萊大學的團隊在這方面的表現就可圈可點，單從統計數據的取樣過程，就看得出他們研究設計的嚴謹性與考慮的周全。

他們先分析既有文獻的結論，並且選擇了餐飲業作為研究對象（因為它是最大量使用低薪工人的產業，因此受基本工資影響最明顯），以便將基本工資方案的正面與負面作用同時極大化地呈現出來；此外，餐廳業在各個行政區域都有可觀的數量，因此研究的結論會較可靠。另一方面，他們還選擇了製造業（最難得使用低薪工人的產業，因此受基本工資影響最輕微）作為第二組研究對象，以便藉著兩組研究結果的對比，進一步印證結論的可靠性。

然後，他們分析了「當前人口調查」（current population survey）和「每季就業人口與工資普查」（quarterly census of employment and wages）兩種統計資料庫，比較其特性與適用性之後，說明採取後者的理由。此外，為了顧慮到工資調漲的效應有可能會延後反應（遲滯效應），他們在擷取統計數據作分析時，刻意擷取了較長時段的資料，以便杜絕反對者的質疑。

接著，為了以鄰近地區的比較來排除基本工資以外因素的干擾，他們從上述統計資料庫中，取出三一六對實驗組（有調漲基本工資的行政區）與對照組（沒有調漲基本工資的相鄰行政區），並且用地圖顯示其分布大致上均勻散落在全美境內。此外，他們分析全國各行政區的平均人口，與人口密度等統計特徵，以及上述這七三二個行政區的相關統計特徵，以顯示這七三二個行政區的統計特徵，與全國所有行政區的非常接近——意味著這三一六對實驗組與對照組，有機會充分反映全國的總體特性，而不致有值得質疑的抽象偏差。

在上述這些統計資料取樣過程的設計裡，他們充分考慮到過去各種研究的主要共識，以及爭論的焦點，以便用這些抽樣資料所發展出來的研究，可以經得起各種可能的質疑。

在這牢固的基礎上，他們先出示證據，證明傳統的研究方法會受到基本工資以外的經濟因素影響，而作者所提的新方法則不會受類似因素的影響，以此顯示新的方法確實比傳統方法更能有效排除基本工資以外的影響。接著，他們以鄰近行政區的取樣資料進行分析，而獲得「適度調漲基本工資不會明顯導致弱勢勞工工時的下降」這個結論。

一般沒有經驗的研究者會在這裡結束研究，並交出結論，但是柏克萊大學的團隊卻繼續設計和展示許多組的統計分析，從各種可能會被提及的角度，來交互確認傳統研究結論的偏差，並且反覆驗證他們所提新穎方法下的結論，以便讓讀者相信「適度調漲基本工資不會明顯導致弱勢勞工工時的下降」這個結論的嚴謹性與可靠性。例如，他們的研究顯示：當原始統計數據有偏差時，前述結論仍舊不變而具有穩定性（robust test）。此外，他們也分析了調漲工資的效應在時間上的動態反應，以及時間延滯效應對結論的影響等，藉此進一步排除其他可能的質疑。然後，他們又把研究對象擴及其他低薪工人比例較高的旅館、自助餐、酒吧、零售業等餐飲相關業，發現結論仍舊不變。

最後，他們以這些不同角度的檢視與論證為基礎，提出最終結論：調漲基本工資不會明顯提高弱勢勞工的失業率；傳統上誤以為調漲基本工資會導致弱勢勞工失業，那是因為他們的取樣方法沒有能力排除工資以外因素的影響所致。

也就是說，他們不是只從自己偏好的研究角度去獲取結論，還從所有可能會被質疑的角度去自行檢證，提出證據來排除質疑，並且還提出證據指出傳統方法的誤差來源。

首先將醫藥療效實驗的方法引入基本工資問題的學者，並非柏克萊大學的團隊；但是他們的論文卻成為近年來有關這問題的「必讀」文獻，就是因為他們把一個富有創意的研究方法，發展成一套最嚴謹而周延的研究程序和步驟，而獲得最嚴謹、客觀，經得起各方反覆檢視、質疑確認的結論。

他們的這項成就並非全屬個人的聰明與創意，更多的成分是來自於分析與彙整前人的經驗與智慧。

評估可行性、預期成果、風險與備胎方案

可行性的評估包括證據取得的難易、成本與及時性，難以取得、成本太高或者曠日廢時的證據，可能都不是有限的時間與經費下所允許的；更糟的情況則是期待的證據根本不存在，或者

品質有問題。不管這些證據的取得方式是實驗、田野調查、抽樣的統計調查，或者既存的統計資料庫等等，一旦有較具體的研究構想或規劃時，就必須要盡快評估其取得的可能性與風險，以便決定是要修改研究方法，避開證據品質不佳或取得困難的風險；或者是要準備好備胎的資料取得方案，在不得已時至少有確定可以取得的必要證據，且不要太嚴重損及研究成果的學術價值。

其次要評估的是計量方法的可行性，或者是實驗方法的可能性。所謂計量方法的可行性中，最常見的問題是，方程式是否存在有正確解，或者是否有可靠的電腦分析軟體和數值解——學術界的激烈競爭存在已經數十年，許多容易被想到的研究構想之所以還沒被發表，或者是因為沒有研究的價值，或者是因為求解的過程需要太艱深、困難的數學工具或理論，這些都有可能成為研究過程中難以跨越的障礙。此外，工程界為了提高解決方案的執行效率，往往會需要先以人力求出正確解後，再帶入線上程式，而不可以用線上程式直接去硬解一整套極其複雜的非線性方程組，然而這個要求也不見得總是有辦法達成的。至於實驗的可行性，有時比方法的可行性更難評估，往往因為在發展研究構想時，忽略了一個細節，最後導致實驗無法完成，或者結果的可靠度或精確度遠遠不如預期。

在規劃階段就能預見所有可能的瓶頸與風險是不可能的，但是事先投入一部分心力去評估，以便盡量降低風險，或提前構思備胎方案，絕對符合成本效益。尤其在以研發成效決定勝負與存亡的企業界，研發案的成功率往往取決於計畫案的核准過程是否有嚴謹、合宜的可行性評估和風險控管能力。因此在研究所階段就開始培養自己這方面的能力，絕對有助於未來職場上專業能力的發展。

再以史丹福大學的博士生塞克瑪為例，她的學位論文研究就面臨著比較高的風險，因此需要有較嚴謹的可行性評估與風險控管。她的博士論文研究有兩個很好的制高點：高純度的單晶體試片和高解析度的次微米級磁場感測器，因此有機會在實驗過程發現新的現象，證實或駁斥熱門的既有理論。她的研究目標也很明確：一共要進行三項實驗量測與分析，其中前兩項實驗的目的是要核驗一個二〇〇一年剛發表的熱門理論，第三項實驗是要驗證一項一九九一年就已經被提出來的著名理論公式。

為了降低風險，塞克瑪嚴守著她和指導教授最擅長的實驗物理，並且在文獻回顧上充分掌握相關的最新理論進展。這個研究可預期的成果，大致上正比於量測設備的精度，因此她首先致力於提升實驗儀器的解析度與精準度（這是該實驗室一向最擅長的致勝利器）。她先是在指導教授所仲介的人脈協助下，設計並製造了新一代的次微米感測器，還發明了一個裝置來降低噪訊的干擾，並且從理論與實驗兩個角度，研究了感測器的最佳尺寸。由於實驗設計的精進，她成功地完成前兩項實驗，獲得比前人更確切的證據，證實二〇〇一年發表的熱門理論有問題，至少需要重大的修正。

接著她進行第三項實驗，可惜儀器的實際量測深度遠低於理論上的預期值，以至於最後的實驗結果在解讀上具有不確定性，只能用來質疑一九九一年的著名理論公式，尚不足以確鑿地否定該公式。不過，當研究成果不如理想時，不必立即放棄；應該根據實際的成果研判可以朝哪個方向下結論，以便「退而求其次」達成學術價值稍低的結論。塞克瑪就把「否定」前人的理論改為盡可能彙整所有證據，提出最強有力的「質疑」——這就是一種很好的「備胎方案」。

另一方面，二〇〇三年就已經有人早一步發表類似的質疑了——這是競爭激烈的熱門研究題目上，經常發生而無法預測或避免的事。幸而二〇〇三年發表的成果使用特質不同的試片，質疑的角度也不同，因此只略微減損塞克瑪研究成果的新鮮度（衝擊性與貢獻），而不致完全抹殺它的學術價值——如果你研究的課題很熱門，規劃題目時要盡量和既有研究成果保持一定的距離，和夠大的跨距，這是降低風險的最佳策略。

最後，在第6章裡她報告了一個前所未有的意外發現，她仔細描述了這個現象，並且從既有理論中找到有關這個現象的合理解釋，從而豐富了物理學界對銅合金高溫超導體現象的了解。不過，這現象與既有理論相合，只能算是既有理論一個有價值的佐證，但非革命性的，也不算是重大發現。

結語

研究工作常被比喻為採礦，因為兩者都是高風險，具有高度不確定性的工作。此外，為了降低風險與不確定性，兩者都需要有好的計畫和風險管理。

礦業界的作法是先通過最低成本的方法，篩選出礦體質與量都可能最佳的候選礦址，再逐步採用成本越來越高、可靠性也越來越高的方法來篩選礦址，直到確認該礦體是否值得開採為止。例如先從已往的調查報告，現有的地質圖、地形圖、航照圖與衛星圖，進行初步的綜合研判，並準備好調查區域的地質圖；接著進行空中的地球物理測量，並安排地面探礦事宜；然後再進行地面的地質、地球物理及地球化學探勘；最後才是成本高昂的鑿探勘井，到地底去採樣，以便取得礦體質與量的直接證據。

同樣地，為了降低學術研究或產業研發的風險，也是要步步為營，一邊發展研究構想，一邊評估可行性與風險——從創意的構想、理論的可行性、證據收集的可行性，以至於方法演繹或求解過程的可行性，每個階段都會產出新的資訊或證據，而排除前一階段評估過程中的一部分不確定性，因而在每個研究的進展階段裡，不斷更新可行性評估與備胎方案，並且根據實際需要調整研究發展方向，這才可以把風險降至最低，且同時把研究成果極大化。

本章重點回顧

- 在完成文獻回顧，彙整批判的原則，並且產出各種研究的靈感與創意之後，接下來必須將它們整併、發展成嚴謹的研究構想，評估其可行性，並且以備胎方案等手段進行風險控管。博士研究曠日廢時，更加必須如此，以免浪費太多時間在缺乏學術價值或者風險太高的研究方向、構想上。
- 篩選、取捨與整併研究創意或構想時，四個關鍵的原則是：(1)能否產出可被反覆檢視的確切結論，(2)能否整併成系統井然的區塊，而非零碎的發現，從而提升其嚴謹度與學術價值，(3)優先評估、發展學術價值較高的議題，(4)避開風險太高或可行性太低的議題。
- 一個好的研究構想還需要搭配嚴謹的研究規畫，才能充分發揮其潛在的學術價值。尤其是要能夠顧及各種可能的正反面證據，以及不同角度、觀點、派別的質疑，從多元的角度提供周延的證據來支持其結論，或者讓解決方案有較寬廣的適用範圍，或對干擾因素較強的耐受性。幸運的是，只要你曾認真在文獻回顧的過程中，彙整完整的批判角度、觀點與原則，就可以用這些原則來批判自己的研究設計，豐富並強化自己的研究設計，充分體現其潛在的學術價值。
- 可行性的評估包括：證據取得的難易、成本與及時性——不論這些證據的取得方式是實驗、田野調查、抽樣的統計調查，或是既存的統計資料庫等等。其次要評估的是，計量方法的可行性，或是實驗方法的可能性；包括方程式是否存在有正確解或可靠的數值解，或避免因為忽略了某些細節而導致實驗無法完成，甚或結果遠不如預期。

- 要在規劃階段就預見所有可能的瓶頸與風險是不可能的，但是事先投入一部分心力去評估，以便盡量降低風險，或提前構思備胎方案，絕對符合成本效益。尤其在以研發成效決定勝負與存亡的企業界，研發案的成功率往往取決於計畫案的核准過程是否有嚴謹、合宜的可行性評估和風險控管能力。
- 最佳的研究發展策略，是先找到一個近乎零風險的戰略高地，立於不敗之地，再順著周邊的相關議題去攻城略池，擴大研究成果。如果研究的課題很熱門，規劃題目時盡量和既有研究成果保持一定的距離，和夠大的跨距，是降低風險的最佳策略。
- 當研究成果不如理想時，不必立即放棄；根據實際的成果，研判可以朝哪個方向下結論，以便「退而求其次」達成學術價值稍低的結論，就是一種很好的「備胎方案」。

14

為山九仞——整併補強，鞏固戰果

完成嚴謹的研究計畫之後，接下來就是按照擬好的研究步驟，逐步推展理論、搜尋相關證據，並且根據實際的發現與需要，調整待證實的命題或原擬的解決方案。如果證據的取得有困難，或者理論的推展有預料之外的阻礙，就必須據此適度調整創新的策略與研究構想，並同時調整未來的工作計畫。此外，如果發現意料之外的新現象或新證據，有可能循線發展出很有學術價值的研究成果，也同樣必須經過評估後，重新調整後續的研究計畫。這些工作的流程和要領，都和前一章的論述大同小異，毋須再贅述。

不過，在研究的時限將屆之前，必須留下足夠的時間來盤點既有的成果，檢討其中可能有的一切弱點，以便用剩下的時間，補強證據和論證的嚴謹度，徹底清除各種可能的疑慮和質疑，以便鞏固既有的戰果，盡量減少無法下結論的殘壘。如果過度戀戰而沒有積極鞏固戰果，最後可能只獲得一些有瑕疵的結論，並因而違背了學術界「重質而不重量」的首要原則。

盤點既有成果的第一步，就是補齊最新的文獻，以便確定所有的研究成果中，哪些已經被發表過了。一旦有任何部分已經被發表過，或有過類似的成果被發表，就必須切除其中重複的部分，衡量剩下的部分該如何處理：深化或拓寬研究範圍，以便形成有價值的完整區塊？還是只剩雞肋而食之無味，乾脆全部切除，將剩下的時間與精力用來鞏固、深化其他更有價值的成果？此外，其他成果中證據不足，或無法完成嚴謹演繹、分析的部分，也要考慮是修改命題與適用範圍，以便保留其中一部分，嚴謹地完成證據彙整與論證；還是要加以切除，以免留下重大的瑕疵反而招惹沒必要的攻擊？

最後，盤點剩下的戰果，重新調整實驗設計、統計分析或示範案例，包括將參數設定在最有利於本研究的範圍，以便充分突顯本研究成果的關鍵性優點，讓讀者可以一眼就看出這個方法的價值。

這些工作攸關論文撰寫與學位口試的成敗，也是整個研究過程中「為山九仞」的最後一簣——這些工作如果做得很紮實，論文的撰寫過程就會理路清晰，證據確鑿，論述嚴謹而鞭辟入裡，而且口試時對答如流，完全不需要懼怕口試委員。

我在劍橋大學交出博士論文草稿後，請教指導教授：「要如何準備口試？」他沉思了一會兒，然後給了我一句終生難忘的回答：「別讓口試委員問到任何一個你不曾想過的問題。」(Don't be asked any question that you've never thought of.)——只要你認真做好上述工作，口試委員的問題你應該都已經想過，不該寫在論文中的弱點已經都切除，論文中所呈現的研究成果都已經備妥嚴謹的證據和演繹、分析、論證，所以你完全不需要害怕或後悔。

補齊文獻，盤點戰果——要多少篇文獻才夠？

碩、博士生在論文口試時，最常被問到的問題很可能是：「你的論文最主要的貢獻是什麼？」這個問題可以被細分成兩個部分：(1)你的論文有哪些（新穎）的貢獻？(2)其中最重要的是什麼？後者牽涉到學術貢獻的價值高低或含金量，我們留待下一節再討論；這一節先討論第一個問題：你如何確知自己的貢獻？

一篇學術著作的成果，基本上就是這篇著作呈現的所有知識，再扣掉其中已被前人發表過的一切知識，剩下的就是這本學術著作的「貢獻」——就算你的研究成果完全是自己發展出來的，只要在你提交論文草稿的前一天有人發表過，貢獻仍是完全屬於別人，與你無干。因此，要回答第一個問題，關鍵就在於掌握最新的相關文獻，以及相關學術領域的最新進展（state-of-the-art）。

此外，如果你不了解學術界的既有文獻與最新發展，而在論文中納入早已被發表過的研究成果，就會被口試委員質疑：你是抄襲前人，還是沒有認真做文獻回顧？抄襲前人是學術界最大的禁忌，最嚴重時可能會被追回已頒授的學位；文獻回顧有大的瑕疵也是個不小的問題，因為那是學術研究的基本要件。

因此，隨時掌握學術界的最新動態，不要浪費時間去重複研究已經被發表過的議題，這是學術研究的第一要務。我們甚至可以毫不誇張地說：學術研究始於和既有文獻對話，終於和既有文獻對話。

有趣（或許可悲）的是，儘管文獻回顧如此重要，絕大多數碩、博士生畢業後，還是不知道該怎麼回答一個根本的問題：文獻回顧要做到什麼程度才算及格？有人說碩士論文的參考文獻至少要一百篇，有人說博士論文的參考文獻至少要五百篇。這些回答都很膚淺。

其實，學術界大致上有這樣的共識：論文的第一章，必須明確宣告論文的題目與研究的範圍，在這個範圍內的關鍵論文，你都必須要讀過。或者說，會影響你的研究結論的文獻，你至少都要仔細讀過與你相關的段落，且精確地加以了解。

學術界甚至還有這麼一個默契：當研究生在論文第一章裡明確宣告某些問題「不屬本研究之範圍」時，他就可以不去研究、回答該問題，也不需要去閱讀相關的文獻；而口試委員若問起相關的問題，不論研究生的回答是否正確，只能拿來加分而不能拿來扣分。

所以，你在論文第一章宣告的研究範圍愈廣，或者你宣告的研究成果愈多，你必須負責舉證以確認其正確性的範圍就愈廣，而且你所需要精熟的文獻範圍也愈廣。論文口試有時被稱為

'defence'或'oral defence'，意思就是為你論文中的結論「辯護」、「防衛」，而口試委員的職責則是攻擊你的弱點，質疑你的結論或研究方法。當你宣告的研究範圍愈小，或者你宣告的研究成果愈少時，你需要防衛的範圍就愈小，所需要精熟的的文獻範圍也愈小。

因此，不論是為了縮小文獻回顧的範圍，或口試時必須防衛的範圍，你的研究範圍愈小、研究成果愈是集中在一個狹小的範圍，對你愈有利。基於這個理由，在相同的研究成果與學術貢獻的前提下，深而窄的研究類型，遠比寬而淺的研究類型更有利。

我們在前一章反覆強調要把研究的議題系統化、連結成區塊，而不要流於零星瑣碎，不要輕易延長戰線，也是因為這個道理。

若是一位經驗老到且功力深厚的學者，他會在選研究題目時，就精準畫出一個緊湊的研究範圍，針對它補齊最新的文獻，然後一路克服各種堅硬地層，筆直往下挖掘，直到挖出所有高質量的礦石，過程中幾乎不浪費分毫力氣去閱讀跟最後成果無關的文獻，或者浪費精力在探索最終無法下確切結論而必須割捨的半成品。

但是資淺的研究者就不得不在開始時畫一個較大的範圍，先從回顧型論文鳥瞰全局，再把研究範圍縮小到最有機會突破的範圍；然後從文獻回顧彙整批判的法則，並發展創新的策略，再從這些創意中篩選、整併出學術價值最高且風險最小的區塊，以便進行深掘。接下來，研究過程中，可能會有無法突破的難關，或者收穫小於預期的變數等難以預見的問題，只能盼望最後的研究成果仍足以達到學位授予的標準。如果從一開始的研究範圍就畫得太小，以致最後階段才發現有把握可以防衛的結論太少，那就後悔莫及了。

因此，資淺的研究者在進行文獻回顧和設定研究範圍時，無可避免地是由寬而窄。為了盡量減少浪費的時間，策略上就要由淺而深——先粗淺地進行大範圍的文獻回顧與思索創意，繼而逐漸縮小範圍並深化思考與創意，往含金量最高而風險最小的地方深掘，就如第12章圖7所示。

到了最後這個階段，認真的研究者已經有能力研判，哪些成果可以被確切下結論，並且在口試時防衛，以及它們個別的學術價值。這時必須衡量剩下的可用時間，從既有成果中挑出有把握可以下結論且學術價值較高的部分，加以整併成完整區塊，並且把它看成最後的研究範圍，密集補齊所有相關的關鍵文獻，以便確認這些研究成果沒有與既有文獻重複，並且從學術界各種既有的批判角度檢視其弱點，以便確認是否有需要在論證或經驗證據上加以補強的地方。

不過，哪些研究成果學術價值較高？哪些成果較值得在最後階段花時間去補齊證據與論證，使它們可以經得起一切可能的批判與反覆檢證呢？這是下一節要討論的主題。

論文的含金量——學術價值的衡量原則

學術界在衡量各種創新與貢獻的價值時，通常是從影響的廣度、強度與創新的難度等三個角度加以評鑑：(1)如果這個新穎發現的結果是修正或顛覆已知的定理，則受到該發現所影響的領域愈寬廣、被影響的人愈多，貢獻愈大；如果它的結果是開創一個全新的領域，則在它的基礎上，可以繼續開啟的知識領域愈寬廣，對人類的認知與生活影響愈大，貢獻愈卓著。(2)該創新對既有知識與實踐的衝擊愈強，所導致的改變或修正的幅度愈大，貢獻愈大。因此，徹底顛覆一個公認的定理，貢獻遠大於略為修正該定理。(3)該創新的難度愈高，完成它所需的創意和專業能力愈罕有人能企及，貢獻愈大。

因此，應用範圍寬廣的基礎研究，往往比針對特定情境設計的應用研究更被重視，使用大量艱深數學的理論研究，往往比花苦工印證理論的實驗工作更被重視——除非這個實驗的設計別有巧思且需要高深的理論背景。

因此，「移動物體偵測」技術比起「監視器中的移動物體偵測」技術，顯得更具有學術價值，因為前者的適用範圍較寬廣。而「行人偵測」也比「監視器中的移動物體偵測」技術具有更高的學術價值，因為前者通常假定攝影機是裝置在汽車上，目的是自動偵測行人的位置與移動軌跡，以免撞上行人，因而困難度遠遠高於後者——汽車上的攝影機也在高速運動，因此要偵測移動物體，比靜止的監視器更難。其次，行人偵測牽涉到人命，不能容許誤判；而監視器中的移動物體偵測，往往只是為了防盜或其他較不重要的應用，因此可以有較大的容錯空間。此外，行人偵測的經濟價值高，對產業與經濟的衝擊大，所以競爭也較激烈，而關心的人也相對較多，所以影響也較大。

這些衡量學術價值的原則，不僅適用於理工學院和其他的計量科學，也適用於其他質性研究的學術分支。例如一篇研究「台灣社會貧富差距擴大之成因」的論文，可能無法在國際學術界引起注意，但是一篇研究「中國社會貧富差距擴大之成因」的論文，卻很可能會在國際學術界引起廣泛的注意，因而有較大的學術價值。第一個原因是中國問題對全球的影響遠超過台灣，所以會比較引人注目，而在學術界引起較大的影響——即便兩篇論文的研究架構、研究方法與創意大同小異，結果仍是如此。其次，中國的經濟規模大，社會歧異性大，且市場機制受到宏觀調控影響，其貧富差距的形成機制遠比任何已知的經濟學理論更複雜，因而研究起來難度較高，且產生新穎知識與挑戰既有理論的機會非常大，甚至有機會開創新的研究分支、領域，所以它的學術價值當然就比較高。

不過，這絕對不意味著台灣問題的研究成果無法登上國際學術舞台。如果你的研究結論足以推翻國際學術界普遍接受的重要理論，並且將這個研究的條件抽象化、普遍化，變成是任何中小型新興工業國家必然會遭遇到的一個問題，這個研究的學術價值就絕對值得國際學術界普遍關注。例如，「中小型新興工業國家中貧富差距發展趨勢之比較性研究」，或者「中小型新興工業國家的外銷導向發展模式對貧富差距的影響」就是一個「立足台灣，放眼國際」的好題目，如果可以從研究過程中，歸納出可供東歐與東南亞等新興工業國家普遍參考的重大發現，其學術價值絕不會亞於「中國社會貧富差距擴大之成因」這樣的題目。

典範轉移與衝突

學術界面對上一節的評量原則時，基本上有很高的共識；但是真要具體為一篇論文的學術價值評分時，拿捏的輕重難免會有些因人而異的變化空間——其中的影響因素，包括評審對該領域知識的熟悉度、個人的派別與偏好等。尤其在一個革命性理論的創立之初，絕大部分的證據仍舊支持舊的理論，而支持新理論且否定舊理論的證據仍不充足時，新理論尤其容易被存疑或質疑。例如愛因斯坦在一九〇五年發表狹義相對論，並且在一九二一年因為光電效應而獲得諾貝爾獎，但是他在一九五五年過世之前，卻不曾因為相對論而獲得諾貝爾獎。好在這種極端的案例，畢竟是屬於計量科學的例外時期（一個革命性理論或全新理論的草創期），而非常態——套用湯瑪斯．孔恩（Thomas S. Kuhn, 1922-1996）的術語，這是屬於「典範轉移時期」的「常態」，但是並非典範確立之後的常態。

另一方面，計量科學的評價標準，通常較穩定而不受個人的主觀因素影響，偏重實證方法與客觀證據的質性研究亦然。社會學創始人涂爾幹（Émile Durkheim, 1858-1917）在一九八七年發表代表作《自殺論》（*Le Suicide: etude de sociologie*），首先運用了統計學等量化分析的方法，並且證據確鑿地說服學術界：自殺是一種社會行為，而非純然由個人因素決定。這個貢獻沒人敢質疑或低估。此外，人類學家馬凌諾斯基（Bronislaw Malinowski, 1884-1942）首先以嚴謹的實證主義精神，建立起客觀的人類學研究方法，包括使用統計圖與族譜圖，以及參與式觀察等田野調查的方法和規範，這些貢獻也沒人敢質疑或低估。孔恩的「典範」觀念雖然曾經一再遭受「不確知其意涵」的質疑，但是他對學術界的貢獻，仍然受到國際學術界普遍的肯定。

但是有些質性研究的學術分支，偏重觀念上的批判與創新，而對客觀證據的提供與論證過程要求相對較低，就比較容易對一篇論文的學術貢獻出現兩極化的評價。例如，劍橋大學在一九九二年討論是否要授予法國哲學家德希達（Jacques Derrida, 1930–2004）榮譽博士時，曾引起極大的爭議；教授群中有人質疑德希達的思想荒謬，最後只好罕見地動用表決，並以三三六票對二〇四票通過該案。不僅如此，連英語學術界的左翼思想泰斗喬姆斯基（Noam Chomsky, 1928-）也抱怨過法國的解構主義，說它思想曖昧不清，不知所云。

法國的解構主義和後現代文化批判，之所以會招惹來兩極化的評價，主要是因為他們的論述非常具有啟發性，然而他們的論述與結論卻不見得具備「無可質疑」的必然性，或者說他們所提供的證據和論述，未能滿足某些學者對「客觀性」的要求；偏偏他們的論述又經常是在批判其他學術領域的基礎共識，因而常會引起爭議和反擊。

例如專長數學與物理的艾倫・索卡（Alan Sokal, 1955-）就對美國後現代文化批判學界的某些論述不滿，而模仿該學術圈內慣用的術語和文風，胡謅了一篇論文，指稱物理學界的「量子重力學」（quantum gravity）領域是純屬「語言學與社會的建構」，而不具有客觀的實在性。他將這篇論文投稿到由美國文化研究學界頂尖學者主編的期刊，該文在一九九六年被刊登之後，他才公開說該文全屬胡謅，充滿對量子重力學的錯誤認識——他並以此質疑該學術期刊是否具有學術界必須具備的客觀嚴謹性。事後，科學界、社會學界與哲學界對此「索卡事件」（Sokal affair）的審視角度不一，評價也各異，各自反映其核心關切與學術基礎共識上的差異。

這項爭議不僅突顯英美學術界和法國學術界的文化差異，以及他們對於「學術」的不同理解，同時也反映著不同學科對於「學術」的不同理解。

但是，除非有人蓄意跨領域去主動討戰，否則絕大多數學術領域的評價標準，都還是有一個可以被揣摩出來的核心共識，即使是資淺的研究人員，也可以從大量閱讀特定期刊的論文，揣摩出該期刊的評價標準。此外，即便像基本工資問題這樣擁護與反對者立場鮮明的議題，兩派主要的質疑點，以及雙方不得不共同承認的證據和論證過程，都還是隱約有些跨派別、立場的客觀準繩，以及評價的標準。

因此，不需要對學術評價的主觀因素過分介意，只要在閱讀文獻的過程，努力去分析每一篇期刊論文可能的貢獻，揣摩其可能之價值高低，就可以逐漸建立起評估該領域內各種學術成果的能力。對於立志要在學術界發展的研究生而言，這更是一項必備的能力。

整併補強，鞏固戰果

當你評估最新的學術現況、既有研究成果的潛在學術價值，與補強其瑕疵與弱點的難易度後，就該果斷決定好取捨的原則，盡速切除太難獲得確切結論，或不值得花力氣去鞏固的成果，並將其餘的加以整併。

然後，根據你最新的評估，先重新調整研究的命題、研究範圍、基本假設、演繹與論證過程，以及研究成果的適用範圍；接著再度批判性地仔細檢視你的證據與論述過程，挑出其中所有的弱點與疑點，想出補強的策略，並設法盡速補齊必要的證據與論證過程，直到你再也找不出其中的瑕疵或弱點為止。

必須要注意的是，當你在評估最終研究成果的適用範圍時，必須盡可能精準：如果你過度保守地低估它的適用範圍，將會在撰寫論文時也誤導讀者（審查委員）低估它的學術價值與貢獻；當你過度樂觀地高估它的適用範圍，卻沒有能力提供嚴謹的證據和論證時，無異於搬石頭砸自己的腳，自己招惹攻擊（invite attack）。

直到完成這些最後的工作後，研究者才終於可以百分之百確定了研究的範圍、相關的假設、命題或解決方案的適用範圍，以及必須精準掌握的文獻回顧範圍。這時候，它們可能已經跟剛開始進行文獻回顧時的認知，有很大的差異。

有趣的是，沒有經驗的研究生在閱讀期刊論文時，往往會直觀地以為作者是先有明確的論文題目與研究範圍，接著提出各種假設，然後有條不紊地提出證據，接著機械化地進行公式的推導與演繹，最後順理成章地達成結論。事實不然，不管是理工學院或其他計量科學，還是質性研究，實際上都是根據最後有把握可以捍衛的結論，來寫這個研究的範圍，將捍衛結論所需要的條件當假設與前提，將捍衛結論所需要的證據當成已知的事實。

也就是說，所有的研究基本上都含有「先射箭再畫靶」的成分，在最後階段是先確定結論與適用範圍，再反過頭來定義論文題目與研究範圍。或者更精準地說，是先根據初步的資訊畫個大概的輪廓，再一邊進行文獻回顧與研究，一邊調整論文題目、研究範圍與假說、假定條件等，直到最後階段才敲定上述所有的項目。

因此，一篇看起來條理井然的期刊論文，實際研究過程可能是錯誤百出，一再誤判與調整，直到最後才眉目清晰而毫不含糊，並且假設、研究範圍、證據、演繹過程、結論與適用範圍之間，具有嚴密的先後一致性，其嚴謹度終於達到密不透風的紮實程度。

當你達到這些最終的結論之後，重新仔細評估你的成就成果，包含它的優缺點與主要貢獻；接著根據這個評價重新調整實驗設計、統計分析與示範案例中的參數，以便藉著示範案例來彰顯這個研究的成效。

實驗與示範案例設計，突顯戰果

實證科學通常需要經由實驗、訪問調查或田野工作，來驗證一個假說或一套解決方案的有效性，以及其可重複檢證的客觀性，和假說或解決方案的有效範圍，而數值模擬則是在經費或時間限制下，無法進行實驗時的替代品。

有時候一項假說或解決方案的優點，可以從其理論架構就獲得確認，但是其相對於既有理論的改善幅度就必須要靠實驗、數值模擬或田野調查來確認。因此，示範案例或實驗設計的參數選擇，可以對審查委員和讀者產生很大的引導作用，並影響他們對研究成果的評價。

不論你是要驗證自己所提出來的假說或解決方案，實驗設計基本上都必須要兼顧四大要領：(1)為了充分突顯你所提理論或解決方案的優點，可以設計一個或數個示範案例或實驗，用以呈現你所提理論或解決方案的表現，並且拿它跟既有方法（理論）中表現最佳者作比較，以便清楚突顯你研究成果的優越程度。(2)為了達成前述目的，選擇對你的研究成果最有利的實驗條件，或者對學術界既有理論（方法）最不利的條件，以便讓你企圖驗證的現象表現得最鮮明、突出；(3)如果某些干擾因素或雜訊的影響，對你的研究成果不利，設法隔離或排除它們，以便將其效應壓抑至最低；如果你的研究成果，耐受某些干擾因素或雜訊的能力特別優越，設法強化它們，以便突顯你的研究成果的穩定性。(4)如果前兩項目標有衝突之處，先設法在實驗設計上排除或降低衝突的程度，然後再選擇最佳的實驗條件，以便在兩個衝突的目標之間取得最佳的平衡。

想要選出最有利的實驗條件，就需要理論的預測與引導，或者至少要有言之成理的判斷依據，而不能是「想當然爾」或「碰運氣」。如果沒有理論的引導，用地毯式搜索的方式去求證你要驗證的現象，在學術界通常會被形容為粗暴的手段（brute force method），因為它經常是浪費時間與精力，以致事倍功半。

反之，假如你有能力設計出具有創意的實驗機制或程序，排除掉大家公認很難排除的干擾因素和雜訊，或者大幅度改善前述的目標衝突，對你的研究計畫將是重大的加分。

本章重點回顧

- 一篇學術著作的成果，基本上就是這篇著作呈現的所有知識，再扣掉其中已被前人發表過的一切知識，剩下的就是這本學術著作的「貢獻」——就算你的研究成果完全是自己發展出來的，只要在你提交論文草稿的前一天有人發表過，貢獻仍是完全屬於別人，與你無干。
- 論文的第一章裡必須明確宣告研究的範圍，在這個範圍內的關鍵論文你都必須要讀過。更明確地講，會影響你的研究結論的文獻，你都要仔細讀過且精確地了解。
- 論文第一章宣告的研究範圍愈廣，或者你宣告的研究成果愈多，你必須負責舉證以確認其正確性的範圍就愈廣，你所需要精熟的的文獻範圍也愈廣。
- 當你宣告的研究範圍愈小，或者你宣告的研究成果愈少時，你需要防衛的範圍就愈小，所需要精熟的的文獻範圍也愈小。但是你卻必須冒一個風險：最終的研究結果有可能少到無法滿足學位授予的要件。
- 在相同的研究成果與學術貢獻的前提下，深而窄的研究類型，遠比寬而淺的研究類型更有利。因此研究的子題必須盡量系統化，連結成區塊，而不要流於零星瑣碎，也不要輕易延長戰線。

- 學術界在衡量各種創新與貢獻的價值時，通常是從影響的廣度、強度與創新的難度等三個角度加以評鑑：⑴如果這個新穎發現的結果是修正或顛覆已知的定理，則受到該發現所影響的領域愈寬廣，被影響的人愈多、貢獻愈大；如果它的結果是開創一個全新的領域，則在它的基礎上，可以繼續開啟的知識領域愈寬廣，對人類的認知與生活影響愈大，貢獻愈卓著。⑵該創新對既有知識與實踐的衝擊愈強，所導致的改變或修正的幅度愈大，貢獻愈大。因此，徹底顛覆一個公認的定理，貢獻遠大於略為修正該定理。⑶該創新的難度愈高，完成它所需的創意和專業能力愈罕有人能企及，貢獻愈大。
- 除非是在典範轉移時期，否則計量科學領域在評價研究成果的學術價值時，其標準通常較穩定，而不受個人的主觀因素影響；偏重實證方法與客觀證據的質性研究亦然。
- 有些質性研究的學術分支，偏重觀念上的批判與創新，而對客觀證據的提供與論證過程要求相對較低，就比較容易對一篇論文的學術貢獻出現兩極化的評價。不過這種現象在學術界相當少見。
- 即便像基本工資問題這樣擁護與反對者立場鮮明的議題，兩派主要的質疑點，以及雙方不得不共同承認的證據和論證過程，都還是隱約有些跨派別、立場的客觀準繩，以及評價的標準。因此，不需要對學術評價的主觀因素過分介意，只要在閱讀文獻的過程，同時努力去分析每一篇期刊論文可能的貢獻，揣摩其可能之價值高低，就可以逐漸建立起評估該領域內各種學術成果的能力。

- 在研究工作的收尾階段裡，必須根據最新的學術現況評估研究成果，並重新調整研究的命題、研究範圍、基本假設、演繹與論證過程，以及研究成果的適用範圍；接著再度批判性地仔細檢視你的證據與論述過程，挑出其中所有的弱點與疑點，想出補強的策略，並設法盡速補齊必要的證據與論證過程，直到你再也找不出其中的瑕疵或弱點為止。
- 當你在評估最終研究成果的適用範圍時，必須盡可能精準：如果你過度保守地低估它的適用範圍，將會誤導讀者（審查委員）低估它的學術價值與貢獻；當你過度樂觀地高估它的適用範圍，卻沒有能力提供嚴謹的證據和論證時，無異於搬石頭砸自己的腳，自己招惹攻擊。

15

擲地有聲——學位論文的寫作要領

很多研究生以為自己能否畢業是看研究做得好不好，或者指導教授罩不罩他，和論文寫得好不好沒有太大關係。其實，你能不能畢業主要是看論文寫得好不好——研究做得好只不過是讓論文寫得好的先決要件，如果論文寫得粗劣不堪，研究做得再好也是枉然。

此外，一個為口試焦慮的博士生在網路上問：「能力超強，研究失敗，能拿博士嗎？」許多博士生都認為應該可以，但是沒有大學教授支持他。

你可以試著上網找任何一篇美國的博士論文，就會在論文標題頁的下半頁讀到：「本論文提交某校某系，作為滿足博士畢業條件的一部分。」接下來，口試委員的簽字處寫著：「謹此證明，我認為本論文的討論範圍和品質都符合博士學位論文的要求。」這些話合起來，意思很清楚：你能不能畢業，完全是看你的論文和口試表現，而不是你的研究能力。如果你的研究失敗，只好繼續做到證明你能做出成功的研究為止；如果你的研究做得好，論文寫得很糟，至少論文要重寫；如果論文寫得糟透了，口試也辭不達意，不論指導教授有多罩你，口試委員都難免要猜測那是溢美之詞，或者是有高人在暗中協助你做研究——那就是學術界最忌諱的「欺騙」。

反之，假如你已經有足以畢業的研究成果，也按照前幾章的要領去進行文獻回顧，彙整批判的法則，並且嚴密審視過自己的研究成果，據以調整過研究範圍、假設條件和適用範圍，則學位論文的撰寫並不難——它需要的不是「文筆」，而是「邏輯」和批判性寫作（critical writing）的能力，以及清楚掌握學位論文所需要達成的任務，和每一章所扮演的角色。

至於審查委員會希望學位論文具有哪些必備的要件，以及不可以有哪些缺失，那是下一章的主題。建議讀者把這兩章合併起來讀，相互參照、啟發，以獲得較完整的理解。

論文的文體、風格與任務

學位論文的任務，就是提出一個問題的答案或解決方案，向學術界證明它們的優點或新穎處，並且讓讀者確信這些發現具有不可忽視的學術價值，而且其客觀性經得起跨時間、跨空間、跨文化的反覆檢證。

更仔細地說，每一篇學術論文都是企圖向審查委員證明三件事：(1)這篇論文含有原創性的新知識、觀點、方法，以有條不紊的方式呈現；(2)這些新穎的知識、觀點、方法，對學術界的進步有實質的、不可忽視的貢獻；(3)它們可以被表述為有系統的客觀知識，有充分的證據和理論支持，經得起該領域專家的反覆檢視。

因此，論文的主要內容就是你的答案或解決方案，它們的假設、前提與適用範圍，從各種角度進行的反覆論證、釋疑與答辯，支持這些論證與論點所需要的證據，以及結論。至於那些不具新穎性或無助於提升學術價值的讀書筆記、研究過程、個人的辛酸與好惡等，都沒必要寫進去——甚至不該寫進去，以免妨礙讀者的批判性閱讀與理解，或者讓評審懷疑你對「何謂學術論文」的理解有問題。

為了「經得起跨時間、跨空間、跨文化的反覆檢證」，你的寫作風格必須清晰、精準，達到「凡具有專業背景之讀者，不論他所身處的時間、空間與文化，對該論文的理解都一致而無任何的歧異」。

其次，論文的風格必須是「批判式寫作」，行文過程必須隨時警覺到讀者可能會有的批判性檢視與質疑，並不時給予適切的證據、論證和說明，以排除讀者可能會有的不信任感或不確定感。更積極的作法，是根據文獻回顧時彙整出來的所有批判法則，從其他流派的角度批判地檢視自己的寫作，只要想像得出有任何被質疑的可能性，就預先備足證據與論證過程，主動釋疑。

最理想的目標，就是像希臘幾何學那樣，可以在充斥著各種懷疑論的古希臘社會裡，讓「有理性的人都不得不同意」——這幾乎是所有學術著作所追求的目標。

因此，計量科學的論文都盡可能使用該領域內慣用的術語，不得已而自創的名詞都加以定義，以避免含混或誤解；它們也將所有的假設（公設）都有系統地清列出來，並且嚴格敘述所有的實驗、統計抽樣、觀察的情境和條件，凡是其他讀者重複實現研究結果所需要的數據、數值都清楚交代；接著按部就班、逐一證明各種定理，而每一個推論步驟都嚴密到「凡是有理性的人都不得不同意」的程度。有些理工領域的頂尖期刊，更鼓勵作者將最重要的發現寫成定理和證明的格式，以降低讀者進行批判性檢視與核驗時的困難。

質性研究的論文風格雖然有很多種，但是注重實證的學術分支，都會隱含著幾何學證明題的精神——企圖說服讀者（或證明）某些新穎命題、觀點、方法的真確性或有效性，希望達到「有理性的人都不得不同意」的目標。即便有些句子的開頭用「本文作者認為」來表述主觀的意見，目的還是要嚴謹地區分客觀的事實和主觀的解讀，以便增進論文本身的客觀性。

為了以最嚴謹而有條理的組織結構來陳述、論證一個新穎的答案或解決方案，計量科學的論文都有著慣見的章節次序；它們是被審慎設計出來的，每一個部分都有它的功能和任務，而不只是「相因成習，虛應故事」。

質性研究的論文風格較多樣，但其中共通的部分跟這些計量科學的論文結構若合符節。因此下文將分析計量科學常見的論文章節與組織結構，闡明其目的與用意，以供其他領域的研究生參考。

至於更具體的細節和寫作要領，最好是找數篇主題相近的傑出論文當參考，模仿其行文風格，並分析其中要領，其成效應該會遠勝於讀一整本厚達數百頁的「學術寫作指南」。

摘要、研究內容與文獻回顧

一篇論文通常包含六個主要部分，依序為：摘要，導論或簡介，主要理論、研究方法與研究架構，研究結果與分析，討論與結論和參考文獻。每一部分各司其職，嚴密整合在一起，有其內在的關聯和邏輯。

摘要

摘要通常只有三、五百字，分成二至三段，篇幅盡量在一頁以內。你必須用最精準、簡潔的措詞說出研究主題、研究範圍、研究方法，研究的特色和主要研究成果。

摘要的功能類似廣告文宣，以有限的字數吸引關心該主題的讀者，讓他們知道牛肉在哪裡；但是摘要又很像是一張支票，你在摘要裡承諾的一切都必須在論文裡兌現。如果你寫得太低調，口試委員可能會忽略你論文的重點；如果你寫得言過其實，表示你沒有客觀評價研究成果的能力——這是欠缺「獨立研究能力」的具體表徵之一。

導論或簡介

論文的第一章通常是導論或簡介，大多分成三個小節，依序為：研究動機（或問題意識）與問題背景、文獻回顧，以及本研究之議題、研究項目與研究成果（或貢獻）。

在第一小節裡你必須清楚指出，本研究的主題與現實世界有何關聯，以及它在學術界的重要性，以便據此彰顯這個研究的必要性與價值。接著必須在第二小節回顧與這個研究主題有關的文獻，以便勾勒出既有知識的最前緣與不足處，藉此說明這個研究既非重複既有，也非可有可無。最後在第三小節陳述你所完成的研究項目和主要成果，作為這一章的結束和結論。通過這樣的論述過程，其實你是在依序說服讀者三件事：(1)第一節旨在宣告「這個研究主題很重要」；(2)第二節則是在宣告過去的文獻確實在這主題上有所斬獲，並逐步擴大、深化成果，但是還留下一大片重要的問題，等待釐清或解決；(3)第三節所描述的研究項目，剛好填補了這個文獻上的（重要）缺口，並且有具體的成果（突破）和貢獻。

研究主題、項目與成果

本章的焦點與結論在第三小節，你可以把它想像成一份契約書，你在這一節裡寫下研究項目和研究成果，猶如是在宣布你的戰果與貢獻，也等於是在對讀者承諾；因此，你必須在後面的章節裡用確鑿的證據證明，你許諾的每一項研究成果都不容置疑，絕無誇大不實之處，絕無一廂情願或含混籠統之處，絕對經得起任何專家的反覆檢證。因此，在你下筆寫這一章之前，必須先反覆檢視自己的每一項戰果是否都有足夠的證據來支持。此外，證據薄弱或不充分之處，你必須考慮切除掉而不去談它，或者明確宣告「它不在我的研究範圍內」，以免陷入沒把握的戰局。

按照學術界的潛規則，你也可以把它想像成是一份戰帖或是劃地盤，讀者（含口試委員）只能在你劃定的研究範圍內挑戰你，超出這範圍外的問題與你無關。這個地盤越大，你宣告的潛在貢獻越大，但是必須捍衛的範圍也越廣；這個地盤越小，捍衛起來越容易，但是絕不能小到無法產出足夠的貢獻。

文獻回顧

先寫完上述的第三節，再回過頭來寫第二節的文獻回顧，下筆才會精準而知所拿捏。這一節有三大目的：其一，描繪跟你的研究成果最接近的既有知識邊緣，讓讀者看到你的研究主題、範圍與成果，和既有文獻沒有重疊。其二，讓讀者知道你的研究成果與既有學術文獻之間的繼承與創新關係：它屬於哪一個學術分支，繼承了哪些研究方法和觀點，完成什麼樣的突破或創新，以及你不採用其他方法、觀點、流派的關鍵理由。其三，沿著前述繼承關係，扼要摘述過去至今、每一位重要貢獻者的關鍵性得與失，以便勾勒出從過去到今天的主要研究推展過程（和知識地圖）。

與此目的無關的文獻，不論你讀過多少，有多少心得，都不需要（也不應該）寫進去。

為了閱讀與理解的方便，原則上文獻回顧以整個流派為單位，逐一介紹；對你的研究方法或觀點影響越少的流派，寫得越簡略，甚至只要寫出該流派整體的原理、特色和優點，以及它跟你的研究目的不吻合的關鍵理由就夠了——但是你必須要有十足的把握，這個關鍵理由確實構成充足的理由。

你可以先簡略交代和你的研究取向距離最遠的流派與觀點，再用較長的篇幅介紹研究相近的流派與文獻，以便由遠而近，逐漸聚焦到你的研究主題、範圍和方法。在介紹相近（尤其是影響較深）的流派時，可以從較久遠的文獻談起，逐漸介紹到較新的文獻，以便引導讀者看清楚既有文獻目前的知識前緣落在哪裡，以及遺留下什麼問題。

在介紹曾取法的流派時，你可以藉著該流派的開山祖師去介紹該派的核心觀點、訴求和要領，以及開山祖師的一項主要成就和一項不足；而下一篇文獻剛好利用一個新的技術或觀點解決了這一項不足（缺點），並且留下另一個關鍵的問題（缺點）被第三篇文獻用某種新的觀點或技術解決；以此類推直到最新的文獻，而它所遺留下來的問題剛好是你的研究所要解決的。這樣的論述結構好學、好寫，而且邏輯清晰、流暢，易讀而不易誤解——不重要的先談，重要的留在後頭，所以讀者不會搞錯輕重與先後。

文獻回顧不是流水帳。在介紹一個流派時，要有能力掌握住該流派的主要訴求、特色與優缺點，並且藉著你所選的文獻展現該流派的關鍵性進展，與越來越豐富的觀點與技術內涵。審查委員從一本論文的文獻回顧有機會看出：作者掌握該主題相關知識演進的精準度與完整度——

很多國外名校的審查委員在讀完第一章之後，已經給了論文大致的評價，因此絕對不要小看這一章的影響。

此外，因為文獻回顧的次序與篇幅長短是「以我的研究成果為中心」，因此理論上每一本學位論文的文獻回顧都會略有不同——即便是同一個實驗室中，做同一系列研究主題的前後兩屆學生，也會因為各自的研究成果和最後取法的對象有所不同，以致文獻回顧的內容也有明顯的差異。

文獻回顧是向讀者展現專業能力的第一步，尤其是在撰寫國外期刊論文時，更加輕忽不得。如果將論文寫作看成是一場論戰，絕對不可以在文獻回顧時就給讀者留下不好的第一印象，以免後面的仗越來越難打。

主要理論與研究成果

從第二章開始屬於論文的主體，通常包含兩大部分：(1)第二章有時會被用來摘述本研究所需要用到的最新理論，以降低讀者閱讀的困難；(2)在前述情況下，主要研究內容與成果會從第三章開始，包含新證據與新發現的陳述與分析，基本假設與理論的推導、論證，以及彰顯本研究成果的示範案例（illustrative examples）。

第二章回顧既有理論時，重點通常是擺在本論文會用到的重要公式或論點，同時避免將既有理論（前人的貢獻）與本論文的研究成果混在同一章，而引起口試委員的誤會。這一章的主要功能是介紹一些讀者可能陌生的理論背景，以減少後續章節閱讀的困難；它對論文的價值沒有什麼影響，因此只要思路清晰，行文流暢，引述內容與出處沒有錯誤即可。不過也常有人選擇將這些內容分散到其他章節的合適位置，而略去第二章。

從第三章開始的其餘章節，你的核心任務是精準陳述研究的主要內容和發現，並提供充分的理論、證據、批判性的檢視和反覆論證，證明你的發現在給定的範圍內確實成立，經得起學界各種質疑，值得被吸納為學術界客觀知識體系的一部分。

不論你是從事質性研究或計量研究，都必須謹記兩件事：(1)任何演繹科學都是有前提才有結論，沒有前提就不該有結論。(2)整篇論文應該只有三種段落，一種是用以陳述你觀察到的事實，或學術界已經確認過的事實；一種是根據事實與既有定理推論出來的結論；最後則是你對於證據、事實和結果的解讀、詮釋和評論。關於結論，你必須提供充足的證據、推論和理由來論證其正確性；關於解讀和詮釋，你必須批判性地說明自己的根據和理由。

當你在陳述證據或觀察到的事實時，必須先陳述它們在什麼樣的條件下可以被觀察到，以及它們被觀察到的機率，以便提供讀者足夠的資訊去重複你的觀察，確認你所陳述的現象和規律確實存在。也就是說，你不能只描述被觀察到的現象，或者操作變因與應變變因的關係，必須要完整陳述其他相關影響因素（控制變因）的觀察條件。

此外，當你在推論或演繹時，要先確認你據以推論的前提都是對的，接著再確認推論過程沒有違背邏輯演繹的規則與專業的判斷，沒有跳躍的推論（jump into conclusion），也沒有與前提不合的推論。就計量科學而言，最理想的推論過程像是在證明一個（或一組）新的幾何定理或推導數學公式，從學術界已確證過的事實和新的證據出發，一步步推論出確鑿不疑的新結論，如此往前推進，直到抵達摘要與第一章最後一節承諾的結論。

例如，你進行觀察或設計實驗、統計調查時，就應該要完整考慮到所有可能會影響觀察結果的變因，設法一次只觀察（研究）一個操作變因，和一個（或多個）應變變因之間的關係；並且在觀察過程中，設法保持其他因素（控制變因）於一組不變的條件下。這樣觀察到的結果，才會具有可以重複檢證的客觀性。

此外，不論是在設計實驗、擷取統計資料或證據，以及進行推論、解讀與詮釋結果時，要隨時保持自我批判的立場與高度警覺性，充分活用文獻回顧過程中彙整出來的批判法則，嚴密檢視證據的可靠性，並且通過反覆論證來向讀者證實你的確有考慮過其他可能的解釋與質疑，並有充分的證據和理由排除它們。例如，你必須不時反問自己：「我在前面所提供的證據，是否可以被解讀成不同的意思，或演繹出不同的結論？」你有機會通過這個反問過程，找到自己一廂情願的隱藏性假定、跳躍的推論，以及文句含糊、線索太繁複，或思路太糾葛而可能會被誤讀的行文。

批判性思考的重點在自我批判，而自我批判的核心要領在於警覺到自己所做的每一個決定，並且問自己：「一定要這樣嗎？難道沒有別的選項嗎？會有什麼缺點或後遺症嗎？換個方式會不會更好？」——一個充分具有自我批判能力的人，他會從選題到尋找創新的策略、發展研究構想、選擇研究方法與研究範圍，乃至於實驗的條件與變數、章節次序與段落的安排等，都有清楚的理由，每一個決定都不會「不假思索」地讓潛意識替他作決定，每一個決定他都會問自己：「有沒有更好的替代方案（better alternative）？」

最後，為了讓你的論文易讀、易懂且不容易有誤解，每一個章節的次序安排都應該要問問自己：「把這一章（節）放前面一點（或後面一點）會不會比較好讀？」同樣地，寫完每個段落之後都該再問自己一次：「把這一段放前面一點（或後面一點）會不會比較容易理解？」以及「把這一段拆成兩段，先寫好其中較不易說清楚的部分，再接著寫下一段，這樣讀起來會不會比較流暢、容易理解？」

如果上面這些你都做得很徹底，剩下的問題就全在於你的專業知識了——主要是文獻回顧做得夠不夠紮實，以及是否修了該修的課。

示範性案例與討論

計量的研究通常需要摘述主要的實驗結果，或統計分析的結果，以顯示出本研究的優異處，以及改善到什麼樣的幅度，或者用數值模擬的示範性案例來達成這功能。即便是質性的研究，也照樣必須報告比較具有「特色」的案例或證據，來顯示本研究的獨特處與優越處。

這些案例或結果只是用來「示範」本研究的具體效果或優越處，而不該被用來「證明」本研究的有效性，否則就會觸犯「以偏概全」的邏輯謬誤——示範性案例的數量有限，但是一個理論或解決方案可以被應用的場合，一定在數量上遠超過它們，因此不該用有限數量的示範性案例來推論出：「本研究在其他應用場合的結果也一定會跟示範性案例一樣優越」。

此外，精明的讀者和口試委員都一定會質問：「這個方法在示範性案例裡的表現的確很出色，但是你能確保它在其他有效的應用範圍裡，也一樣出色嗎？你是如何選擇這些案例的？你如何確定它們確實具有『代表性』？」回答這個質問的最佳策略是回到理論的論證過程裡，去指出這個方法固有的優異處，再說明這個方法在不同應用場合下，可能的最佳與最糟表現（best cases and worst cases）——通常你必須要知道它最糟可以有多糟，並且反過來在宣告本研究的「適用範圍」時，切除掉比較糟的情況，使得在你所宣告的「適用範圍」內，它確實優於既有方法，或者至少不遜於既有方法。

當你寫完示範性案例與相關的討論後，就會很精確知道自己確實的研究成果，也可以據此去寫最後一章的結論與討論。

值得一提的是，正確的論文寫作次序，通常是先從第二章開始寫，依序寫下去，寫完最後一章的結論與建議之後，再回頭寫第一章，而摘要與論文名稱則留到最後才寫。

這個順序和很多人的想像不同，但卻有它的道理。你必須要嚴謹地寫完第二章開始的本文和結論，才會精確知道你有能力辯護的貢獻與成果是什麼；然後才可以據此去寫第一章第三節的結論（本研究的主題、範圍和研究成果），而不至於開出一張無法兌現的空頭支票，或者把地盤劃得太大或太小。當你寫完第一章第三節的結論後，才會知道要如何去描述和你有關的既有知識邊界，以及如何交代關鍵的文獻。整本論文都寫完了，研究成果與貢獻都清楚核算過，再來寫摘要與論文名稱，才會拿捏得精準而扼要。

本章重點回顧

- 論文都必須滿足三個條件：(1)它包含有原創性的新知識、新觀點或新方法，足以將學術界的既有知識邊緣往前推進；(2)這些原創性的發現，對學術界有不該被忽視的實質（substaintial）貢獻；(3)它們可以被表述為有系統的客觀知識，假設、前提與適用條件明確，且有充分的證據和理論支持，經得起該領域專家的反覆檢視。
- 學位論文的風格有很多種，但本質上都隱含著幾何學證明題的精神，企圖以嚴謹的證據和論證過程說服讀者所有新發現的真確性或有效性，並且以清楚的句型嚴謹地區分客觀的事實和主觀的解讀，以增進論文本身的客觀性。
- 摘要很像廣告文宣，簡要摘述論文的特色與主要貢獻，以吸引讀者的重視；它同時又像是一張支票，摘要裡所承諾的一切都必須在論文裡兌現。因此它不該誇大研究成果，也不該低估研究的價值，而要力求客觀、準確、切中要點。

- 導論或簡介通常分成三個小節，依序為研究動機與問題起源（或問題意識），文獻回顧，以及本研究之主題、研究項目與研究成果（或貢獻）。它們的角色與功能，在於精準陳述本研究跟現實世界（實務界）的關聯，學術界過去的相關研究與沿承，以及本研究對學術界的貢獻。
- 文獻回顧必須達成三個目的：(1)描繪與本研究有關的學術知識邊緣；(2)釐清本研究和既有學術文獻之間的關係，包括它在與學術的哪個部分對話，以及完成什麼樣的突破或創新；(3)扼要摘述過去至今每一個重要貢獻者的關鍵性得與失，以便勾勒出從過去到今天的主要研究推展過程（和知識地圖）。
- 在其餘的章節裡，你必須精準陳述研究的主要內容和主要發現，並且提供充分的理論、證據和反覆論證，證明你的發現在給定的假設、前提和有效範圍內確實成立，經得起反覆驗證，並值得被吸納為學術界客觀知識體系的一部分。
- 整篇論文應該只有三種段落，一種是用以陳述你觀察到的事實，或學術界已經確認過的事實；一種是根據事實與既有定理推論出來的結論；最後則是你對於證據、事實和結果的解讀、詮釋和評論。關於結論，你必須提供充足的證據、推論和理由來論證其正確性；關於解讀和詮釋，你必須批判性地說明自己的根據和理由。
- 陳述事實時，不能只描述被觀察到的現象，或者操作變因與應變變因的關係，還必須要完整陳述其他相關影響因素（控制變因）的觀察條件。你所提供的資訊必須足夠完整，讓第三者據以重現你的觀察。

- 在進行演繹或下結論時，要先確認你據以推論的前提都是對的，接著再確認推論過程沒有違背演繹的規則與專業的判斷，沒有跳躍的推論，也沒有與前提不合的推論。
- 論文常見的錯誤，最終都可以歸咎到文獻回顧不紮實。作者觀念中的漏洞（或專業素養的不足）會導致研究過程的不嚴謹，以及研究成果的不可靠；然而這些漏洞的存在，幾乎都是因為文獻回顧做得不夠紮實。
- 自我批判的核心要領，在於自覺到自己所做的每一個決定，並且反問自己：「這樣會不會有什麼缺點或後遺症？換個方式會不會更好？」從選題，發展創新的策略與研究構想，選擇研究方法與研究範圍，乃至於實驗的條件與變數，章節次序與段落的安排，每一個決定都要自覺地問自己：「有沒有更好的替代方案？」
- 示範性案例只是用來「示範」本研究成果的量化效果或優越處，而不該被用來「證明」本研究的有效性，否則就會觸犯「以偏概全」的邏輯謬誤。
- 你必須要知道自己的研究成果，何時優於既有學術研究成果，何時不如既有學術研究成果，並且在宣告本研究的「適用範圍」時，切除掉比較糟的情況，使得在你所宣告的「適用範圍」內，它確實優於既有方法，或者是不遜於既有方法的另類選項。

16

終戰秘笈
——考古題與口試委員的期待

知道口試委員會用哪些尺去評價一本論文，以及會在口試時問哪些問題，可以讓研究生撰寫論文時有明確的重點，在口試前夕知道要如何準備；甚至可以讓他們從入學的第一天起，就知道終點在哪裡，要經得起哪些考驗，需要朝哪些方向去提升自己的學術研究能力，以及應該要追求哪些研究成果。

有趣的是，儘管不同國家、科系的博士生培訓過程有頗大的差異，但是口試委員對博士論文的核心要求卻大同小異，可以被歸納為八大核心能力。此外，兩位英國的學者歸納訪談結果，發現博士論文口試的考題可以高度預期，都是出自十二個被反覆提出的問題；他們因而建議，乾脆從學生入學起，就要求他們按部就班逐一思索、回答這十二個問題，這樣就能夠秩序井然地完成博士論文研究。仔細比較這十二個問題和口試委員的八大要求，其實它們的內涵完全一致；甚至可以說，這十二個問題就是用來審視論文和研究生，是否具備獲得博士學位所需具備的八大核心能力。

本章就來談談這十二個國外口試委員最愛問的問題，以及博士論文所需展現的八大核心能力。至於碩士論文的要求以及口試的題目，其實跟博士生大同小異，只是口試委員對碩士生的要求標準較低而已。

口試委員最愛問的十二個問題

這十二個問題中只有前面十個跟論文有關，剛好對應著一個博士生在進行研究時，會依序經歷的十個階段，口試委員想藉著這些問題去引導博士生，說明他在每一個階段是如何進行關鍵性的抉擇，而他在每個抉擇的過程是否達到博士水準應有的背景知識，與批判性思考等八大核心能力。以下是這十二個問題和它們的簡要說明。

1 你為何要選擇這個題目當博士論文題目？

這個問題對應著研究過程中的起點：「問題意識」的誕生，口試委員可能是想要藉此了解你最初的問題意識或研究動機。因此，你可以扼要談問題意識或研究動機的形成過程，或者陳述這題目的學術價值或應用價值。此外，你也可以簡要說明你對這個問題的特殊興趣或關心，或者它對你個人的特殊意義和價值。不過，還有很多時候，這個題目只是用來緩和研究生的緊張情緒，口試委員並沒有預期答案的方向或內容。

2 你如何將原初的問題概念化（conceptualisation）成一個學術性的問題？

這個問題對應著研究過程中的「問題形塑」（problem formulation）這個步驟，譬如用一根桿子來代表海中的潛水艇。如果你的研究動機或問題意識是誕生於現實世界裡的真實情境，它必須先被概念化或抽象化成一個學術問題，然後才能與既有的學術脈絡接軌、對話，並劃出既有學術的邊界，確定研究（或創新）的起點。這個問題有時候會被分解成一系列前後相屬的問題，藉以引導你去呈現整個問題架構與概念架構的形成過程。其中可能會包括你如何利用學術界既有的知識去定義問題，如何界定原始問題與既有學術文獻的落差或其他關係，以及如何利用既有文獻去發展創新的策略和研究的構想。更具體的問題包括：你為什麼採用這個觀點、角度或理論模型，去探討你的原始問題？你有沒有想過其他的選擇？你如何確定這個選擇確實是合理的，甚至最佳的？你為何選擇這個研究範圍，而不是選擇另一個更大或更小的研究範圍？

3 你是如何發展出這個研究架構（research design）？

這個問題要問的是，你如何將一個學術性的問題發展成一個完整的研究架構，包括背後的理念與策略、理論依據，以及方法論（methodology）層次的考量。譬如，以柏克萊大學團隊的基本工資問題研究為例，它要問的是，為何把醫藥實驗的研究架構轉化來研究基本工資，為何決定要採取相鄰行政區當作實驗組與對照組等問題，而不是特定統計方法的知識或技術細節。

這個問題主要是在測試你掌握整體研究架構的能力，看你是否確知在這整體架構下，每個局部所扮演的功能與重要性，以及每個局部之間的關連性。尤其是對於博士生而言，如果你只知道研究的細節和技巧，而不知道研究的整體架構與背後的策略、邏輯，那就表示你只是在依樣畫葫蘆或鸚鵡學舌，根本沒有規劃研究工作與進行獨立研究的能力。對於碩士生而言，這代表論文中的創意與研究架構幾乎都是來自你的指導教授，你只不過是「奉命行事」的學術嘍囉而已。

4 你的研究架構合理嗎？有沒有任何牽強之處或弱點？

上個問題強調的是，對於整體研究架構的理解與策略性思考；這個問題則是要看你是否充分了解自己所選研究方法，與研究架構的優、缺點，你的理由與批判性自我檢視的過程。例如，你為何採取這個流派的某些觀點、角度或方法？你是否知道學術界對類似方法的批判，以及它們潛在的缺點或誤用的風險？即便採取同一個流派的研究取向，你在設計研究方法與研究架構時，應該還有很多可能的選項，你為何擇其一而捨棄其他可能？你為何在研究中納入某些變數，而忽略其他變數？你為何選用某一個統計資料庫，而不是另一個統計資料庫？你是否知道有其他可供選擇的競爭方案，以及你是否有能力客觀、公允地評價這些方案的優點與缺點，以及他們各自的適用情境與條件？

這些問題的主要重點在考驗你的批判性思考能力，因為好的研究架構如果沒有高水準的批判性思考在背後支撐，很容易被執行得漏洞百出，經不起檢證。反之，一個好的研究構想可能會因為經費不足或其他現實條件，而被迫剪裁成看起來較為遜色或有瑕疵的版本，但是如果可以清楚陳述背後的不得已和抉擇的過程，反而會表現出剪裁過程的慧心獨具。

理論上你應該要在學位論文中清楚寫下自己的研究架構，以及用批判性的角度說明（論述）你採取這個研究架構的必要性與合理性，以便將你的抉擇合理化（justify）。不過，口試委員還是有可能會要你補充說明論文中沒寫清楚的部分，或者測試你對自己的論文到底理解到什麼程度（有哪些是一知半解地接受指導教授的指示，有哪些是不知所以然地模仿前人的研究設計）。

5 你為何採取這個手段（instrument）來取得所需要的證據或數據？

審視完研究的整體架構後，接著是審視你的研究工作每個主要步驟的合理性，看它們在整體研究架構中，是否發揮必要而不可或缺的功能；是否切合在整體研究架構內，而不致和其他環節脫節、搭扣鬆散或矛盾；以及其設計與應用時，是否符合專業知識和專業判斷上所要求的正確性與合理性等。例如，你為何選擇用某種訪調方法和程序，而不是用其他的方法和程序？你為何採用某一種統計分析軟體，而不是另外一種？為何你的訪調答覆率遠高於一般的水準，你是如何克服困難的，你所採取的手段會不會導致較高的抽樣偏差？你如何處理開放性問題所取得的資訊？或者，在理工學院的案例裡，你為何選擇某一種顯微探測器，而不採用另一種探測器？你如何處理控制變因，你如何有把握這樣做就足以將它們的干擾降至可容許範圍？你為何使用某種線性迴歸分析，而不採用非線性迴歸或較簡單的線性回歸，你如何合理化你的選擇或決定？

6 你如何選擇樣本、材料或研究範圍？

確認過研究工作中每一個步驟的合理性之後，接下來是審視執行過程是否正確無誤，是否能正確產出該有的證據與數據，以供後續的分析與論證。例如，你如何決定母體的邊界？你是如何抽樣的，你如何合理化你的選擇？你如何確定樣本與母體之間的關係，你的抽樣誤差和可信度是如何推算出來的，這樣的誤差水準和可信度水準是你的研究設計所能容許的嗎？或者，你為何選擇用單晶體來做試片，真有必要嗎，你又如何確定它真的是一顆單晶體？你又如何選擇實驗的溫度範圍，就你的研究目的而言這是最佳的選擇嗎？為什麼？

7 你如何產出主要的結論（conceptual conclusions）？

接下來是要審視你如何用前述的證據、資料、數據進行必要的分析、演繹、歸納、論證出相關的結論，以及如何對這些證據與結論進行解讀和詮釋而產出主要的結論。此外，同樣的數據在不同的研究架構、方法下會具有不同的意義，也會隨著相關證據的不同而需要不同的解讀，口試委員也可能會明確地要你將這些證據放在你的研究架構下，去解讀它或詮釋它，並且提醒你這些解讀可能會跟其他證據有所衝突或不一致。如果你在解讀這些證據的過程中，與研究架構的設計有矛盾或脫節之處，或者和你所採取的理論有根本上的衝突或不一致，都會影響結論的正確性，以及研究成果的可靠度。此外，在人類學的某些研究方法裡，你必須要盡可能清楚地區辨自己的觀察中，有哪些可能受到個人主觀因素的影響，因此口試委員可能會要求你對自己的觀察結果進行分辨或分析。

8 要如何將你的發現更廣泛地解讀或應用（generalization）？

這個問題是要你說出本研究各種結論的最大適用範圍，以便接下來可以討論這個研究的貢獻與價值。此外，在適度容許某些詮釋上的誤差時，你要如何從這些結論和邏輯意涵，導出它們在現實世界的意義或應用。

為了讓結論可以確切不移，經得起反覆的論證，研究的題目與範圍經常會根據可以獲得的證據而限縮到較小的範圍，或者建基於過分單純化的理想、理論或模型，因此可以直接從證據中歸納出來的結論是有限的，而且其適用範圍也是有限的。但是，一項研究結果的學術價值與實用價值，會視其適用範圍而改變，因此我們都會希望自己的研究結論，可以被推廣到較寬的範圍或情境。此外，既然一根桿子可以被用來代表海中的潛水艇，相關的研究結果就可以在較不精確的涵義下被較廣泛地解讀。

不過，在推廣的過程中，可能牽涉到各種不同程度的誤差，你必須對這些誤差的存在有充分的警覺，並且有能力建議合理的誤差容許度。如果說研究工作的第一步，是把真實的問題形塑成一個可以被精確回答的概念化問題（conceptual problem），則這個步驟是要把概念化的抽象答案連結回到真實的世界，以便讓學術研究成果可以與現實世界對話。

9 你的研究對學術界有何貢獻？

不論口試委員有沒有問到這個問題，他們在讀你的論文以及評分時，都是想著這個問題。也因此，打從開始做研究，你就要不時問自己這個問題，以免走入毫無學術貢獻的死巷子裡，還自我感覺良好。如果你有按照本書的要領，落實研究的每一個步驟，這個問題你應該已經反覆問過自己無數次，並且在撰寫論文的過程中，嚴謹、客觀而證據確鑿地評估過。你只要老實說出心裡最中肯的答案，很可能會因此被加分——因為，口試委員可能是用這個問題測試你客觀評價自己研究成果的能力。

10 你對自己的研究成果有何意見（批評）？

這一題跟上一題其實是同一個問題的兩個面向，你也只要客觀、中肯地回答就可以。回答的重點應該要擺在這個方法應用範圍，或有效範圍的限制，以及你因為部分證據不足而無法下結論的部分，而不需要主動談它相對於其他方法或著作的缺點。同時，你可以藉此建議以後的研究者可以朝哪些方向延伸發展——有些口試委員會乾脆問你：「你對以後的研究者有何建議？」如果口試委員一定要你超出論文原本設定的研究範圍之外，去跟其他方法作比較，就坦白而中肯地回答——就像前兩章說過的，只要問題超出你論文第一章所明確宣告的研究範圍和適用範圍，口試委員只可以拿來當加分的依據，而不可以拿來當扣分的依據。

11 你畢業後有何打算？

這個問題標示著正式的口試已經結束，可以放鬆心情來回答，以平常心說說自己心裡的盤算。如果你想在學術界發展，那麼你可以考慮發表論文，尋找下一個跟研究有關的工作，甚至找到一個可以讓你繼續沿著論文研究方向深化或擴大成果的工作。

12 你還有些什麼話想說嗎？

這通常是最後一個問題，你可以選擇不多廢話地謝謝口試委員，結束口試。也可以選擇利用最後這個機會，補充一些擔心被口試委員漏掉的重點或資訊。不過，如果你是在國外的頂尖名校，就別擔這個心了——我的兩位博士論文口試委員，結束時給我一疊厚達數頁的錯別字修正清單，顯示他們認真讀過論文的每一頁了。

博士學位的八大核心能力

在前述的十二個問題中，第一個問題是有關你的問題意識，它是個開放性問題，不必然跟你的學術能力有關；最後面兩個與你的論文無關，所以跟學術能力有關的實質問題只有九個。如果你在研究過程中，認真而嚴謹地思考過這九個關鍵問題，理論上，所有答案應該都已經寫在你的學位論文裡了。口試的過程，只不過是要釐清無法完全根據你的論文內容去評價的部分，或者進一步確認而已。

此外，這些問題的總體目的，是要考驗你是否具有獲得博士學位該具備的八種核心能力，每個問題都沒有標準答案——它們的重點是在考能力，尤其是專業判斷、批判與創新的能力，而不是在考知識。因此，你準備口試的辦法是，在論文研究過程中認真培養出這些能力，而不是考前抱著考古題拚命死背。這八大核心能力就是：

(1)創新的能力或者對學術界的貢獻，有人具體地稱它為「知識的跨距」。

(2)學術的嚴謹性與論述的一致性，包括證據擷取，分析、論證與解讀過程所呈現的專業性與嚴謹度，以及證據擷取與推論過程的一致性。

(3)具有批判精神與策略性思考的方法論能力，包括形塑問題，設計研究架構，並且正確選擇研究方法，從批判的角度自我質疑，並將所有的抉擇合理化。

(4)對於專業知識的掌握能力與理解能力，包括掌握相關文獻且活用文獻的能力，複雜、艱深理論的理解與正確運用，以及在證據擷取與論證過程中正確使用相關理論、方法、知識的能力。

(5)在有審查的學術期刊或學術會議上，發表其研究結果的可能性，如果能附上已發表的著作清單會更好。

(6)分析、批判與客觀評價個人研究成果的能力。

(7)論文的品質與著作權的釐清，前者是要看論文的架構是否合理而嚴謹，論述是否流暢、清晰且切中要點；後者是要區辨論文的貢獻中，有多少屬於指導教授的貢獻，有哪些屬於其他學長、學弟妹、相關合作機構的貢獻和協助，以及論文中是否有其他剽竊他人研究成果的嫌疑。

(8)口試的表現，尤其是問答過程所顯示的獨立思考能力，簡潔而切中要點的回答和條理的清晰，以及伴隨而來的自信。

不論是所謂的十二個問題，或者所謂八大核心能力，背後共通的精神就是：有能力將現實世界的問題，精確地陳述為具有普遍參考價值（抽象化），且可以被嚴謹回答的問題；並且掌握既有的文獻和證據，發現其中的不足，找到創新的策略，據以發展出有系統且嚴謹的研究架構和步驟；運用既有的理論和方法，以嚴謹的方法，擷取正確而必要的證據，合併既有證據後，進行綜合的分析、歸納、演繹、論證，而達成經得起學術界反覆驗證的客觀結論，產出具有專業水準的新知識；而且在整個過程中，展現出高度的自我批判能力。

如果你仔細比較本書內容，以及所謂的十二個問題和八大核心能力，應該會發現只要充分掌握本書前面各章節的要領，並且認真去落實，就可以產出十二個問題的答案，並且培養出八大核心能力。

不過，這八大核心能力跟哲學有什麼關係？為什麼所有系所的博士畢業生都被稱為「哲學博士」，而不是「物理博士」或「工程博士」？理工博士對哲學史一無所知，為什麼也被叫做「哲學博士」？這個問題的背後有著值得深思的意涵。

「哲學」博士的誕生

「哲學博士」（Ph. D.）這個頭銜原本是拉丁文的 'Philosophiæ Doctor'，意思是「哲學教師」。而且，這個學位原本也確實是只授予研究哲學的人。

後來柏林大學在十九世紀初創立了影響全球的博士學位制度，當時的構想就是讓天分較高的學生執行獨立的研究計畫，藉此培養他們獨立從事原創性研究的能力。所以，受其影響的美國與英國體系，對於博士學位的授予標準都是一致的：證明自己有從事原創性獨立研究的能力，以便探索未知領域，開創出客觀而嚴謹的系統性知識，將學術界的已知邊界往前推進一大步或一小步。

既然博士的首要能力是「探索未知」與產出新知識，他就必須要有能力嚴謹地分辨自己所產出的知識是否正確，以及在什麼條件下是正確的。因為，在他所開創的新領域裡，沒有前輩或權威可以當作他分辨是非的依據，他必須靠自己的能力去確認這些知識的正確性。

不仰賴權威、完全靠自己的分析與批判性思考確認知識的可靠性或真確性，一向是哲學界標榜的思考能力。因此，每一個博士都在他所開創的新知識領域內，扮演著傳統「哲學家」的角色，也因此所有的博士都被稱為「哲學博士」。

如果我們將蘇格拉底和柏拉圖當作西方哲學的源頭，那麼他倆都在做同樣的事：分辨正確的認知（智慧）與含混不清或謬誤的意見；通過哲學的反思，探索現象和人類思考背後終極的真相。從這個角度看，哲學就是探索真知，並且分辨知識的真偽（批判性思考）的活動。哲學家不會無條件地把任何命題當作真知（take nothing for granted），更不可以訴諸權威——他們必須為自己所說的每句話提出不容置疑的充分理由，而不可以說：「根據某課本，這是對的。」或者：「根據康德的論述，這是對的。」

從「懷疑一切，不信靠任何權威」的角度看「哲學博士」，我們就可以了解哲學博士所需要具備的能力：他必須能寫出一本具有原創性見解的論文，並分析、評估、確認他論文裡每一句話的正確性，提供充分的理由，使得他所開創出來的新知識經得起學術界所有同儕的反覆檢視。而博士論文的口試重點，就是在檢視候選人是否已經具備這樣的能力。至於碩士，則是往這方向邁進到一個程度，但是仍不具有足夠的成熟度。

根據這個學術界的潛規則，只有那些取得博士學位的人，才是被確認為有足夠的自我批判能力和獨立思考能力，可以從事獨立的研究——因為他們能夠不倚靠任何權威，獨立判斷自己產出的知識是否確實可信。

因此，儘管美國的博士班制度比德國和英國系統更強調修課的必要性，但是他們對博士生的培育目標都是一致的：培養博士生的批判性思考與獨立研究的能力。

結語

本書第1章曾經許諾：在研究所學到的方法是一種可以終生受用的能力。但是，前述的八大核心能力，如何可以終生受用？當碩、博士畢業生紛紛陷入「學非所用」，甚至「畢業即失業」的窘境時，這個許諾會不會只是象牙塔裡的妄想？

關鍵在於，你是否真的有紮紮實實培養出前述八大核心能力，以及懂不懂得活用。這是下一章的主題。

17

終生受用——研究能力的活用與轉化

常有人在網路上討論「念研究所，值得嗎？」這問題首要的關鍵在於，你有沒有學到可以為人生加分的能力，其次則是你懂不懂得活用自己在研究所裡學到的能力。博士學位必備的八大核心能力，可以進一步被分成三大類：主動取得並正確運用專業知識的能力、自我批判與辨別是非的能力，以及創新的能力。如果你有確實學會這三種核心能力，並懂得活用，就可以在畢業後邁向更高的人生境界。

有些人譏諷博士為無用的「狹士」，那是因為他們對於「博士」這個頭銜的認知過於膚淺所致。博士的真正核心能力是「探索未知，明辨是非，推陳出新」，所以才會被冠以「哲學博士」這個頭銜。有這能力的人當然不可能受困於狹隘的知識範圍：當他需要取得新知識時，只需要把它們當作一個「未知領域」，活用文獻回顧的能力，就可以輕易達成任務，甚至還不需要用到

「推陳出新」的高階能力呢！

可惜的是，大部分的碩士畢業時並沒有學到上述能力，碩士期間就像是「延畢兩年，多修幾門聽不懂的課，換另一張文憑」。還有很多人念完博士時只學會做實驗、推導公式、跟在國際學術界的屁股後面炒作熱門題材，依樣畫葫蘆作研究和寫論文，而沒有確確實實學到上述八大核心能力，甚至連自己拿到的「哲學博士」意味著什麼能力都不知道。這樣子「知其然而不知其所以然」地念研究所，思想的層次沒有明顯提升，也沒有能力活用與轉化，當然就會被譏諷為「專家只不過是訓練有素的狗」。

為了釐清充斥台灣社會的各種謬見，本章將談談如何在職場與人生中，活用研究所裡所學到的能力，讓自己「終生受用」。

閱讀能力的提升與活用——在行動運算的時代裡

研究所的首要學習目標不是知識領域的擴充，而是閱讀能力和思想層次的躍升。以閱讀的能力為例，大學與研究所的最大差別是：大學時代的學習重點在於閱讀，與活用教科書的知識，而研究所則是學習閱讀與活用期刊論文的能力。

在大學部接受四年閱讀教科書的訓練之後，優秀的畢業生應該要有能力讀任何教科書，甚至任何有系統、有組織寫就的專業書籍。因此，劍橋大學的很多學院、系所都不設碩士班課程，讓大學畢業生直攻博士，而且攻讀博士期間也不需要修課。有位教授曾跟我解釋過這個制度的設計理念：如果你大學畢業還沒學會自己讀書，應該去別的學校念碩士，而不是在劍橋念博士。事實上，劍橋的博士生還是有在念書——各系所的博士生都有讀書會，他們輪流報告、一起討論，而不需要老師帶領或講解。

因此，在研究所應該要培養更高階的閱讀能力，而不應該只是大學時代的延伸。而大學生較弱的能力，就是文獻回顧，包括搜尋、篩選、閱讀、分析、批判、彙整、創新的能力——這些不是大學時期的學習重點，即使嘗試過，也不曾有系統地學過。

在這個職場變遷迅速，資訊也同時爆炸成長的行動運算時代，文獻回顧的能力更是職場勝利組必備的能力。

陸游有言「少壯不經勤學苦，老來方悔讀書遲。書到用時方恨少，事非經過不知難。」少壯勤學仍是必要的，但是「書到用時方恨少」已經不符合今日時勢之需要——在這個職場迅速變遷的時代，你不可能知道自己十年後需要哪些職場知識，甚至連兩年後自己會在哪個職場就業都很難說，因此「書到用時方恨少」已經是必然；如果妄想靠拚命讀書來避免「書到用時方恨少」的窘境，反而會陷入莊子所警告的陷阱：「吾生也有涯，而知也無涯，以有涯隨無涯，殆已。」

所幸這是一個資訊爆炸、網路無遠弗屆的時代，不論你需要什麼知識來解決職場或人生中的重大問題，幾乎都可以隨時從網路上找到答案或關鍵的資訊。以數位電路的設計為例，有些人設計各種數位電路時，是完全靠書本和自己腦袋裡的知識，從一無所有開始做起，結果卻曠日廢時、品質低劣。有些人則是在網路上找到很多別人分享的標準電路模組，以此為基礎，往上架構出符合自己需要的電路；此外他們通過網路上的討論群組，和全球專業工作者建立起人脈與資訊網絡，彼此分享想法和成果；最後，他們把自己的創意用在最具有附加價值，與最能強化競爭力的地方，以便形成自己的產品特色。後面這一種工作模式當然遠比前者更省事，而且還能創造更大的經濟價值——然而，前提是你要能找到這些專業的網站或討論群組，並且有能力分辨資訊的可靠性與品質，還要能修改、調節、整合不同來源的設計，以符合自己的需要。這些恰好是研究所訓練過程中可以培養出來的能力。

再以農產品的國際貿易與行銷工作為例，世界貿易組織（WTO）、聯合國糧農組織（FAO）和美國農業部（USDA）的網站，都有豐富的全球農業貿易統計數據，包括數量、價格、關稅與相關的法令規定等，可以用來鳥瞰全球貿易機會。歐美許多國家的外貿單位，也都有全球各國農產品市場分析與競爭策略的報告，還有管理顧問公司撰寫的各國市場現況與前景等專業分析報告，及以國家為單位，討論其貿易障礙、商界潛規則、市場行銷策略的專書、研究報告和期刊論文，可以作為草擬行銷策略的參考；此外網路上還有線上國際貿易網站，國際貿易討論群組，以及各國貿易公司和同業聯盟的網站，可以取得更細部的資訊。除此之外，網路上可以找到很多傑出的行銷案例，以及各種相關報導和研究報告，可以豐富你對行銷手法的創意與想像。有沒有能力搜尋、篩選、分析、批判、彙整與活用這些資訊和知識，將會明顯影響一個人對國際貿易的視野、能力和解決問題的格局。

在這樣的時代裡，一個人如果完全只靠自己腦袋裡的知識去解決問題，絕對是輸家；只有那些能夠「站在巨人肩膀上」並充分利用行動運算的人，才能擠進職場勝利組。

不過，網路上的資訊良莠不齊，你必須要有能力研判資訊的可靠性、迅速進行篩選，才能在最短時間內找到你所需要的所有文件。其次，網路上的文章彼此之間沒有明確的前後關係，且難易深淺不一，充滿未定義的術語，你必須要有能力自己搜尋出必要的補充材料，規劃出最有效的閱讀次序。最後，網路上的文章觀點不一，各有其隱藏之假設，以及預設的應用場合，你必須要有能力進行批判性的閱讀，並且進行分析、比對、校正、篩選與彙整，最後才能把網路上海量的資料整理成前後一致的系統性知識。

如果你沒有上述的能力，很容易就會淪陷在一大片是非難辨的資訊裡，而不知道要如何取捨，甚至不知何所適從。例如，關於石墨烯（graphene）的許多傳聞和評論就是一個典型的例子，其中錯雜著各種是非難辨的訊息。

資訊、知識與思想

二〇一〇年，諾貝爾物理獎頒給兩位研究石墨烯的俄國學者，因為他們發現石墨烯的許多重要特性，為量子物理拓展新的視野，甚至很可能對人類科技造成革命性的衝擊。接著，近年內相繼傳出，中國和西班牙的公司分別開發出石墨烯電池，蓄電量大且充電時間短，據說即將取代石油而成為汽車的動力來源，在3C產品上的應用更不在話下。傳聞一出，許多「石墨烯」概念股紛紛飆漲。另一方面，網路上也有些自稱「電池專家」的人開始寫文章，批評相關的新聞報導太誇大而欠缺科學依據。然而，若是仔細閱讀網路上正反面意見的各種文章，就會發現大家還是憑有限的知識基礎在臆測，而不去查學術界最新的期刊論文，因而欠缺嚴謹可靠的事實基礎和推論過程，事實與臆測糾混成一團，難以分辨。

不過，只要你懂得活用文獻回顧的基本要領，就可以發現《自然》（*Nature*）雜誌所屬的新期刊《自然評論：材料科學》（*Nature Reviews Materials*）已在二〇一六年刊出一篇論文，顯示石墨烯有機會將鋰離子電池的充電時間，從目前的數小時陡降為十幾秒，並且將能量儲存密度提升大約六倍至十倍。這樣的改善對於電子產品意義重大，也有機會在電動汽車市場與氫燃料電池競爭占有率。但它的能量儲存密度還是無法跟石油競爭，根據美國國防大學較新的數據，汽油每單位重量的能量儲存密度是鋰離子電池的五十三倍，而每單位體積的能量儲存密度則是鋰離子電池的二十九倍。因此，即便電池的能量密度可以提升六倍至十倍，其能量密度還是遠低於石油。

不過，汽車的續航力不僅和能量儲存密度有關，也和能源使用效率有關。根據美國能源署的數據，汽油引擎的工作溫度太高，約有七〇%的能量是以熱能的形式發散到空氣中，只有約一四%–三〇%是用來推動汽車，而電池的能源效率則可以高達汽油引擎的四倍。將這個因素加進去考慮之後，以石墨烯電池推動的汽車，確實有機會在續航力上接近汽油引擎。

最後還有一個需要考慮的技術問題：電池只不過是能量儲存的媒介，而非能量的源頭。如果電池的能源最後還是來自於石化燃料，想要用電池取代石油仍舊有問題。

不過，麻省理工學院正在開發一種可撓性石墨烯基底的太陽能電池板，可將能量轉換效率增強為目前矽基太陽能電池板的三至四倍，而達到理論的極限；此外，這種太陽能電池板的生產過程可以採用最經濟的捲筒式（roll-to-roll）製程，因而太陽能發電的成本可以降低數倍至十數倍，達到遠低於煤炭發電和瓦斯發電的價位。因此，未來除了航空器與軍事車輛仍舊可能會以汽油為能源之外，家用汽車有機會全面採用電動汽車，而能源則來自於太陽能電池板。

在這個案例裡，不論你聽了多少股市名嘴的評論，讀過多少篇自稱「電池專家」所寫的文章，都不足以正確研判事實和未來可能的發展。然而前面三段文字，從美國能源署與學術界嚴謹的期刊論文，篩選出關鍵的數據和資訊，並且通過批判性思考將它們彙整成可以被用來推論和演繹的系統知識，這樣你才能據以判斷是非，並且靈活運用。

這個案例突顯了優質的碩、博士所獨具的一項重要能力：將無組織、良莠不齊、是非難辨的資訊加以比對、篩選、分析、彙整，藉以產出有組織的知識。從這個角度而言，碩、博士和大學畢業生的關鍵差異在：碩、博士是知識的生產者，可以將無組織的資訊加以篩選和消化，之後產出系統性知識，並且和既有知識體系接軌以擴大其應用；而大學生則是知識的消費者，不曾學過如何生產知識。

表6：知識與資訊的對照

	資訊	知識
正確性	不確知	經嚴謹驗證
組織性	散亂、無組織	系統性組織
演繹性	難演繹、難活用	可演繹，易核驗，易活用

很多年輕人未曾認真分辨過資訊和知識的差異，因而誤以為自己有了Google大神就什麼都懂，不需要再讀書，也不需要任何人來教。事實並非如此。

如表6所示，你在網路上查到的資訊虛實交錯、是非混雜，很容易誤導你的判斷；就算有人幫你過濾掉不可靠的資訊，剩下的資訊仍舊零碎散亂而無組織，還沒有被彙整成系統性知識，因此無法被拿來演繹。但是資訊若無法被演繹，就無法有系統地交互比對，而不容易突顯其中暗藏的矛盾與謬誤；此外，沒有系統的知識也比較難以被靈活運用。與此形成對比的是，知識的正確性被嚴謹的檢證過，並且被彙整、組織得系統井然以利演繹；如同第2章與第8章的討論，可以被演繹的知識才便於檢證其中所含的矛盾與謬誤，以及便於靈活運用。因此，知識的價值遠高於資訊，而網路上的資訊在未經加工成系統知識，並且和其他系統知識無縫接軌之前，其應用價值是很低的。

英國有位傑出的教育家曾經說過：「自我學習能力的養成是教育的終點。」當一個人有能力自我學習時，他就不再需要學校，甚至不需要老師了；反之，如果一個人一輩子無法培養出自我學習的能力，那麼無異於教育的失敗。

從這個角度看，當一個人精通文獻回顧的要領，有能力從是非難辨且無組織的資訊中搜尋、篩選、比對、分析、批判、彙整出正確的知識，並且和既有的系統性知識接軌，他才真正達到學習的終點，而不再需要學校，也不再需要老師——這樣才夠格被稱為「大師」或碩士。

反之，如果你無法嫻熟上述批判性閱讀與文獻回顧的能力，不論你在畢業前準備過多麼豐富的知識，都有可能在新的工作崗位上陷入知識嚴重不足的困境；此外，即便你有各種搜尋引擎和無遠弗屆的網路，照樣有可能會被各種譁眾取寵的報導、言論所愚弄，甚至被社群媒體的同溫層效應所愚弄，在犯下認知錯誤時繼續維持著「我是對的，因為大家都同意我的看法」的錯覺。

因此，當你在大學時期培養出閱讀教科書與應用系統性知識的能力之後，必須在研究所階段培養出搜尋、篩選、分析、批判、彙整既有文獻，並產出新知識的能力，才能夠讓自己的閱讀、思考與判斷能力有層級上的躍升；如果只是延續大學時代的讀書習慣，只追求知識的擴充，而完全沒有達成閱讀、思考與判斷能力的躍升，那就有如「入寶山，空手而回」，或者「探驪遺珠，盡得鱗爪」。

從這兩節所討論的角度看起來，文獻回顧與批判性思考能力的培養，決定一個人能否充分利用網路資訊，並且在行動運算時代勝出，這樣的關鍵能力遠比漫無目的追求知識的擴張更重要，也更有價值。

不過，就算文獻回顧與批判性思考的能力很重要，但有必要將「可被重複檢證」的嚴謹性看得比創新的能力更重要，甚至嚴格到「雞蛋裡挑骨頭」，或「眼睛裡容不下一粒沙子」那麼挑剔的程度嗎？假如把這項要求放寬一點，是不是可以讓研究生的知識廣度和視野更寬廣，也讓博碩士論文含有更豐富的創意？

在這個注重創意的時代裡，上述問題確實挑明了一個兩難的決定：創意與嚴謹度有時候是不易兩全的。不過，別以為對嚴謹度的要求，只是一種學術界過時的舊習，這種能力還是有它在企業界或實務界的實用價值——而且這恰恰是台灣產業界提升附加價值所需要的關鍵能力，因此千萬別低估了它的價值。

嚴謹的論證習慣與跨領域的視野

我們已經在前面幾章反覆地強調：學術界所重視的創新不同於文學、藝術和產業界的發明，使其有效性的前提條件是可以被清楚臚列的，並且可以被任何專家按其給定的條件，重複驗證。這種近乎幾何學證明題的嚴謹論證精神，可以被轉化而成為企業界追求產品品質與保證品質的能力。

尤其是就製造業而言，一個企業若具有這種能力，就可以掌握住影響產品品質的各種因素，從而生產出有品質保障的產品——這恰恰是台灣目前產業升級所急迫需要的能力。

產品的價位與附加價值，與它的品質有密切的關係。同樣是一個水龍頭，賣到德國與瑞士的頂級牙醫醫療設備廠裡，價格可以是一般品的好幾倍，就是因為它的品質有保障。至於攸關汽車安全的零組件（譬如跑車輪胎鋼圈或安全氣囊），更是必須要有嚴格的品質保證，才能在市場上占有一席地位。而台灣的許多產品在全球市場上都居於中低價位，就是因為我們的企業只有能力製造產品，而沒有能力保證產品的品質。反之，德國產品與日本產品價位高，就是因為他們有能力維持產品的高品質。

雖然產品的品質與許多因素有關，包括企業文化與理念、市場定位、操作員的素質、品管制度的建立，甚至還包括「經常有效而不是必然有效」的經驗知識和經驗法則（rule of thumb），但是嚴密的思考、推理與判斷的能力絕對是不可或缺，或者至少極有幫助的；而「在明確臚列的條件下，維持可被重複檢證的因果關係或解決方案的性能」的精神更是這種能力的核心。

當然，嚴謹性的要求不必然有助於產出創意，甚至在某些個案中，可能會顯得有礙於創意的誕生；但是與其將兩者視同水火不容的零合競爭，不如看成是一個企業所需要的多元能力，或多元人才的組合，用以相互截長補短，甚至相得益彰。

例如，麻省理工學院的「媒體實驗室」（Media Lab）就和學術界的嚴謹傳統成為鮮明的對比，而以強調創新與突破聞名於世。這個實驗室創立於一九八五年，以設計取代分析導向的學術研究，以發明和專利取代學術理論和學術論文，結果它擁有許多搶手的尖端專利和發明，還創立了至少二十七家企業，因而吸引了許多全球頂尖企業的注目和經費贊助。它的研究旨在預見未來社會可能會遭遇到的問題，並預先提出解決辦法；它的研究主題跨越所有學院，但是過去三十五年來，卻一直隸屬於建築與都計學院——這個學院傳統上強調的是個人性與獨特性（one of a kind），而非超乎個人主觀的客觀性；它在乎的是創新，產品經常是單件生產，所以較不重視客觀的可重複性以及量產的可能；因此，它的核心價值跟教育目標，確實與其他強調客觀性與嚴謹性的學院大相逕庭。

與麻省理工學院的「媒體實驗室」相較，傳統理工學院的研究所訓練顯得太嚴肅、刻板而欠缺活力；從這角度看來，在傳統理工學院的訓練之外，有一個較活潑的「媒體實驗室」，確實有利於學術圈的多元發展，以及多元人才的養成。但是，若因為「媒體實驗室」的創新與活潑，而偏廢傳統理工學院的嚴謹與客觀，對學術界與企業界都不會是好事——尤其是對於產品需要量產的企業而言，更是如此。

例如，蘋果系列產品的優勢在於其創新的能力與速度，然而它也需要嚴謹的工程能力，去支持產品的聲譽與形象。否則像三星手機那樣電池爆炸事件頻傳，對產品與企業形象的傷害絕對不是靠更多的創意所能彌補的。

結語

在這個知識爆炸、網路無遠弗屆的行動運算時代，研究所培養出來的能力，原本是產業升級與社會發展所需要的關鍵能力。可惜的是台灣社會對這些能力的理解太粗淺，而研究所的訓練與要求太鬆散，以至於絕大部分的學生，都只學到研究能力的皮毛。

其次，台灣的產業體質、經營環境和市場定位，都和歐美先進國家大異其趣。例如，台灣的產品在建立起品牌之前，售價往往只能有國外產品的一半，而產品開發的時間與人力往往不到國外的十分之一。產業界急需的是低成本的應用研究，因此必須善於利用文獻回顧與後進國家的優勢，充分發揮「站在巨人的肩膀上」，與「用前人的智慧，解決眼前的問題」的槓桿效益，才能夠讓產業界在嚴峻的經營條件下，有效提升技術與產品附加價值。然而學術界與剛出研究所的碩、博士，對於產業界的現實嚴重欠缺認識，總是無法擺脫歐美原創性研究的高成本、高風險、高耗時模式，因而與產業界「成本低、開發週期短」的運作模式格格不入。不幸的是，三十年來產學各執一端地埋怨對方，而上述的產學鴻溝卻鮮少有所改善。

於是，明明是後進國家的產業，所需要的技術絕大部分已經被先進國家公布在各種不同的公共領域，實際上卻仍舊只憑員工腦袋裡的知識在解決問題，而沒有去利用先進國家的智慧和經驗來加速縮短跟先進國家的技術落差。結果，過去三十年來，企業的技術與知識累積太緩慢，因而在大陸、印度、東南亞與其他新興國家的追趕中，被逼到牆角，雇主、員工和整個社會都看不到未來。

要突破以上困境，就必須根據台灣產業界的現實條件，將文獻回顧的要領發揮到極致，以便建立起「低成本、低風險、高產出」的後進國家研發模式與策略。

這是我們下一章的主題。

18

後發優勢——後進國的產業研發策略

第1章和上一章的篇末都已經指出來，台灣當前的產業與社會發展困境，都肇因於沒有能力發揮後進國家的後發優勢——取法先進國家，用前人的智慧解決自己的問題，以便發揮最大的時間與成本效益，縮短學習曲線以及與先進國家之間的技術落差。

後進國家的產業發展環境，有其無法改變的不利因素，無法事事比照先進國家。例如，有些學者昧於先進國家與後進國家之間，產業經營條件的懸殊差異，老愛指責台灣的產業界短視近利，不肯長期投資基礎研究，這樣的批評其實往往是不知人間疾苦的天真高調。

事實上，後進國家就是很難跟先進國家打專利戰爭，也很難用高耗時、高成本、高風險的基礎研究去改善企業的競爭力。因為，先進國家擁有先發優勢，早已在長期領先的過程中，控制許多關鍵的專利，並且以經驗老到的優勢團隊繼續強化專利布局，墊高進入障礙（entry barrier）；而後進國家不僅必須在新的專利上跟先進國搶先機，還得在舊的專利上同時突破所有關鍵性的封鎖，這等於是要以數年的時間全面突破別人數十年的累積，而可用的人力資源，卻又往往不及對手的十分之一。

在這場小蝦米與大鯨魚的戰爭裡，一個後進國的企業如果沒有搶到關鍵的專利，無法用來和母公司爭取相互授權，母公司所索取的專利授權金都不會因而減少——不論你擁有多少母公司所不需要的專利，結果都一樣。因此，後進國家的研發成本會悉數反映在帳目上，但是研發的成果卻往往無助於降低專利授權金的支出。在這種「只有支出而鮮少收益」的現實下，要台灣的產業界去進行長期的基礎研究與專利卡位戰，無異於妄想天開。

其次，先進國家有品牌優勢，後進國家的企業在建立起品牌之前，必須要先以「相近的品質，一半的價格」這樣的卑屈姿態，爭取市場的認同。因此，不論台灣的企業界多麼有企圖心，往往都只能從低成本、低耗時、低風險的應用研究下手，先提升產業技術水準與附加價值，改善成本結構與品牌形象，才有機會在未來從事原創性的研究與專利爭奪戰。

因此，若想要提升台灣產業界的競爭力，必須將源自先進國家頂尖大學的原創性研究模式，轉化為後進國家的應用性研究，以便開創出低成本、高產出、低風險的研發模式與策略，這才有辦法慢慢改變企業的體質、文化與制度。

這個研發模式與策略的核心，就是把文獻回顧的要領發揮到極致，以便徹底發揮「站在巨人的肩膀上」與「用前人的智慧，解決眼前的問題」的槓桿效益——這是後進國家最重要的後發優勢。

得來全不費功夫——先進國家的公共領域知識

我們在第1章就說過，研究的目的是為問題尋找可靠的答案，或最佳的解決方案。此外，不論是從企業界或學術界的角度看，我們都應該再加上一句「用最省時、省力的方式」。因此，研究的第一步是文獻回顧——如果合適的答案早已存在，直接拿來用便是成本最低、風險最小，也往往最省時的辦法。

大學時，有位化工系學長告訴我一個故事，讓我至今記憶猶新。他畢業並服完兵役後，在一家科技顧問公司上班，存錢準備出國留學。老闆給他一個客戶委託的案子，要他在半年內開發出一項產品的合成方法。他大四跟教授作專題時，剛好查過一本書，其中就有那個合成方法的公式。為了確認他沒記錯，他先到圖書館把書找出來，搞清楚內容後記了下來。然後，他沒跟老闆講這件事，兀自用「去圖書館查資料」的藉口去補托福。半年後他把公式交給老闆時，托福也高分過了，甚至還剩了一點時間，開始準備公費留學考試。

這個故事讓我深刻體會到：後進國家的許多問題早已有現成的答案，如果你知道它在哪裡，就不需要用高昂的價格去國外購買，也不需要進行耗時、費力、高成本的基礎研究。

後來，我在中山科學研究院服務，特別費心去了解圖書館內極為豐富的國外技術文獻。當時中科院是軍方最重視的科研單位，號稱「博士滿街走，大學生不如狗」。而我的主管在機械設計方面的能力，在軍方極為出名，有將近四十年的經驗，他和當時台灣機械工程界的人都相信：機械設計是經驗的累積，十年的功力就是要十年的磨練，無法取巧走捷徑。後來，我找到一本美軍關於防鏽處理的標準規範，對於各種零組件在各種環境下，應該有的防鏽處理有很清楚的指引；我據而發現自己主管的一套武器系統內，有數量可觀的零組件都選錯了防鏽處理的方法，因而特地寫了一份公文，由他上呈更高階的主管，一次更正了近百處表面處理的錯誤。這件事讓他對我刮目相看，而對外則得意洋洋。後來我又找到一本關於各種零件公差、配合的標準，對於各種功能各異的零件該如何選擇公差與配合，有極為清晰而易懂的指引；根據這一份文件，我又解決了一個困擾該單位將近十年的老問題。

這件事讓我跟他都了解到，雖然機械設計所需要的都是無法加以學理化的經驗知識，但是一個人的功力有多高，不只是看他經驗的累積有多少年，還得看他運用國外技術資料的能力。

美軍的軍事標準與規範中，蘊藏了上百年來無數軍事專家與工程師的經驗和智慧，而美軍裝備則必須在太空、深海、北極、沙漠裡，耐受各種嚴苛的環境考驗，因此它的內容豐富完備，遠超乎一般人所能想像。光是索引就需要一間六坪大小的房間，裡面塞滿書架，而書架上則塞滿了用最薄的聖經紙和小號字體，密密麻麻印刷的索引；當你從索引裡找到軍事標準的名稱和編號之後，再到另一個塞滿櫃子的大房間去找該標準的微縮影片，一份軍事標準動輒數百頁。所以，只要你有能力活用美軍軍事標準與軍事規範，就有如憑空增加了一甲子的功力。

先進國家都有一套貫穿政府與企業的制度和社會體系，可以把前人的經驗和智慧融入公共知識體系，讓後人可以站在前人的肩膀上，一代比一代更有效率。這些公共領域的知識，包括全國通用的標準與規範，各專業領域和行業公會出版的專業手冊、叢書、專書、專業雜誌與專業的學術期刊，此外專利文件也蘊藏很多寶貴的知識、創意和經驗。

第1章曾經提過，大陸有一套油壓技術手冊，彙整了許多實用的蘇聯和德國油壓技術文獻，以及油壓課本裡找不到的關鍵數據，整套書的總厚度超過一公尺。我也曾找到過一套蘇聯機構學手冊的英譯本，一共將近二十冊；在中鋼工作期間，我也曾在圖書館，找到許多實用的熱處理手冊和技術專書。先進國家公共領域的知識之豐富，遠遠超乎台灣人所能想像。不僅如此，各個企業體內還有它自己的知識管理體系和技術文獻，用以彙整企業內數十年或上百年的經驗和智慧。

有這麼多前人的經驗和智慧可以運用時，一個大學畢業生可以平添多年功力，很多曾經困擾前人數十年的艱難問題，都可以迎刃而解，十足體現了「前人種樹，後人乘涼」。

反觀台灣的大學畢業生，卻只能靠自己腦袋裡的知識赤手空拳地解決問題，沒有前人的經驗和智慧可以借助。無怪乎我們的生產力會遠遠低於先進國家，而我們的技術與產品品質，始終無法超越一個世代所能累積的水準。

以最近的跨國統計為例，台灣的人均工時全年為二一三五小時，全球第三高；而全球最低的德國僅一三七一小時，將近台灣的一半（六四％）。另一方面台灣人均所得為二．二萬美元，德國卻高達四・一萬，將近台灣的兩倍（一・八六倍）。也就是說，德國人的生產效率大約是台灣的三倍。

台灣人並不比德國人笨，為何生產效率差距如此之大？其中一個關鍵原因，就是德國人擅長把前人的經驗與智慧，融入制度與各種公共知識體系裡，讓後人可以靠前人的智慧輕易解決各種問題。以國家標準為例，德國的DIN號稱全球最先進，永遠領先產業的需要，無怪乎他們會在二〇一一年提出工業四・〇，遙遙領先全球。根據一位英國經濟學家的估算，德國因為有國家標準DIN，使得企業界的效率明顯提升，因而對德國GDP的貢獻達到約莫一%。

如果我們持續現況，無法建立起「前人種樹，後人乘涼」的知識累積與分享體系，我們的技術水準將會持續保持在一個世代所能累積的極限，而無法超越；我們的生產力也將止於憑個人知識累積所能達到的極限，而無法再突破——這正是我們過去三十年來，技術累積速度越來越慢，終而陷入當前困境的關鍵原因之一。

知識的分享、分工與管理

台灣的企業界習慣用錢買知識和技術，而不是建立自主研發能力和制度。早期許多企業是聘請日本退休技術人員到台灣來當顧問，指導現場生產日本過時的舊機種。這種技術引入模式成本低，進入市場的速度快，而不需要建立起市場預測能力，沒有研發的風險和長期投資的心理負擔，可以隨著市場變化，隨時機動調整與應變。雖然有些企業在這過程中逐漸累積出一些技術，但是管理者習慣於這種經營模式後，很難培養出中長期市場預測與風險控管的能力，也欠缺主動、積極提升技術的能力，因此決策模式傾向短期操作，以及追逐低價勞動成本所帶來的競爭力。

很多這樣的企業就在大陸改革開放過程西進，接著又往南進，數十年的經營並沒有換來技術的持續累積，或穩定的提升品質，更別說是建立品牌、研發與全球市場。結果，在歐陸原本是世代承傳的製造業，在台商手裡卻變成四方遊走的游牧業，逐低廉工資而居。

另一方面，沒有西進的企業中，有些就利用政府的優惠低利貸款，和股市管理鬆散的各種弊端，開始玩號稱「代工」的資本遊戲。他們看準全球半導體市場供需缺口所造成的高價位期，以全廠引入的方式，迅速取得「統包」解決方案（turnkey solution），以大量優質博、碩士生投入設廠，與接收母廠解決方案，再以超時加班的模式，充分利用設備產能、降低成本，期望在市場供需缺口消失之前回本，並且賺到額外的暴利。兩兆雙星產業的專利、產品設計、生產設備與製程，乃至於原料與設備維護，都是用錢買來的，只有生產過程的良率提升，需要一些專業知識的靈活運用。問題是這些有限的知識或技術所能形成的進入門檻非常低，一旦大陸有錢買進口設備了，就可以從小尺寸的晶圓和面板代工做起，逐漸累積經驗和技術，侵蝕掉台灣的市場占有率。於此同時，在較高端的產品線上，韓國一向力求生產設備國有化，以及長期培養自主研發能量，最後終於以成本優勢打垮台灣。曾經喧騰一時的兩兆雙星，最後以「五大慘業」

收場。

上面這兩種發展模式都以數十年的經驗向我們清楚顯示，用錢買來的技術和榮景是無法持續的，一個社會或企業的長期可持續發展，只能靠自主技術的建立——你可以用錢買的技術和產業，大陸和印度也可以砸下更龐大的資金去買；你可以用頂尖人才去快速接收全廠設備與技術，大陸和印度也可以用更加聰明的人才，更快速地接收全廠設備與技術，然後用更廉價的勞動力和更鬆散的法規，建構出成本優勢，迅速在市場上取代你。因此，只有靠自主技術的持續成長，才有機會維持競爭優勢，和社會與企業的可持續成長。

另一方面，過去這幾十年，確實有極少數企業在持續累積自有技術，並已經建立起國際品牌。但他們仍舊是以個人的知識和聰明在解決問題，以及從國外引進技術和專利授權，頂多只是使用逆向工程（inverse engineering）來累積自己的技術，而未能充分利用先進國家公共領域的豐富知識、技術和資訊，來快速縮短跟先進國家的技術落差。因此他們仍舊經營得很辛苦，而生產效率依舊遠遠落後先進國家。

理論上，先進國家的技術有很高的比例是來自於企業內部長期的自主研發。但是後進國家的技術發展，應該要盡量取自於先進國家，以便降低技術發展的總成本：有些來自於網路免費或付費的下載、分享，有些來自於先進國家公共領域的廉價出版品（專利、技術手冊、專業雜誌、專書等），與商展所取得的資訊，有些來自於自主研發，僅有一小部分來自於技術引進和專利授權。這四項中，前三項的取得過程都是合法且「操之在我」，可以被視為「等同於自主性的技術發展」，只有最後一項操之他人；此外，前兩項的取得過程風險低，主要的成本在於知識與資訊蒐集、篩選、分析、比對與彙整的過程，而其成本可以靠清晰的技術發展路線圖（technology road map），和好的知識管理制度大幅降低。

從企業長期競爭力與研發成本、風險的綜合考量看，後進國家較佳的技術升級與研發模式應該是：(1)根據國外的長期市場趨勢預測，以及企業的市場定位與發展策略，建立企業體中長期的技術發展路線圖；(2)建立企業體的知識管理與人才管理（talent management）體系，針對先進國家公共領域的各種技術、資訊和知識，以有效的分工長期進行有系統的蒐集、篩選、分析、比對與彙整，並以此取代歐美企業基礎研究的功能；(3)無法從公共領域取得的技術，或者涉及專利迴避的部分，則以前述公共領域的知識為基礎，進一步發展與突破，而產出自主研發技術；(4)門檻太高或及時進入市場所需的技術，則以專利授權等付費的方式取得。

上述四個項目中，一、三兩項剛好就是學術界應用研究的標準流程，假如企業界願意以專責分工的方式進行長期的發展，隨著員工蒐集、篩選、分析、比對與彙整能力的成長，與管理效率的提升，其最終成本將遠低於國外企業的基礎研究，也遠低於專利授權等技術引進費用，而且風險也遠低於自行研發。

不過，如圖9所示，剛開始建立本章所建議的產業技術研發模式時，因為產學之間或企業內部的分工模式欠缺效率，以及參與者對所負責項目之領域知識仍舊嚴重缺乏，需要自行補充閱讀的背景文獻較多，且吸收效率較差等因素，使得蒐集、篩選、分析、比對與彙整的效率偏

圖9：三種技術升級模式之成本比較

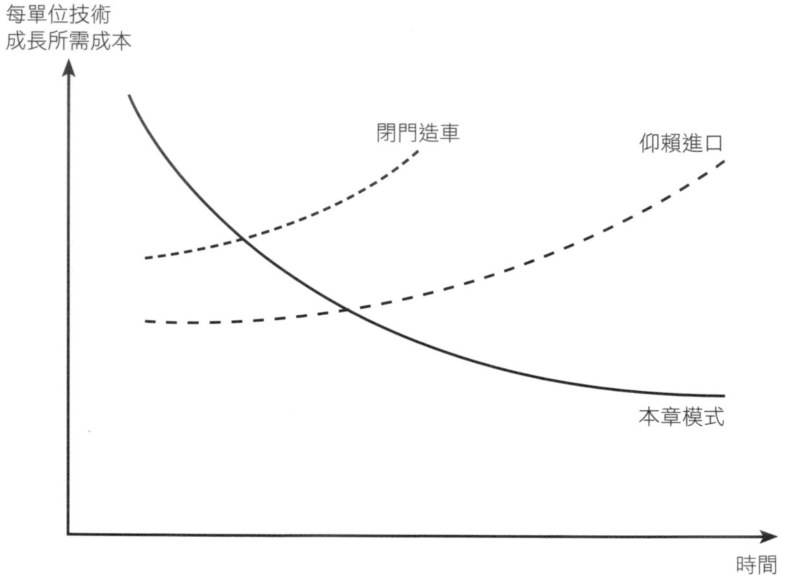

低，因此完成每單位技術成長所需要的成本，會高於完全由先進國家付費引進（即「仰賴進口」模式），也高於完全由員工憑自己的知識與聰明去研發（即「閉門造車」模式）。必須等制度上軌道，分工達到較高的效率，參與人員對所負責項目的背景知識、關鍵詞、搜尋策略等都熟悉，且較嫻熟蒐集、篩選、分析、比對與彙整的要領之後，完成每單位技術成長所需要的成本，就會低於另外兩種模式。因此，企業必須為了中長程的利益而決心建立體制，才能度過初期的無效率。

此外，為了進一步降低每個企業技術成長所需要的成本，最好是由產業公會出面，和各大學合作，委請他們以應用研究的形式，有系統地彙整產業內部所需的共用技術，而執行該研究案的學生，則可學以致用，畢業後到該產業公會所屬企業去工作。

其實，日本也是在技術水準追上歐美之後，才開始自主的基礎研究；在此之前，他們可以說是「只要合法，無所不用其極」地從歐美吸收、盜取各種知識和技術。

商業談判、商展、專利與多元管道的資訊整合

我念大一時，有位老教授告訴我們日治時代培養工程師的方法。他們被訓練成熟知自己身體各部位的長度，而且擅長目測長度與距離：手掌的寬度與長度、打開手掌時拇指與尾指的距離、手軸的長度、肩膀的寬度、步行時兩腳的跨距等。當他們到歐美企業去參觀時，可以用目測配合身體各部位，去估測國外機器與廠房布置的關鍵尺寸，回旅館時再彙整每一個人取得的資訊（很像補習班分派數人進考場背下學測或國考的考試題目）。這位教授一時興起，下課前在黑板上徒手畫一條十六公分的線和一個三十度的角；我們下課後去量，線長只差一公釐，角度則看不出有誤差，嚇得我們瞠目結舌。

據說，有些日本企業會利用商業談判的過程套取歐美企業的機密，手段極其高明。他們先是有系統地吸收歐美公共領域的知識和技術，再通過商展的訪談過程取得進一步的資訊，然後在這基礎上進行自主研發並標定技術瓶頸。接著，他們通過企業集團，分成好幾個團隊，分別跟歐美具有競爭關係的企業談判技術授權。他們行前有整體的計畫和明確的分工，每天談判完

後就在旅館內先彙整取得的資訊，然後用電話向國內研發單位匯報；等研發單位研究彙整、研判後，再通知他們第二天要套取的關鍵資訊。在半年或一年的許多次商業談判裡，他們利用歐美企業的競爭關係，引誘對方透露機密，雖然每個歐美企業都只願意透露有限的零星機密，但是當研發單位把這些不同來源的零星機密加以彙整、分析、研判後，逐漸跟其他公共領域的資訊，與日本企業的自主研發能力整合，就有機會完成某些突破，而大幅減少必須從歐美技轉的項目。所以，美國汽車業界的巨人艾科卡（Lee Iacocca, 1924-）就曾振振有詞指控日本：「他們沒帶來任何一盤菜，卻把整桌宴席都帶走！」

據說，韓國在發展半導體自有技術的過程中，其手段是「更上層樓」。他們在矽谷找到願意合作的半導體研究人員，提供極為優渥的報酬，請他們在週末下班時搭專車和專機到韓國，傳授研發人員各種知識和要領，週一大清早再搭專機和專車回到矽谷上班；此外，週一至週五的晚上則由韓國付費，用越洋電話繼續指導韓國的研發人員。

上述手段有些是合法或處於灰階地帶的，有些踩在紅線上，有些已經超越紅線，不見得都值得取法。但是他們積極運用各種管道去擷取資訊，並靈活彙整的手段和精神，卻是台灣企業界必須認真效法的。

我會利用下一章的篇幅，彙整自己在這一方面的心得，同時也用個人的經驗和心得，談談學術界如何主動跨越產學鴻溝。

19

走出象牙塔——跨越產學鴻溝的經驗談

為了提升台灣產業界的競爭力，培養產業界的自主研發能力，政府各單位曾經推出過數種不同的模式，獎勵產學合作，最後都因績效不彰而難以為繼。雖然有少數例外的成功案例，前述努力的結果，卻往往造成學界與產業界越來越深的隔閡，與彼此的不諒解；還有些表面上成功的案例，則只不過是培養出學閥，以及「產學研」聯合詐欺政府補貼的各種手段與「詐欺」集團，最後甚至還賠上工業技術研究院的聲譽——許多廠商認定工研院內能力較強的人，都已經出去自立門戶，留下來的是能力差或者不積極的人；有些廠商認定工研院潛藏著許多工業間諜，他們利用廠商所提供的資訊和配合款去研發，一旦成功就故意隱藏成果，假裝專案開發失敗，等結案後再找機會自己出去創業。

追究過去各種失敗的原因，除了制度設計不當之外，主要問題出在產業界與學術界對於彼此的能力和需要，嚴重欠缺認識，而對於合作的期望，又嚴重偏離各自的現實條件，因此接觸的過程，失敗的案例遠遠超過成功的案例。最後企業界委婉地指責學術界：「我們要的是技術，不是學術。」而學術界則指責企業界短視、消極、沒有能力留住高階人才。這些指責都合乎局部的事實，卻也都昧於另一部分的事實。

檢視成功的案例，其中很高的比例是，學者在產學合作成功之前，就已經擁有企業界所需要的技術——有些是出國前有足夠的工作經驗，了解台灣企業的特質與需要，因此可以在進行產學合作之前，就累積出企業界需要的技術；有些是留學期間剛好學到國內所需要的技術，而這種學者中，留德的比例明顯偏高。

本章將從學術界的角度出發，先談談台灣企業的特質與經營環境的現實，再談如何跨越產學的鴻溝。

留學生的回國之路——認識台灣產業界的現實

假如粗略地說，台灣的產業技術落後美國十年左右，而美國的產業技術落後其學術研究五年左右。那麼台灣產業技術升級所需要的核心理論，大約在十五年前，就已經發表在國際著名的學術期刊上，而且美國企業界很可能在十年前，就已經申請完所有關鍵的專利了。

面對這種產業發展的窘境，很多從全球頂尖名校留學歸國的理工學者，都曾嘗試在美國人尚未壟斷專利的學術藍海，尋找屬於自己的機會。我剛回國時也曾經是其中一員。

在一九八九年剛回國時，我曾研究過奈微米級精密定位原理，也有所突破，實驗結果顯示遠遠超越當時學術期刊上所發表的最新研究成果。當時曾經想過要申請美國的專利，仔細研究後，不但放棄專利申請，還把這個研究項目整個放棄，再也不研究了。主要的原因是，要讓專利具有市場價值，你必須將生產市場化產品所需要的關鍵專利都申請到手，或者項目多到別人必須跟你相互授權，才有辦法獲得生產所需要的完整專利；如果你只有零星的專利，它在市場上的價值是很低的——專利的真正最大獲利者，是專利的整合者，而不是零星專利的擁有者。此外，我打聽的結果發現，美國應用材料共有數十位博士和一大堆工程師在研究該題目，包含理論、硬體和軟體的完整配套研發。我只有一個人，就算是在專長的控制理論上有所突破，也不見得能卡住所有可替代的專利，逼美國公司來談判授權；更沒辦法靠自己一個人，繼續研究完所有精密定位所需要的理論、硬體和軟體。

所謂「猛虎難敵猴群」，一個人單打獨鬥，絕對不敵一間公司裡人數破百的研究團隊，這是一場註定要輸的仗。就算偶有成果，人在台灣，又不可能到美國各企業去兜售專利。這樣零星的研究成果，最後終究還是會置諸高閣而無人問津，過程中投入的心力則悉數付諸流水！

如果去查詢國內學術界，過去數十年來所獲得的美國專利，就會發現已經獲得國外授權金的項目極其稀少，可見得上述困境是國內學術界的普遍現象。

經過這場教訓之後，我了解到：學術界的研究如果與台灣的企業脫節，就會淪為隻身對抗美國整個的企業研發團隊；如果希望有後盾，至少要研究台灣企業界未來會有興趣的題目，以便在理論上有所突破後，結合產業界的資源，讓後續的研究可以在台灣生根。

就在此時，美國著名的機械工程專業雜誌，以封面故事介紹一種突破傳統的六軸工具機，並稱之為「二十一世紀的機器」（Machine for the 21st Century）。這種機器具有特殊的結構，被認為質輕而剛性特佳，因而可以突破許多傳統工具機和機器人的應用瓶頸。但是它卻有一項困擾學術界和產業界的怪現象：它的剛性變化不定，在某些特定的位置和姿態下，會完全失去結構的剛性，而整個垮下來。因此，如果要讓這個機器發揮大家期待的廣闊應用，就必須要先解決這個奇怪的問題。

工具機是台灣的重要產業，我希望可以在這個題目上，協助業界找到突破歐美專利封鎖的機會，因而投入這個研究課題，並且在不久後開始產出一些重要的研究成果。但是我一直不肯發表論文，準備在研究成果更成熟後，一次申請所有關鍵的專利，完成專利布局，之後再交給台灣的工具機業。接著我到法國國家科學院，與一位全球最頂尖的學者共同研究了三個月，發現他只是一個不了解機械工程的數學家，雖然在理論上領先全球，但是欠缺實際應用的能力，因而無法將它們實用化。最後，我彙整在法國的研究心得和過去的研究成果，完成了一整套設計方法和流程，可以保證設計出來的六軸工具機絕不會垮下來，而且在任何位置上其剛性都吻合設計規格的要求。

我很興奮地拿這個研究成果跟一家著名的國內工具機廠談合作，總經理聽說這個工具機有六軸，就完全失去了興趣，直白地跟我說：「台灣人連傳統的三軸工具機都做不好，你突然要生產非傳統的六軸工具機。不管你的產品有多好，這世界上都不會有任何一家公司敢買去試用——甚至連免費送人試用，都不會有人有興趣！」

這堂課的教訓是：只有技術領先不一定有用，還要客戶認定你是一個夠格的生產者，才會有市場。一旦想通，就連想起很多類似的案例。豐田汽車公司銷售總額站上全球冠軍後數十年，全球百萬名車的名單裡仍舊沒有它，大家總擺脫不掉「日本車是便宜貨」的刻板印象；直到另創一個品牌凌志（Lexus），又經營了十數年，才以吊車尾的姿態，勉強擠進全球頂級房車之列。美國成為全球科技龍頭已經近百年，也有一些世界名牌時裝，但是紐約時髦產業的名氣不但無法跟法國巴黎論列，甚至都還不一定能超過義大利的米蘭和羅馬。

不僅是一般消費者的刻板印象，數十年內都難以改變，歐美菁英階層的刻板印象也不容易改變，甚至還有可能是更難改變。台灣在一九七五年和RCA達成半導體技術轉移交易，由RCA培訓電路設計、光罩製作、晶圓製作，以及封裝、測試的人才。一九八四年宏碁推出十六位元個人電腦，並且在兩年後搶先IBM，推出三十二位元個人電腦。但是英國的《經濟學人》（*The Economist*）雜誌在一九九〇年代還譏笑台灣，說台灣的IC產業只能生產聖誕卡片上唱聖誕歌的小IC。

前後兩堂課加起來，清楚地告訴我：學術研究必須要跟台灣的產業現實接軌，才有機會在這塊土地上生根，不致淪為象牙塔內的孤鳥；而台灣產業技術的升級速度，受限市場的接受度，只能漸進，而不可能「超英趕美」。

於是，我將研究的目標調整得更務實：針對台灣最具競爭力的產業，研究它在五至十年後會需要的核心技術，以協助產業界縮短跟國外技術的落差（而非超前）。這個決定同時意味著，放棄學術界偏好的基礎研究，聚焦在有長遠發展機會的應用研究。

就在這時候，我發現半導體產業的自動光學檢測（Automatic Optial Inspection）技術具有很多吸引人的特質。這種檢測設備是在傳統的運動平台上，架設一個工業級數位相機，用數位相機對半導體製程的產品拍照後，以電腦程式進行影像分析，找出產品的瑕疵。這種設備的毛利率可高達七成，運動平台的精度是台灣機械業早已有能力量產的，而工業級數位相機則可以從國外許多供應商購入，需要突破的瓶頸技術，只有瑕疵檢測所需的影像分析技術。而且，一旦瑕疵檢測所需的影像分析技術有所突破，就可以帶動整個產業鏈往附加價值率更高的半導體中段製程設備，持續發展上去。更吸引我的是，台灣的許多機械業也看到此發展方向的潛力，摩拳擦掌地躍躍欲試；因此，不管在未來有多少家公司失敗，嘗試攻占灘頭堡的公司將會是前仆後繼，不會歇止。

唯一的困難是，這些企業都將未來的發展當作機密，不願意讓人知道他們的布局和研發進度，因此你無法從他們的嘴裡問出他們的研發需求。更糟的是，他們很明白地表示：過去跟國內頂尖大學的合作都失敗，再也不願意跟這些「只有學術，而不懂技術」的教授們合作。想要跟他們合作，前提變成是直接拿出現成可用的技術，證明給他們看。

問題是，當業者緊閉雙唇，不肯說出他們的需要時，如何找到他們的技術瓶頸，發展出破解之道，然後回過來告訴他們「我有現成的技術」？表面上看起來，這似乎是「雞生蛋，蛋生雞」的難題，其實有心就不難：台灣的技術發展路徑都是尾隨先進國家的發展路徑，只要從國外的期刊論文和專利文獻，彙整出先進國的技術發展路徑，就可以預測台灣產業的未來技術發展路徑；接著再從商展的產品目錄中，比較國內外產品規格的落差，就可以清楚看出台灣企業的技術瓶頸與需要。

跨出象牙塔的第一步——商展

擅長寫專利的人會把一部分技術機密掩藏起來，但是為了通過審查，他還是必須清楚陳述當時產業界所遭遇到的難題，以及當時業界既有技術的缺點，用以突顯該專利的價值。只要將學術界的論文和業界的專利按時間次序有系統地彙整，就可以看出一項產業技術在過去的發展路徑；接著再從學術界的論文和相關理論下手，配合專利所透露的資訊，就可以扼要勾勒出技術發展過程中，可能需要的學理知識和發展過程。

因此，決定要投入自動光學檢測技術後，我先通過文獻回顧，了解到自動光學檢測背後相關的理論基礎與發展史。接著又彙整國外專利以及國外的市場分析報告，整理出國外自動光學檢測技術簡要的技術發展路徑圖，以及各種學術研究領域與這項產業技術之間的大致關係。

然後，我到台北世貿大樓參觀自動光學檢測設備的展覽，到每一個攤位索取產品型錄，盡一切所能，詢問銷售工程師各種他們願意回答的問題。我很快發現：你懂得愈多，他們願意回答的問題也越深——約莫比你已經懂的多一點點。於是，我在展覽結束前，進一步以總覽式文獻回顧，粗略掌握自動光學檢測的核心原理，然後在商展結束前，再度造訪所有展出攤位，用我所懂的學理以及別家公司所提供的資訊，去進一步套取他們的資訊。最後，我決定先把研究焦點放在電腦主機板的焊點檢測。

接下來的一年裡，我先完成焊點檢測的完整文獻回顧（包含學術文獻與專利），掌握到該技術的核心原理，和所需要解決的核心問題，並且開始在這基礎上進一步深入研究。一年後，我發現焊點檢測，只需用到基本的影像處理技術，真正的挑戰在於如何將主機板的焊點形狀，與瑕疵元件的影像特徵有系統的分類。這個工作之所以困難，是因為焊點的瑕疵會隨元件的形狀而異，同時正常件與瑕疵件的影像差異也會跟著改變。想突破這個關鍵的瓶頸，我需要從生產線取得大量的正常件影像和瑕疵件影像，也需要有經驗的現場操作員告訴我，他們辨別正常件與瑕疵件影像的經驗法則。

第二年初，我再到台北世貿大樓參觀自動光學檢測設備展，並且很快察覺到國外的領先廠商使用的檢測技術，應該是根據經驗法則，很可能欠缺學理上的依據。我試著用我的研究心得，向現場的銷售工程師解釋幾種常見焊點瑕疵影像的形成原理，以及最有效的檢測策略，希望可以藉此套取他們進一步的資訊。結果，我獲得的資訊還是不多，最寶貴的資訊是：焊點的影像吻合鏡面反射的特徵，而不是像學術界論文上所敘述的粗糙面反光特徵——原因可能是因為國外學術界拿到的樣品已經略有氧化，但生產線上的待檢品是毫無氧化。其次，這些進口的昂貴檢測設備，都是由國內的高中或工專畢業生在操作，依據的是原廠三個月至半年的訓練和操作手冊，真有難題時，再向國外的總公司請求支援。我因而更加認定國外的技術應該沒有用到高深的理論（它們不是國內工專畢業生用六個月或一年的訓練所能學會的）。這兩個資訊使我的研究方向有更加明確的聚焦點，我也引導一位碩士生朝這方向完成一項基礎研究。根據這個研究，我猜測產業界在欠缺學理基礎的前提下，可能會在某些較難檢測的元件上遭遇到某些困擾。

第三年初，我再到台北世貿大樓參觀自動光學檢測設備展，試探性地詢問每一個攤位有沒有遭遇到我們猜測的難題，並且介紹我們完成的研究和我們的解決方法。結果，沒有一個企業顯露出合作的意願或興趣。原因其實很簡單，台灣根本沒有能力生產焊點檢測的設備，所有參展的廠商都是外商以及在台代理商，他們當然不需要國內的學術界協助研發。

由於需要企業界的配合，才能取得大量的線上影像，進一步深化研究，所以我把焊點檢測的研究暫時擱置，轉往液晶面板的檢測發展。

沒想到，幾個月後，來了一位美國主機板焊點檢測設備的在台代理商，由總經理帶隊；原因是副總經理在世貿大樓展覽時跟我談過，發現我問的問題很深入，而且解釋現象與原理時很具有說服力，讓他懂了很多過去一直想不通的謎團；因此，他認為我有機會協助他們開發出國內自製的焊點檢測設備。他跟總經理討論後，一起來拜訪，試探合作的機會和可能性。我們約好，先由我給他們上課，講我們過去累積的心得和成果。學員中，副總經理是整個公司最資深的技術人員，代理並使用過數種國外進口的主機板焊點檢測設備，熟知其用法而不知其原理。而且，他們的客戶就是主機板生產者，可以讓他們在現場大量取像後，回公司測試我開發出來的檢測程式。

上課後不久，我從他們的口中知道許多學術界無從得知的現場實務經驗和知識，確知既有機種的照明方式有缺陷，以及檢測的方法欠缺學理基礎，顯得沒有系統，因而彼此都認為我們的合作將有機會產出檢測能力超越既有機種的檢測技術。

後來我們敲定的合作模式是：他們負責找人組裝硬體的設備，我則負責開發整套的檢測程式和軟體；為了風險控管，先以五百萬為第一期研發經費，希望能在這額度內完成第一套實驗機種。沒想到總經理為了盡量壓低硬體成本，將硬體設備交給台灣的二軍製作，因此當五百萬用完時，我們的軟體開發出來了，硬體部分卻無法完成動態取像的功能，而只能靜態取像。由於總經理沒有能力研判問題出在哪裡，以及後續的風險有多高，因此喊停。一年後他們回來找我，希望重啟合作。因為他們長期大量測試我給的軟體，發現它的檢測正確率高達九五％-九八％，而國外進口的設備只有八五％-九〇％；此外，他們也終於確認原本的失敗要歸責於自動化的簽約廠商，而且已經找到另一個更可信的自動化承包商。

不過我早就從這次經驗學到一個教訓：一台機器拆成三個團隊去研發，一旦出事就互踢皮球，把責任賴給其他團隊；而決策者又欠缺判斷力，最後吃虧的一定是處事單純且不願欺詐的學者。所以，我婉謝他們的提案，並且早已跟另一間科學園區內的精密機械公司，共同研發面板瑕疵的檢測技術，進展也相當順利——他們有完整的軟、硬體技術，我只需要負責想出檢測的方法，由他們去寫程式測試，我的工作和責任都很單純、清楚，沒有任何模糊地帶。

挑戰全球龍頭

新竹科學園區內的這家機械公司，在國內很有名，可惜與我合作的事業單位是由行銷出身的人負責，他看重的是眼前的大單子（以便盡速累積戰功而升遷或分紅），而不是公司十年、二十年後的規模（因為屆時他已經退休了，享受不到好處）。此外，他賺錢的方式是靠價差，而不是靠技術提升來拉高附加價值率，所以每一年續約時，都要責問研發單位「跟人家學了兩年，還沒把他的功夫學到，你們這個顧問到底還要聘多久？」。

為了遷就主管的經營策略，研發單位跟我合作的也都是三、五個月就能完成，一年內立即可以看見營收的案子，挑戰性不夠高。有鑑於此，我一直在探索其他更具挑戰性的機會。就在我跟園區公司的合作即將屆滿三年時，終於等到第10章所討論的「X光三次元檢測機」的研發機會。

第10章曾經提到過，當時美國公司安捷倫獨占產品市場三十年，連日本的第一品牌歐姆龍都無法切入。我們唯一的機會是，以最新的數位影像技術將檢測速度提升十倍，並且希望安捷倫在這方向上的技術發展速度比我們慢。

我們的勝出，主要是因為有能力從各種不同來源擷取前人的智慧：我們從頂尖的醫學期刊論文找到最佳的取像角度，該文充滿艱深的數學，很少有工學院的教授讀得懂，更別說是沒有一流人才的美國中小企業；我們從一份德國專利，找到把教科書方法大幅簡化的竅門；我們從醫學界的期刊，找到影像強化的方法；此外，這計畫也得利於我過去在焊點檢測和面板檢測所累積的研究心得，以及從合作單位間接取得的生產線檢測經驗。

在執行「X光三次元檢測機」的研發計畫時，我從數度參訪日本商展，又得到一些意料之外的重大心得。日本半導體產業設備的最大展覽，通常是在每年元旦開始，鎖定的是海外客戶，參展的是全日本最頂尖的企業，現場人員都會講英語；接下來在元月中旬，還會有一場機械視覺相關產品的展覽，鎖定的是日本國內客戶，參展的都是日本的中小企業，現場人員多半不會講英語。開發主機板焊點檢測設備時，我已經跟合作的台灣公司到日本去參訪過一趟，花了約莫一週的時間把兩場展覽都看完。第一個心得是，就像經濟學的研究所顯示，每一個國家的製造業，大概只有最優秀的三成企業有出口的競爭力，其他欠缺出口競爭力的日本國內企業，不見得比台灣的優秀企業更出色。第二個心得是，日本最頂尖的製造業人才，都集中在附加價值率最高的半導體前段與中段製程設備供應商，這都是一些國際著名的大公司；到了後段，製程的設備附加價值率已經偏低，請不起優秀的日本人才，而且公司規模也偏中小型。這個觀察跟

《戰國策》的故事結合後，讓我對「上駟對中駟，中駟對下駟」有新的理解，並且據此發展出一個小型經濟體（台灣）的國際競爭策略：用最頂尖的人才跟最頂尖的企業結合，去對抗日本和歐美的中小企業，加速取代他們的市場，同時提升台灣的產業技術。

其實，每個國家的頂尖人才都有限（譬如，人口中的一%–五%），幾乎都集中在少數企業。日本和歐美的頂尖人才集中在頂尖的跨國企業，從事附加價值率最高的研發和生產；因此他們的中小型企業只能找到二、三流人才。假如台灣把最頂尖的人才集中到中堅產業，以一流人才去跟先進國家的二流人才競爭，並且靈活運用各種管道的資訊來發揮後發優勢，就可以在低成本、低風險、低耗時的模式下，加速縮短與先進國家的技術落差，鯨吞蠶食他們的市場，並用以提高我們自己的附加價值率和薪水，最後形成一個正向循環的技術升級模式：用高薪吸引一流人才，加速技術升級，逐漸蠶食先進國家的市場占有率，提高附加價值率，提高營收與獲利，有能力用高薪吸引一流人才，如此循環下去。

為了確認這個發展模式的可行性，我在執行「X光三次元檢測機」的研發計畫時，特地每年都編列去日本參觀商展的旅費。每次去參觀，我都想盡辦法跟每一個攤位的工程師攀談。由於我的相關研究經驗已經相當豐富，而日本工程師對大學教授又很尊重，因此有不少對話的機會，我也因而確認：日本除了頂尖企業之外，絕大多企業的人力素質事實上遜於（或遠遜於）台灣頂尖大學的教授。例如在「X光三次元檢測機」的研發過程中，日本最富盛名的儀器公司歐姆龍就找錯研發方向，因而最後比我們晚了約莫八年才推出可以上市的機種——儘管他們遠比我們更早開始研發。

此外，這幾次參觀沒有廠商陪同，自己找商展資訊並且上網報名，意外地發現日本人對大學教授的敬重與厚待，真的遠非台灣企業所能企及。我後來去參觀的都是日本最大型的國際商展，第一天晚上會有開幕酒會，只有董事長、總經理、研發副總和大學教授會受邀出席開幕酒會。我雖然不是日本人，只因為網上報名時填的是「大學教授」，就拿到一張開幕酒會的邀請函。

歸結這一系列日本商展的訪問經驗和「X光三次元檢測機」的研發經驗，我相信台灣不可能挑戰先進國家的頂尖企業；但是如果致力發展中堅產業，積極延攬一流人才並發揮後發優勢，絕對可以跟先進國家的中小企業爭全球龍頭地位。

結語

台灣的經濟體不夠大，若集聚全國資源來打造一個像三星這樣的明星企業，結果將會被它榨乾一切資源。然而，以台灣人的能力，即便是一個後進的中小型國家，只要掌握到自己在全球供應鏈中最適合扮演的角色，認清自己的限制，並且充分發揮後進國家的各種優勢，絕對還是足以培養出許多中堅產業，爭奪全球龍頭寶座和較高的附加價值率，並且達成「人盡其才」的社會發展願景。

未來如何，端視我們能否「悟已往之不諫，知來者之可追」，並敏於踐行。

附錄1

碩、博士論文計畫書

論文計畫書是研究計畫書的一種，不論它是用來爭取稀有的資源（譬如研究經費的贊助或獎助、獎學金，以及國際頂尖名校的博士入學許可），還是取得碩、博士的候選資格，都是要試圖說服審查委員一件事：你有一個學術界普遍關切的研究題目和研究構想，其研究成果很可能會大幅度改變學術界對某個問題的看法，或者明顯改善既有的解決方案，從而對學術界的進步提供重要的貢獻。

要達成上述目標，研究計畫書必須清楚陳述三個要點：(1)這個研究計畫的主題與研究範圍，預期的學術貢獻（相對於既有文獻的創新與突破），以及對於社會可能會有的影響。(2)你的研究方法、理論依據、初步證據、研究步驟與工作內容，以及預期的工作進度，和研究的總時程，務求讓審查委員相信這個研究計畫有可靠的依據、周詳的考慮和嚴密的規劃，很有機會在預期的時程內，產出重要的研究成果。(3)研究過程中可能會遭遇到的困難與障礙，解決問題的腹案與對策，以及不得已時的備胎方案，藉此讓審查委員相信你有風險控管的能力，即便在較壞（或最壞）的情況下，都應該會產出不讓人失望的結果。

從教育的角度看，論文計畫書是要訓練研究生發展研究構想，並規劃研究工作與步驟、自我批判、風險評估與控管的能力，藉此引導他們走出一廂情願的研究模式，或者把研究的成敗完全託付給指導教授與命運女神。它要求研究生在發展研究構想的階段，就開始持續問自己一系列問題：(1)這個研究構想有什麼價值？有什麼證據顯示它含有創新處和優點（相對於既有的學術文獻），(2)你打算如何去發展這個想法，使它與既有學術接軌，並且具有學術界所要求的客觀性、系統性與可重複性（嚴謹性）？(3)你打算用怎樣的證據、理論、研究方法和演繹、論證程序去支持你的假說與解決問題的方案，或引導你進行必要的修正？(4)這個研究計畫會成功嗎？你有什麼勝算？你能預見到的潛在風險是什麼？你如何進行風險控管與應變？

而論文計畫書的目的只不過是在說服你的口試委員：你已經回答過這些問題，做好開始進行研究所需要的準備。

本書第13章已經探討過研究工作的策劃、進展與風險控管要領，如果你在開始撰寫論文計畫書之前，已經按照本書所提示的要領進行過選題、文獻回顧、彙整批判的角度、觀點與原則，以及發展各種創新的策略，要交出一份讓審查委員可以接受的論文計畫書並不難。

研究的主旨、背景與預期的學術貢獻

一般而言，一份研究計畫書的架構跟一本學位論文的架構相似，應該要包含以下的主要項目：(1)研究的主題、假說和研究的目的；(2)研究的問題背景和重要性，或者本研究跟現實世界的重要關係；(3)回顧關鍵性文獻的主要內容和不足，釐定本研究的焦點與範圍，以及本研究跟既有文獻的關係（如何避免重複並有所創新）；(4)擬採用的研究方法（公式推導與數值分析、實驗的、統計的、質性的），研究架構，以及它們的理論依據；可能的話並出示初步的研究成果和證據，來支持這個方法的可行性；(5)進一步蒐集證據、數據的方法和程序，包括實驗設計、數值模擬或者田野調查、抽訪等；(6)研究過程所需要投入的時間、經費、設備、統計資料、受訪者等資源，可能會遭遇到的困難，備胎方案，以及不得已時的應變策略；(7)在最順利和最不順利的情況下，本研究可能會產出哪些結果，它們對現實世界和學術界可能會有什麼樣的貢獻；(8)未來的工作內容和時間規劃。

至於這些項目的次序和具體內容環環相扣，你必須掌握到它們背後嚴密的邏輯和組織，而不是像流水帳一樣地機械化回答。本節剩下的篇幅先討論前三個項目的具體內容，其他項目的內容留待下一節討論。

(1)研究的主題與目的

這個主題和研究構想最好明確到像是一個新的假說、解決某一類問題的新方法，或者是它們的雛形、梗概。如果是一個新的假說，它應該要有機會改變我們對某些現象的既有認識；如果是新的方法，它應該要有機會解決或明顯改善既有方法的某些缺點。而且，你預期這些假說或新方法有一個夠明確的適用範圍。

而研究的目的是進一步發展這個雛形的相關細節，蒐集與分析必要的證據，以便對該假說或方法進行必要的修正，然後確認修正後的最終版本在某些範圍內確實能成立（有效），並具有你所預期的優點（或多或少）。

(2) 問題背景與研究的重要性（significance）

一個學術研究的主題通常必須要對應著現實世界一個意義重大的問題，才有機會對現實世界產生重大的影響。即便你的問題意識是想要修正或改善學術界既有的方法或理論，你還是應該可以在這些方法或理論的歷史源頭上，找到它們跟現實世界的對話關係，以及後來這些學術問題跟現實世界的關係如何轉變，從而推斷目前這些問題跟現實世界有著什麼樣的關聯。你可以扼要交代這個過程，或者只交代這個問題的歷史起源和現況。

其次，學術研究不同於企業界或實務單位的應用研究，為了讓答案精確、嚴謹，具有可重複驗證的客觀性和系統性，必須要適度裁剪。儘管剪裁後的研究主題具有一定程度的抽象性，而不再直接對應現實世界裡的任何具體問題，你仍舊必須指出，你所研究的學術問題跟哪些現實世界的問題有間接的關聯，以及你的研究成果可能會對現實世界造成怎樣的衝擊。

⑶文獻回顧以及本研究之定位

今天學術界的研究人口已經多到幾乎是供過於求了，因此競爭激烈，大家爭著想要用有價值、有意義的研究成果獲取學位，或者學術界的地位。假如你的研究主題確實有其重要價值，通常早就已經有許多人發表過相關的研究。為了避免跟既有的學術文獻重複，你必須釐清自己的研究焦點和研究範圍（猶如在劃地盤），指出它們跟既有文獻的差異，以及它們在學術或應用上的潛在價值或貢獻（可能的突破與創新）。

在論文計畫書裡，文獻回顧的首要任務是描繪學術界的最新進展，或者既有知識的最前緣，以便讓口試委員清楚看到，你所擬的研究打算要將既有知識往前推進多少；此外，你應該要指出既有學術知識或文獻的不足或缺失，以及你意圖達成的創新或突破，讓口試委員可以據此評估，你的研究計畫可能產出多大的衝擊或貢獻。

因此你可以聚焦在最新的學術文獻，尤其是那些跟你所劃地盤（研究焦點和研究範圍）緊鄰的最新文獻。假如口試委員發現你遺漏了某些重要的學術文獻，那就意味著你的文獻回顧做得不確實。

研究方法與實驗設計

前面三個項目（步驟）其實是在確認你所提的研究主題和範圍有研究的價值。但是，當你有一個值得研究的新穎題目（含研究焦點和範圍），接下來你就該防範一種可能性：別人已經研究過，而且失敗了，所以至今沒有相關的文獻發表——還是那一句老話，在這研究人員供過於求的時代裡，任何有價值的研究都可能已經有人研究過了。

因此，當你在提出研究方法、研究架構和實驗設計時，不但要確認其中含有創新的成分與突破的機會，而且要同時警覺到它們在執行上可能遭遇到的困難和風險。你必須要帶著尖銳的自我批判精神，自己挑自己的毛病，自己質問自己，直到在最嚴苛的標準下獲得滿意的回答為止。

(4) 研究方法、架構與初步證據

這個部分的重點，並非只是循規蹈矩地整理過去的相關理論，接著不痛不癢地陳述你要如何在這基礎上延伸（或發展）既有理論，然後一廂情願地期待，你可以在別人失敗的地方順利獲得預期的突破。

你應該要發揮自我批判的精神，認真回答一個節骨眼上的問題：針對你預期的創新或突破，為什麼過去的相關理論都註定要失敗或做不到，而你卻以為自己可以做到？過去的瓶頸到底在哪裡，而你的勝算又到底在哪裡？你又憑什麼認定，你以為的「勝算」真的可以發揮你所預期的效果？

你可以沿用「方法與應用場合特性對照表」的分析技巧，先扼要指出既有方法在你所擬研究的範圍內有何侷限、缺失或不足，繼而深入分析這些侷限、缺失或不足，是根植於哪一個（或

隱或顯的）假設，或者忽略了哪一個因素或變項。然後，你打算從哪裡借用新的觀點、數學工具或研究方法，以便放寬或修正有問題的假設，或者引入某些原本被忽略的因素或變項。最後，你打算要如何將新的質素融入既有的理論體系；此外，你如何確定這不是疊床架屋、橫柴入灶（brute force），而是有充分理由與必要性的最佳結合方式。

你必須從理論觀點分析，新的因素將對既有的理論產生什麼樣的影響，它會如何放寬或修改原本有問題的假設，或者被忽略掉的效應。此外，為什麼你預期這個改變會有一定的顯著程度（substantial），而非微不足道（trivial）。如果你可以用前人的相關研究（或許來自別的研究領域或學術分支）支持你的論證，或者出示你自己已經完成的初步研究成果，並加以分析，將會更有助於說服口試委員，也免除主觀見解和不確定性。

反之，假如你沒有客觀的證據和理論基礎顯示你的研究方法、架構有機會突破既有，產出創新的結果，這樣的研究構想和論文計畫書是很難取信於人的。

(5)實驗設計、數值模擬或田野調查

實驗設計基本上要兼顧三大要領：①選擇最有利的實驗條件，以便讓你企圖驗證的現象表現得最鮮明、突出；②設法隔離或排除其他干擾因素或雜訊的影響，或將這效應降至最低。③如果前兩項目標有衝突之處，優先設法在實驗設計上排除或降低衝突的程度，然後再選擇最佳的實驗條件，以便在兩個衝突的目標之間取得最佳的平衡。

為了讓審查委員了解你的設計與規劃有其立論依據或創新之處，除了陳述實驗或田野調查的規劃與內容之外，你還必須要把你考慮過的因素，以及理論依據清楚說出來，以便盡可能說服委員：①這樣的實驗設計（或者數值模擬、田野調查），可以有效排除不相關因素的干擾，並產出檢證你所提假說或解決方案所需要的證據與可靠度。②這個實驗的條件、步驟與數量都是必要的，沒有明顯可以省略的部分，也沒有疊床架屋的贅餘，沒有浪費時間或其他資源的疑慮。

(6)風險評估、應變策略與預期的貢獻

研究就是探索未知，一定有不確定性，也就一定有風險。我們甚至可以說，沒有風險的研究通常都是沒有價值的研究——假如一個問題在你提出計畫書的時候，就已經可以清楚預測後面所有的結果，那也就沒必要在提出計畫書後繼續研究了。

一個好的研究計畫是有一個值得回答的問題，而且大家都不確知其答案，但是你的研究構想很確實，只要順利執行就一定可以獲得確切而嚴謹的答案。或者你有一個等待解決的問題，而你的研究構想確實可以產出遠比現況更好的解決方案。

研究計畫的可行性和最終答案的不確定性是可以並存的，史丹福大學物理系塞克瑪的博士論文就是一個很好的例子：由於擁有高精度的感測器和高純度的實驗樣本，他們的發現一定可以釐清過去長期以來的爭論；但是最終的發現到底是會支持既有理論，還是推翻既有理論，卻是必須等研究完成之後才有辦法確知。

有些風險是在最後一哩路才遭遇到的瓶頸，事先完全無法預料，這樣的風險只能靠臨機應變，機動調整研究計畫的焦點與範圍，以便至少還有足以獲得學位的研究成果。

還有些風險是在你提出研究計畫書時，就已經可以看到的不確定性，例如你最需要的數據有一部分可能無法取得，那麼你就必須要準備好替代方案，例如採取間接推估的方法。你在推導數學式的過程，有可能會需要你這學科所欠缺的數學知識，那麼就必須要事先知道可以在哪裡找到討論相關難題的專書或學者。

風險評估與風險控管的目的是在降低風險，而不是消除所有的風險。如果你沒有大大咧咧忽視鮮明的風險，而且在計畫書中，表現出對於風險有起碼的預見與防範的能力，就不會被口試委員刁難。

本節已概括討論(7)，(8)的部分就請讀者自行規劃。

口試

第14章記載我在劍橋大學面對博士論文口試時，指導教授的一句名言：「別讓口試委員問到任何一個你不曾想過的問題。」這句話點出了學術研究最核心的精神：在別人批判你之前，你已經充分地自我批判過。

假如從開始選擇研究主題到準備撰寫論文計畫的那一刻，你都一直保持高度的自我批判精神，口試委員提的問題，應該有八成以上是你事先想過；如果你在撰寫研究計畫書時，每一項都懷著高度的自我批判精神，竭力屏除「想當然爾」的一廂情願，你就有機會在口試委員提問之前，先想過那個問題，並且準備好立論有據的答覆。

所以，口試是否順利的關鍵，不在於委員有多可怕，而在於你是否已經培養出嚴謹的自我批判能力。真正可怕的是學位論文口試，因為它的要求更高——尤其是博士論文的口試。論文計畫書的口試，只是在確認你已準備好要開始研究，而不是已經有成熟的研究能力；此外在審查論文計畫書時，你並不需要對自己提出來的每一個問題或判斷確知其對錯，而只需要立論有據就可以。

因此，論文計畫書的口試遠比學位論文口試更容易過關——只要你的研究構想確實有機會產出足以獲得學位的創新性成果，而且在計畫書裡寫的每一句話都立論有據，基本上就可以及格了。

附錄2

網路資源與延伸閱讀

本書聚焦在培養三種研究能力：文獻回顧、批判與創新，因此偏重方法論與觀念層次的討論，並且刻意避免技術性的細節與規範。為了彌補本書的不足，附錄2介紹一些對讀者可能會有用的網路資源與延伸閱讀，它們都是可以從網路上免費下載的。

1 Wayne C. Booth, Gregory G. Colomb and Joseph M. Williams, *The Craft of Research*, 2nd Edition (Chicago Guides to Writing, Editing, and Publishing), The University of Chicago Press, 2003.

這本書已經在二〇一六年出版第四版，網路上可以下載的是第二版。三位作者原本都是芝加哥大學英語系的教授。它將研究的過程分解成尋找主題、發問、擬定問題、尋找文獻等步驟，逐步引導讀者去尋找答案。不過，它所呈現的研究方法比較像是文學院的風格，比較不適合計量科學，以及注重批判與實證的研究。

2 Donald R. Davis, "Ph.D. Thesis Research: Where do I Start?"

作者是哥倫比亞大學的經濟學教授，全文共九頁，談如何找到一個有價值的題目，以及如何做研究。當作一篇「論文研究流程簡介」來讀，是不錯的入門文章。

3 Stefan Rüger, "How to write a good PhD thesis and survive the viva"

作者是英國一位資訊工程領域的教授，教過許多著名大學。這篇文章共三十五頁，相當仔細地引導讀者撰寫論文的技巧與注意事項。

4 普渡大學線上寫作實驗室，Writing Task OWL Resource List

這個網站有寫作指南，跟學位論文有關的部分包括'For an Abstract'三篇、'For an Academic Research Paper'六篇、'For an Argument or Position Paper'四篇、'For a Bibliography or Annotated Bibliography'五篇。

5 Daniel T. Willingham, "Critical Thinking: Why Is It So Hard to Teach? "

這篇論文的作者是認知心理學的教授，討論批判性思考與專業領域知識的關係。

6 Peter A. Facione, "Critical Thinking: A Statement of Expert Consensus for Purposes of Educational Assessment and Instruction"

這是美國哲學協會（American Philosophical Association）委託的專案研究報告，它分析並綜合了對各種領域專家的意見而成，共二十頁。

7 紐西蘭Lincoln大學圖書館, "Resources for thesis & dissertation writers"

這是一頁的清單，書籍介紹跟學位論文研究的各種參考書籍和文獻，其中一部分是可以線上閱讀或下載的。

8 Harald Olk, "How to Write a Research Proposal," DAAD

這篇文章連摘要共四頁，本文只有三頁，扼要摘述申請到德國大學進修時該如何撰寫研究摘要，精簡扼要，值得撰寫入學申請的人參考。

讀後記

每當有研究生問我關於學術文獻分析與論文題目選取等問題時，我總是推薦他們閱讀彭老師準備給他的實驗室學生的文件。

如今彭老師將這些文件內容擴充並且彙整成為專書，慷慨地分享了絕大部分研究所都不會教導的研究工作秘訣。

書中雖然是以理工科系作為範例，然而同樣適用於數量方法取向的經濟與財金科系的研究生以及研究人員。

——何泰寬（國立清華大學計量財務金融學系教授）

「相見恨晚」是看到這本書的第一反應。

如果我在出國前就讀過這一本書，將會更懂得如何選學校、指導教授與研究題目，不會因為太在意獎學金而失去許多更好的機會。

假如我在博士畢業前就讀過它，選擇職場跑道時會有更好的判斷依據，而不會浪費許多時間。

我自認為是幸運的少數人，在彭老師的薰陶下窺見了全人的教育。在大二的工程力學課裡，彭老師點醒我們課本理論和實際工程問題間的差異，告訴我們什麼叫做「科技官僚」，也告訴我們為何一個默默無語的藝術品可以勝過千言萬語。

這本書不但可以省下研究生胡亂摸索的時間，我認為這更是彭老師百年樹人系列中更進一步的著作：為國家的生產力和前途凝聚力量。我傾心推薦。

——廖瑞蘋（矽谷科技公司Cisco前資深研究員）

若您是指導研究生的教授，或企業中與研發相關的主管；若您是研究所學生，或是組織與企業中研發相關工作者，請您絕對不要錯過這本書。

這本書值得精讀再精讀，時時翻閱，長置案頭，對您的學業與事業，必有極大助益。

——謝宇程（多年研究教育、人才培育的專欄／書籍作家）

彭明輝作品集

研究生完全求生手冊：方法、秘訣、潛規則

2017年9月初版 定價：新臺幣390元
2023年11月初版第十七刷

著者	彭明輝
叢書主編	林芳瑜
特約編輯	倪汝枋
封面設計	兒日
內文排版	林淑慧

出版者	聯經出版事業股份有限公司
地址	新北市汐止區大同路一段369號1樓
叢書主編電話	(02)86925588轉5305
台北聯經書房	台北市新生南路三段94號
電話	(02)23620308
郵政劃撥	帳戶第0100559-3號
郵撥電話	(02)23620308
印刷者	文聯彩色製版印刷有限公司
總經銷	聯合發行股份有限公司
發行所	新北市新店區寶橋路235巷6弄6號2F
電話	(02)29178022

副總編輯	陳逸華
總編輯	涂豐恩
總經理	陳芝宇
社長	羅國俊
發行人	林載爵

行政院新聞局出版事業登記證局版臺業字第0130號

本書如有缺頁，破損，倒裝請寄回台北聯經書房更換。 ISBN 978-957-08-4992-9 (平裝)
聯經網址 http://www.linkingbooks.com.tw
電子信箱 e-mail:linking@udngroup.com

國家圖書館出版品預行編目資料

研究生完全求生手冊：方法、秘訣、潛規則/
彭明輝著．初版．新北市．聯經．2017年9月（民106年）．
328面．15.5×22公分（彭明輝作品集）
ISBN 978-957-08-4992-9（平裝）
[2023年11月初版第十七刷]

1.研究生 2.研究方法 3.手冊

525.24 106014245